JN115392

非暴力直接行動が世界を変える

核廃絶から気候変動まで、一女性の軌跡

アンジー・ゼルター 著

大津留公彦・川島めぐみ・豊島耕一 訳

南方新社

この極めて重大な変動期に、
地球という惑星に存在する生きとし生ける全てのものに
私たちの中にある人間らしさに
地球市民であることを忘れないために

選択肢は二つ。もっと公平で公正で思いやりのある
地球社会を目指して共に前進するのか。
人間と、多様で豊かなその住処である地球を破壊するのか。

心を一つにして、生きとし生けるもののために
行動しましょう。
答えは出ています。今、行動しましょう。

Activism For Life
by Angie Zelter
Copyright©2021 by Angie Zelter
Originally published by Luath Press Limited Scotland
Japanese edition published by Nanpou Shinsha 2024

ケイト・デュースによる序文

ケイト・デュースは一九八〇年からアオテアロア／ニュージーランド平和財団の南島事務所［1］を運営し、一九九八年からは夫のロバート・グリーンと共同で軍縮・安全保障センターを運営している。軍縮・軍備管理に関する公的諮問委員会の委員を九年間務め、二〇〇〇―〇二年の国連軍縮・不拡散教育研究会では、ニュージーランド政府のNGO専門家として参加したほか、二〇〇八―一三年に国連事務総長の軍縮問題諮問委員会委員も務めた。

非暴力直接行動に取り組む同志である女性平和活動家として、私は一九七〇年代半ば、平和船団での活動中にニュージーランドでの反核キャンペーンを始めました。私たちは小型ボートに乗り、港を訪れる米国や英国の原子力軍艦、あるいはおそらく核武装している軍艦と対峙しました。この壮観な対決は、国内外のメディアに大きく取り上げられ、何百もの草の根平和グループの結成に貢献することになりました。そして、一九八七年、象徴的な非核法が制定されるに至り、軍艦の寄港は禁止されたのです。

アンジー・ゼルターとは、クライストチャーチで始められた十年にわたる世界法廷プロジェクトで初めて会いました。彼女は、英国の法律と平和協会の事務局長として、戦時国際法に関する情報を配布していました。また、逮捕、裁判、投獄を伴う雪だるま式市民不服従運動を立ち上げていました。これは、一九八〇年代初頭、米国の核兵器搭載巡航ミサイル基地であるグリーナムコモンを女性たちが占拠した際に、彼女が初めて逮捕されたことに続くものです。子供の世話などの責任があるために帰宅せざるをえない女性は、「地球規模で考え、地域で行動」し、地元の軍事・スパイ基地の問題を強調するために「グリーナムを地元に持ち帰る」よう勧められました。世界各地で、女性グループがグリーナムの活動家と連帯して抗議活動を行いました。

アンジーが始めたさまざまなキャンペーンは、しばしば創造的で、勇気ある、時にはユーモラスで、カラフルな行動で、国内法よりも国際法を支持するものでした。また、メディアが注目することで、人々の問題意識も高まりました。彼女のキャンペーンは、深く根付いた英国政府の慣行や、権威に対する国民の服従への依存に挑戦するものでした。彼女は、英国の核兵器を法廷に引き出して非合法化するための「政府を裁判にかけるDIYガイド」という本を書くという信念ある大胆ささえ持っていました。彼女の周到な文書作成と独自の包容力あるキャンペーン手法は、同調する弁護士からの支援を集め、彼女の行動は、彼女が考えるさまざまな大義を推進しました。

アンジーは、ガンジーや他の非暴力平和運動の指導者たちと同様に、法廷では本人弁護で、従来の弁護士では言えなかったことを言うことができました。アンジーは、わかりやすい言葉で、一般の人々が利用しやすい法的手続きを要求しました。また、刑務所では、女性受刑者の衛生状態を改善するよう訴え、成功させました。

本書は、反核・環境キャンペーンに尽力した彼女の半生を綴った回想録で、その極めて多様な経験から学んだ教訓を浮き彫りにしています。事実上、すべての運動家、特に若者にとって、抗議のための抗議のような効果のない活動にエネルギーを浪費しないための最も貴重な手引書となっています。アンジーが学んだ教訓です。

効果的な運動とは一般市民の啓発、ロビー活動、交渉と並行して行う継続的な非暴力直接行動であり、要請や要求を履行することになる相手の人々や組織にそれを明確に伝達することである。

アンジーの半世紀にわたる数々の勇気ある行動に通底する無尽蔵とも思えるエネルギーと熱意は、並はずれた謙虚さとよくバランスを保っています。彼女は、「それぞれの段階で誠実に行動し、やりながら学んで適応していけば良い」、燃え尽き症候群を防ぐために「それぞれの行動に期限を設ける」、「何もやらないよりは、試して失敗する方がいい」ということを忘れずに、世界を変えるためにできることをするよう、静かに励まします。

アリス・スレイターによる序文

アリス・スレイターは、「戦争を超えた世界」と「兵器及び原子力の宇宙配備に反対する地球ネットワーク」の理事を務めている。核時代平和財団の国連代表であり、二〇三〇年までに一〇〇パーセントのグリーンエネルギーを目指すニューヨーク市の気候問題市民委員会にも参加している。

私たちの世界全体が、家父長制と野放図な資本主義の殺人的な行き過ぎの渦中にあり、人類の存続そのものが脅かされている今、ゼルターの経験は、私たち一人ひとりの行動がいかに重要であるか、悪政を終わらせ、より良い世界を築くために何ができるかを示しています。

彼女は、地球上の生命が直面している大きな危機に目を開かされた人生の瞬間を語り、それ以来、より良い世界を求めて活動する中で、次から次へと新しい課題が見えて来たようです。新婚生活のカメルーンで英国の植民地主義の非人間的で抑圧的なシステムに気付いた後、イギリスに戻り、グリーナムコモンの女性たちのグループに参加し、そこに配備されたミサイルと核戦争に反対し、長年にわたって何度も逮捕されながら、あらゆる形態の非暴力抗議活動に従事し続けました。彼女は、刑務所制度にどう異議を唱え、刑務所のひどい状況、特に女性がどのような影響を受けたかをどう世に知らしめたかを力強く書いています。彼女は、軍事施設を保護する法律と法体系の愚かさを広く明らかにしました。また、自分たちの声を広く届け世論を動かすため、メディアや報道機関、法的機構を巻き込むことのできる団体を組織し拡大する方法を学びました。それによって声を広く届け世論を動かすためです。

彼女の活動は、平和運動における原爆禁止キャンペーンから、マレーシアやカナダの環境保護団体とともに、森林破壊の真実、つまり企業の貪欲さと執拗な消費主義から森林を守ろうとする先住民族に対して行われた大きな不正を公表することへとつながっていきました。また、パレスチナでは、ヨルダン川西岸におけるイスラエル軍の酷い非合法軍事占領に苦しむサルフィートの村々でパレスチナ人を支援し、連帯する活動活動で逮捕された経験もあります。彼女は最後に、英国の絶滅への叛逆に参加する素晴らしい新世代の気候変動活動家たちが、壊滅的な気候災害を食い止めようと団結していることを紹介しています。

ゼルターは、生存可能な地球のために不屈に活動を続けています。彼女は、私たちの誰もがそのような活動を行うことができることを思い出させ、関わるように奮起させるいくつかの法則を伝えてきました。平和と正義のために捧げられた彼女の情熱的で粘り強いエネルギーは、私たち全員がその一部となることができることを示す輝かしい例と言えるでしょう。もしあなたが、政治的な、また目の前の課題に対して自分の思いと努力を後押ししてくれるものが必要なら、この本を読み、活動家の一人になって下さい！　ゼルターのこの刺激的な本は、マーガレット・ミードの有名な格言を想起させます。これはゼルターの原則と励ましとも重なります。

思慮深く献身的な個人の小さな集団が世界を変えることができると信じて疑わないこと。実際、これまで世界を変えてきたのはこれだけです。

素手で社会を変える——日本語版の出版に寄せて

核兵器廃絶国際キャンペーン（ICAN）国際運営委員、ピースボート共同代表　川崎　哲

私がアンジーさんのことを知ったのは、一九九八年にNPOピースデポのスタッフとなり、核兵器廃絶の活動を本格的に始めてまもない頃でした。アンジーさんたちは、イギリスの原子力潜水艦の施設に侵入し、施設内にあった研究設備—コンピュータ、ファックス、電話、本、ディスク、道具など—の一切を投げ捨て、配線やスイッチを切り、コントローラーを壊し制御不能にしました。そして、逮捕されました。それでも「国際法違反の核兵器を市民が査察し、〝非武装化〟して、何が悪いんだ」と堂々と主張して、そして裁判にかけられて、何と無罪になったのです。

そのニュースを日本語で紹介するのが、ピースデポにおける私の最初の仕事の一つになりました。実にたまげた話です。でも何の脈絡もなく起きたのではありません。一九九六年、国際司法裁判所（ICJ）は、核兵器の使用・威嚇が国際法に一般的に違反するという勧告的意見を出しました。これは「世界法廷運動」という国際的な市民運動の成果であり、画期的な司法判断でした。

それから約二十年後の二〇一七年、核兵器を全面的に禁止する核兵器禁止条約が、国連で成立しました。これを導く世界の市民運動を主導したのが核兵器廃絶国際キャンペーン（ICAN）です。世界法廷運動はICAN運動の大先輩にあたる市民運動であり、その成果が発展して約二十年後

に国際条約に結実したのです。

しかし、アンジーさんのすごいところは、そうした国際法を、非暴力直接行動にいきなり使ってしまうというところです。国際法を、えらい先生が教室で講義してくださるものとして崇めるのではなく、自らの素手でつかみ取って、行動に使ってしまうのです。

ある意味で、ぶっ飛んでいます。でもそれを、堂々と、そして軽やかにやってのけてしまう。

この本を読み進めていくと、アンジーさんが、さまざまな社会課題について、きわめてシンプルに問題を把握し、明確にターゲットを絞り、行動を起こし、そしてそれを楽しんでさえいることが分かります。その様子が、平易で、軽やかな文体の中で、いきいきと描かれています。

私はこれまで、アンジーさんについて、歴史的に有名な一九八〇年代の英グリーナムコモン空軍基地における女性たちの抗議運動以来、反核運動を続けておられる方として認識していました。

しかしこの本では、彼女が、反核運動だけではなく、カメルーンでイギリスの植民地政策がもたらした負の影響を考えたり、イスラエルによるパレスチナ入植に体を張って抗議したりするなど、国際的な不公正を許さないという強い信念をもつ人であることが分かります。また、マレーシア・サラワクの熱帯林や、韓国・済州島の軍事基地建設など、アジアの人びととも連帯してきたことも書かれており、親しみが感じられます。

本の終盤では、自らの経験から「学んだこと、伝えたいこと」が、具体的かつ実践的に書かれていますが、どれも「まさにそれ！」というものばかりです。彼女が行ってきた行動が、単に奇抜で人目を引くためだけではなく、人びとの意識に働きかけ社会を変えるために周到に計画され、チームで準備されているものであることがよく分かります。分野を問わず、社会活動に関わる人には必読です。

いま世界の至る所で、軍事主義と国家主義が台頭しています。平和や人権や民主主義をうたう人びとが逮捕され投獄されることが日常化しています。日本でも、国家の大きなかけ声が人びとを萎縮させ、社会に沈黙と忖度を蔓延させています。

そうした中にあって、国際法を使い、仲間と計画して、軽やかに街に出て、体を張り、素手で社会を変えてみせるアンジーさんの作法に、学ぶこと大です。

非暴力直接行動が世界を変える——もくじ

【本書で使用する略語】

AWE	Atomic Weapons Establishment	核兵器機関
CAAT	Campaign Against the Arms Trade	武器貿易反対運動
CND	Campaign for Nuclear Disarmament	核軍縮キャンペーン
CRISPO	Citizens' Recovery of Indigenous Peoples' Stolen Property Organization	市民による先住民の盗品回収組織
INLAP	Institute for Law and Peace	法律と平和協会
IWPS	International Women' s Peace Service	国際女性平和事業－パレスチナ
LAR	Lord Advocates Reference	法務総裁の事件付託
OCHA	Office for the Coordination of Humanitarian Affairs	国連人権問題調整事務所
PICAT	Public Interest Case Against Trident	トライデントに反対する公益訴訟
TP	Trident Ploughshares	トライデント・プラウシェアズ
XR Peace	Extinction Rebellion Peace	絶滅への叛逆と平和

はじめに

これまで私は、自分が参加してきたさまざまな活動やイベントを振り返ってほしいという依頼を何度も受けました。そこで、二〇一〇年にスウェーデンのヨーテボリに招待された時、生涯を通じて活動から学んだことをまとめて講演しました。その後、二〇一五年にブラッドフォード大学での講演のためにスライドを作成しました。私が「学んだこと」は関心を集め、さらに詳細に書き留めてはどうかと言われました。

本書では、これらの私が学んだことをもとに、関わってきたキャンペーンや行動を振り返ろうと試みました。グリーナムコモン女性平和村、雪だるま式市民不服従運動、SOSサラワク、英国森林ネットワーク、市民による先住民の盗品回収組織、希望の種プラウシェアズ、トライデント・プラウシェアズ、国際女性平和事業パレスチナ、ファスレーン365、絶滅への叛逆と平和、AWE行動、トライデントに反対する公益訴訟、セーブ済州ナウなどのキャンペーンや運動について取り上げています。

大学を卒業し、自分自身を本当に教育し始め、より良い世界を作る一助となるにはどうしたらよいかを考え始めてから五十年が経ちました。これは、自滅の淵に立たされていると気づいた世界を私なりに理解するための、私の探求の道のりの話です。絶望して自分自身が問題の一部になったり、頭を抱えてすべてを無視したりすることなく、核開発競争や環境破壊、地球上の生態系破壊を助長する搾取、権力の乱用、恐怖といった古くからのパターンを変える方法を見つけたかったのです。それは、自分のライフスタイルを変え、抑圧に対する過去の非暴力闘争から学ぶことを意味しました。

この回想録は、私自身のキャンペーン活動に焦点を当て、私のような普通の女性が、同時代の最も深刻で困難な問題にどのように対応したかを明らかにします。付録には非暴力と連帯のキャンペーンに関する文書や報告書を収録しました。

アンジー・ゼルター

二〇二一年二月

第一章　カメルーンから持続可能な暮らし方、そしてグリーナムへ

レディング大学で哲学と心理学を学んでいた最終学年の一九七二年、「生き残りのための青写真」［2］というエコロジスト誌の特集を読んだ。当時、世界が直面していた重大な問題を紹介していたこの記事が、私にとっては目からウロコの経験となった。

戦争、貧困、酸性雨、オゾン層の減少、砂漠化、種の喪失、森林破壊、温室効果ガス、民間及び軍事の核保有、公害、際限のない経済成長と大量消費主義。私は大きな衝撃を受けた。大学教育まで受けながら、このような問題のほぼどれにも、これまで突き当たることがなかったのだ。自分がいかに無知であったのか気付き、自分の責任で自分自身を教育し始めなければならないと考えた。読書範囲を広げ、もっと多様な人々と交流を持つことで支配的な西欧文化に疑問を突きつけ、既存の教育方法とは異なるやり方で自分を啓発しなければと思った。地上の生命が直面する危機に関してさらに深く読み進め考えるうちに、これら危機を解決する側になりたいと思っていることを自覚した。問題があれば、何か自分にできることはないか、何を変えれば状況が改善するのかを考えた。見て見ぬふりができなかった。

学位を取得した二十一歳の時、夫と共にアフリカでボランティアの仕事をしようと思い立ち、三

年間をカメルーンで過ごした。二人の子供のうち第一子はカメルーンで生まれた。また、カメルーンでは今に至るまで座右の銘とする教訓を得た。植民地主義や人種差別が未だに存在していたことには衝撃を受けた。そう、私はそれほどに世間知らずで無知だったのだ。カメルーンに到着して数カ月後、初めてホームパーティを開いた時のことだった。女性は部屋の一角に、男性は離れた一角に、肌が白い人と、肌が黒い人は別々にまとまっていた。その時のいたたまれない恥ずかしい思いは今でも覚えている。ここに住む白人の隣人たちは遅くまで居残り、人種差別的な意見を口にし始めた。そんなことが口に出されるとは、私には信じられなかった。溢れる涙を抑えることもできなかった［3］。

ここで暮らす外国人にとって使用人を雇うのは当然で、拒否した私たちはガイジン仲間に非難された。地元カメルーン人とはより対等な関係を持ちたかったし、主従関係は嫌だった。どれ程忙しかろうと、どれ程重要な地位にあろうと、人は現実を見失うべきではないと常日頃から考えていた。誰でもできる限り身の回りのことは自分でやり、自分の面倒は自分で見るべきだと信じていた。できる限り自立する、というのはそれだけ重要なのだ。

膝をついて床掃除をする夫を、訪ねてきたカメルーン人の友人が見た時の反応はかなり面白かった。後に親友となった地元のバナナ農園で働くピーターに、「旦那様」「奥様」ではなく名前で呼んでもらうようにするのは、最初全くもって難しかった。当時住んでいたのは政府指定居住区にあった家だが、それらの家にはどれも「使用人宿舎」がついていた。そこを彼の弟に無料で提供した。ピーターの家族や親族とはごく親しい仲となった。

時を経ずして現地の土地が、森林の伐採、ヤシ油、ゴム、バナナ、茶、カカオの栽培のために英国政府や仏国政府や企業に接収されてきたことに気がついた。豊饒な土地の貧困を見て、国際貿易の不均衡を理解し始めた。ボランティア滞在中に、与えるものとは比べようもないほど多くのものを地域住民から受け取っていることにも気がついた。外国人ボランティアが受け取る報酬と、現地人が受け取る報酬における格差は目を覆いたくなるようなものであった。近くの村に散歩に行ったり、近隣のバナナ園でバナナの植付けや世話をする仕事をしていたピーターとおしゃべりをすることで、現地人の生活が見えるようになるまで、そう時間はかからなかった。

何カ月かすると、私たちは彼の家によく遊びに行くようになった。彼の一番上の娘が、母に頼まれて、貧しくて買えない砂糖や茶等の食料をもらいに来るようになった。週末にはピーターに伴われて彼の友人が住む近くの村を訪れた。大いに踊り、歌い、ヤシ酒を飲んだ。生まれたばかりの赤ちゃんを象の精に祝福してもらう伝統行事、「エレファント・ダンス」にはよく連れて行ってもらった。ピーターの案内でカメルーン山の雲霧林を探検し、野生の蜂蜜が採れる黒い火山原を訪れた。

マングローブ湿地帯や熱帯雨林から雲霧林まである赤道直下のアフリカの森林に出会って初めて、情熱を持って樹木と鳥を愛しむようになった。その多様性には目を見張った。窓から外を眺めた時に、青、赤、白の美しいコミドリカワセミと一緒に、五種類もの異なるカワセミを見たことがある。住んでいたブエアの街からはるか下の沿岸地方で、私たちは海蛇と一緒に黒と白と黄褐色のオオヤマセミを目撃し、常に海霧に隠れているのに水平線に突然姿を現す、カメルーン山の反映のようなフェルナンド・ポ島の見事な山景に感嘆した。

ブエアに住み始めた最初の年に、地元男性に何故アフリカに来たのかと聞かれた。私は、「援助したいから（！）」だと答えた。するとカメルーン等の貧窮国を本当に「援助したい」ならば、諸悪の根源である祖国英国に帰れとはっきりと告げられた。これが深く考え始めるきっかけとなった。貧困、無知、現地の汚職までで思考停止して深く考えず、当時は第三世界と呼ばれていた国の貧しい人々を思いやる、というのはあまりにもお手軽だと気づいた。汚職はもちろんあったが、それは世界中どこにでもあった。それでも、低開発という現実の根底にある構造的・世界的な不平等と企業腐敗を無視して、それらを「彼ら」の課題や問題だと見做すのは安易過ぎた。遠方の大企業や政府による資源収奪や環境破壊の行き着く末を理解することが求められていた。西アフリカの普通の人々が直面する問題の大部分は、国外の権力や大企業による石油、鉱物、魚類、木材、土地や農・海産物の搾取が本当の原因であることを知った。搾取は地元に何の利益ももたらさないのみならず、地元民を貧困に追いやり、環境を悪化させ、地元民による地元のための開発を妨げた。カメルーンに滞在したことで、私のライフワークの大方は、他者の土地における祖国英国の資源搾取をやめさせることでなければならないと気付かされた。

カメルーンは地質学的、文化的、言語的に驚くほど多様である。二百五十あまりある言語は、どれもはっきりと異なり、村にはそれぞれ独自の言語があるように思えた。知り合った地元民はほぼ全員が、ピジン英語以外に、十を数えるそれら言語を話した。現地滞在中、私は奴隷貿易などアフリカ史を広く読み漁り、夫が教鞭をとっていた汎アフリカ開発学校の生徒ともよく話した。生徒の多くは英語を話すアフリカ各国の中級公務員で、開発問題について言いたいことを山ほど持っていた。

　ブエア滞在中、地元市場に出向いては英語で書かれたアフリカ人著者シリーズの本を片っ端から買い漁り、チヌア・アチェベ、カマラ・ライエ、ウォーレ・ショインカ、ベン・オクリ等、魅惑あふれる小説を貪るように読んだ。

　義母は南ローデシアで生まれ、義父は二十一歳でそこに定住した〔4〕。二人とも黒人独立運動の支援に深く関わっていた。二人がソールズベリー〔5〕に住んでいた頃には多数の英国人歴史家が訪れ、二人はバジル・デビッドソンと非常に懇意になった。当然ながら私も、ジンバブエの歴史に関する彼の著書を読んだ。今でも手元にはサイン入りの『ブラック・マザー：アフリカ／試練の時代』〔6〕がある。

　イアン・スミス政権下で白人支配体制による一方的独立宣言が宣告されると、信念を持つ人々は一斉検挙されて収監される可能性が高まった。一家は、現在では幸いにも独立を果たし、国名をザンビアに変えた北ローデシアに逃れた。アフリカの政治や英国植民地下での非道な行為に関する彼らの知識は豊富であった。三年契約が終了した時、私は第二子を妊娠していた。カメルーンの滞在を延長するか帰国するか決めなければならなかった。帰国してより持続可能な生活様式に則って暮らしたいという願いを実践に移し、アフリカの開発の遅れと搾取の一因であり続ける英国政府と企業のあまりにも酷すぎるやり方を止めるために行動をとる時がきたと結論した。

　一九七五年に帰国すると、私は二人の子供と夫、義父母とともにノーフォークに居を構えた。六人で構成する大家族は、異なるお手本を身近に持つことができた子供たちには特によかった。できる限り持続可能な生活をしようと固く心に決めた私たちは、ミツバチと鶏を飼い、有機農法で新鮮な野菜や果樹を育てた。土壌に存在する無数の有機体を学ぶことに夢中になり、『生きている土壌』［7］を読んだ。時を経ずして地元ノーフォークで、土壌協会支部とヘンリー・ドゥブルディ研究協会の立ち上げに携わった。今日でもローレンス・D・ヒルズが設立したガーデン・オーガニック［8］から有機種子を購入している。

成長する子供たちとたくさんの時間を一緒に過ごし、大きな庭で農作物を自分で育てるというても大切な時を過ごした。土壌協会［9］の共同設立者であり、初代会長だったイヴ・バルフォア卿夫人とハウフリーで出会い、話す機会を得たのは非常に幸運であった。一時期、私は彼女の蔵書の目録作りをしていた。私たちボランティアとの夕食の場では、彼女が取り仕切る形でボランティアがそれぞれ話す好奇心を大いに刺激される話に耳を傾けた。包容力が豊かで、実に洗練されていると思った。ここで私はたくさんの古典的有機農法の本と出合った。特に感銘を受けたのは『東アジア四千年の永続農業―中国・朝鮮・日本』であった。土壌作りに手をかけ、廃棄物を全て堆肥として農地に戻すことで、狭い畑で何世紀でも農作物が採れることを説明していた［10］。

どうしたら食料を持続可能な方法で生産できるのだろうか、という懸念は付いて回った。陶器と籐椅子を作って売ることを覚えた。夫は美しい手作りの家具を作り、バイオリンとチェロを教えた。祖父母の同居は私たちにも、子供たちにも幸運なことだった。週末には祖父母の友人が何人も訪ねてきた。当然、アフリカ南部出身の人が多かった。義父はルーマニア人、実父はアルメニア人、私の家族はオーストリアのウィーンに移住していたため［11］、他の地域からも人がやってきた。訪ねてくる様々な人から聞く色々な話のおかげで生活は豊かになった。海に近く、一番近くの隣人まで八百メートル離れている四千平方メートルの土地に立つ大きな家に、何週間も、何カ月も滞在する人もいた。愛情深い家族の中で営む、創造的で生命に共鳴する実用的な生活は続く何年もの私の政治的行動主義を支え、重篤な燃え尽き症候群を予防してくれた。

私と、私と同じ世代の多くの人々に大きな影響を与えた本の中にシューマッハー著『スモールイズ　ビューティフル――人間中心の経済学』［12］があった。経済成長と資本主義を考察する他の本と同様に、この本が、現在まで続く経済の構造に関心を持つきっかけとなった。調べる問題はどれもこれも、この経済構造にぶつかるように見えた。ずいぶん後になって出会ったメアリー・メラーが通貨の創出について、銀行がどうやって負債（その多くは抵当）を使って何もないところから金を作り出すのか、どうすればその代わりに政府の資産によって、公共の役に立てられるのか詳しく教えてくれた［13］。社会全体で使える通貨制度の啓発と提唱に取り組むポジティブ・マネー［14］という団体の素晴らしい仕事に今、注目している。

帰国したのは冷戦の真っ只中で、核兵器が大きな問題だった。時を経ずして私は平和運動に関わり始め、地元のクロマー平和団体を組織して第一回目の世界軍縮請願署名を集め、デモを支援し、ビラを撒き、路上集会の準備を手伝った。

初めて逮捕されたのは一九八三年、核装備巡航ミサイルの配置が予定されていたグリーナムコモン英国空軍基地であった［15］。ジョン・コンスタブル作「乾草の車」を模して芸術家ピーター・ケナードが「巡航ミサイルの車」で描いたこれらの地上配備巡航ミサイルは、トラックの荷台に積まれ、核戦争の危険を冒しながら全国津々浦々に配備された。当時は法律に関する説明も勉強会もなかった。グリーナムコモンで先達の何百人もの女たちの仲間にただ加わり、ゲートの前に座り込み、封鎖し、フェンスを切断して重警備区域に入った。私は週末に参加し、基地にはできるだけ頻繁に出入りした。

裁判はすごかった。老いも若きも、社会的地位も信条も異なる女たちが、本人弁護で当事者として立ち上がった。礼節ある女たちは、法を破った理由を筋道を立てて静かに説明した。詩人は法廷で自作の詩を朗読し、歌った。静かな女、怒った女、必死に叫ぶ女、落胆した女、裁判所の規定を破って治安判事の入廷時の起立を拒否する女、裁判の進行を無視して核兵器の害悪について判事に説教する女、祈る者、踊る者。皆、一様に有罪判決を受け、多くは法廷侮辱罪か科料支払い拒否で、その場で収監された。

抵抗は素晴らしく、面白く、辛辣で、内在する自分の力を気づかせてくれた。抗議、抵抗、本人弁護に「正しい」方法などないことを知った。各々が自分自身の声を見つけなければならないのだ。皆が違うという多様性は強さなのだ。以来、私は殆ど全ての裁判を本人弁護で通し、科料支払いを拒否し、何とかして司法制度が万人にとって使いやすい制度となるように、挑み続けた。

当時、弟は英国空軍付の警察官だった。グリーナム空軍基地に膨大な人数の女性が侵入したため、当局は侵入を食い止めるために外辺部のフェンスに沿って数メートルおきに警備員を配置しようとした。フェンスの警備には何百人もが動員され、異なる部隊が短期輪番で配備されていた。弟が配備される可能性は高かった。だがこのようなやり方では私たちの侵入を防ぐことはできなかった。

一人がフェンスを切断して、体をよじりながら侵入し始めれば、基地内部の警備員は持ち場を離れてその女性の周りに集まってくる。他の女性たちは手薄となった場所でフェンスを切断し基地内に侵入した。フェンスの外側に配備された警察官や警備員は車の中に座っていることが多かった。仲間の数人が彼らとおしゃべりをしている間に、他の女性がこっそりタイヤの空気を抜き、作業が終われば皆で逃げ去った。

面白いことばかりではなかった。当局が私たちを追い払うために特殊空挺部隊や異なる部隊を配備した時には、意地の悪い嫌がらせを受けた。野営をすればテントや小屋に真っ赤に焼けた火かき棒が差し込まれ、真冬には焚き火にホースで水をかけられ、私物が盗まれ、不当に扱われた。それでも、女性たちがお互い支えあい、一丸となって行動を起こせば思いもよらないことが可能となる。現場に出向いて合宿に参加できない女性たちから、多額の寄付金が届いた。合宿している女性たちがフェンスの切断や裁判の支援に出て留守の間、平和村が無人にならないように数時間、留守番する人もいた。

弟が自宅のバレー・ファームハウスに英国空軍の友人を伴って訪ねてきた。もしグリーナムコモンの重警備区域内で私を見かけたら、どうするつもりかと聞いたら、何と、命令通りに射殺すると言う。鉢合わせを避けるために、同時に重警備区域に行かないように調整することにした［16］。

女性平和村で焚き火を囲みながら、私たちは確かに分かち合い、語り合い、お互いから学び合う時を過ごした。非暴力や非階級的意思決定の様々なやり方、そして共同作業、フェミニズム、女性の力の意味と大切さについて語り合った。採鉱から製造、試験、配備、そして使用に至るまでの核の連鎖全体、採鉱現場や試験場の近辺に住む、特に原住民にこれらが及ぼす打撃について話しあった。兵器体制、武器売買、地政学、人種差別、貧困、そして何よりもどうすれば英国に巡航ミサイルの配備をやめさせられるかを考えた。全ての問題は結びついていることに気がついた。どの問題に取り組んでも、深く追求すれば他の問題との関連が見えてくる。

食べ物や歌も分かち合った。辛い時には、たくさんの音楽と創造力に救われた。焚き火の周りでたくさんの歌が作られ、共有された。音楽の演奏があったオレンジ・ゲート［17］の周りで、できるだけ多くの時間を過ごした。子供がまだ幼かったから、グリーナムコモンには一度に二、三日しか滞在できなかった。子供たちは十分、面倒を見てもらっていた。夫が平和村まで送ってくれる時には子供たちも一緒に来て、私がいる場所を目の当たりにし、私の友人に会った。

初めて、女性だけという環境の中で、自由と創造力をたっぷりと楽しむことができた。ここならば自由にものが言えて、きちんと聞いてもらえる、と多くの女性が話した。女性と男性の混合グループでは、彼女たちの提案や意見は無視されることが多かった。女性が何か言ってもきちんと聞いてはもらえず、論じられることがないのに、同じことを後になって男性が言えば、それはきちんと聞いてもらうことができた。私も含めて多くの女性たちは大勢の人の前で話すことを得意としない。顔の見える、少人数のグループの方が思いは伝えやすい。多人数のグループや公式の場で、男性が優勢になりやすい理由である。当たり前だが、男性にひどく虐待された経験を持つ女性もたくさんやって来た。彼女たちは、きちんと話を聞いてもらえ、支えてもらえる女性のみの輪の中でだけ、安心できた。異なる文化が築かれる経験を分かち合う時間は特別であった。こんな歌がある。「女らしい時代は来るのだろうか？　それとも私たちは死ぬのだろうか？」

グリーナムコモンでは何度も逮捕された。それでも裁判にまで持ち込まれたのは一件のみだった。警察も裁判所も毎月何百人も出る逮捕者には対応できなかったのだ。大抵、身元を記録され、基地から連れ出されただけで終わった。

第二章　グリーナムを自宅へ、そして雪だるま式市民不服従運動

裁判に持ち込まれた二回目の逮捕は一九八四年だった。たった五人のノーフォークのグループで、自分たちを下院の手すりに鎖で縛り付け、核兵器反対の横断幕を掲げ、退去を拒否したのだ。逮捕されたら法廷の弁護で国際法の使用が保障されない限り、本名は明かさないと決めていた。戦争法のことを聞いて以来、私は国際法に興味を持つようになっていた。それに裁判所から国際法使用の許可を得るのは重要に思えた。

私たちはそれぞれ偽名を決め、私はウィニー・マンデラ［18］を選んだ。当時、この「偽名」に生涯悩まされるようになるとは考えもしなかった。もし、偽名を使う場面があったならば、一生つきまとわれても構わない名前を選ぶことを勧めたい。事前に細かいことまでは決めていなかった。すぐに警察署の留置場に連行され隔離されたため、仲間内での意思疎通はできなかった。当日の呼称はウィニー・マンデラで、法廷で国際法による弁護が認められるまで、本名は明かさないと説明した。警察は全く関心を示さなかった。私は拘束されたまま、毎日、本名を明かすように迫られた。初日が過ぎ、他の仲間は既に本名を明かし、保釈金を支払って釈放されたと告げられた。私は信じなかった。七日目が過ぎて、大きな間違いを犯したことに気がついた。終了期限を決めていなかっ

たのだ！　またしても、忘れ得ない教訓である。アクションの計画には、不測の事態が発生した時の対応をなるべくたくさん考え、終了時間を合意しておくこと。人は行動した結果の間違いからのみ、経験を積み重ねる。非常に有意義な経験であった。

いよいよ、本名を明かす決心をし、出廷のために保釈された。保釈されてわかったのは、仲間のうち三人は警察に留置されて数時間も経たないうちに本名を明かし、もう一人は二、三日の拘束の後に釈放されていた。一週間も留置場に入っていた間抜けは私一人だったのだ！

それでも、拘束中の過ごし方や過密な警察の留置場について学んだことは多かった。収容者の多くは高級娼婦で、どの裁判官が女を買い、どの裁判官が麻薬に手を出すかという話をたくさん聞いた。警察官が何人かの女性を呼び出すのを目撃した。それら女性は、呼び出した男性警察官に「奉仕」してから、お持ち帰りの食事を持って戻ってきた。殆ど知ることのなかった警察署留置場という隠された世界を垣間見ることができた。さらに、やることもなく狭い空間に来る日も来る日も閉じ込められているのが、どれほど退屈になり得るかということもわかった。刑務所よりも警察の留置場で時間を費やすのは格段と難しい。以後、アクションへは必ず本を数冊携帯し、いつ、もしくはどのような状況下（必ずしも私たちに何とかできる状況だとは限らないが）で終了するかという明確な同意なしにアクションに行くことはなくなった。

一九八〇年代は反核・平和運動が盛んだったが、子供たちがまだ幼く、家はグリーナムコモンからかなり遠かった。「グリーナムを持って帰ろう！」という横断幕が掲げられているのを見かけ、そうだ、そうしよう、と決めた。ノーフォーク北部の自宅近くで活動することにしたのだ。

英国全土で大勢の人々が核兵器を恐れるだけではなく、何か行動を起こしたい、何らかの形で自分の責任を明確にしたい、地元で活動したいと考えていた。私は地元の平和団体に所属し、すでにノーフォーク北部田園地域で何度かデモを組織していた。人口がさほど密集しているわけでもないこの地域は非常に保守的で、名称を別にすれば実質的に米軍基地である英国空軍基地で溢れていた。何ができるか、長い間、懸命に考えた。そして一九八四年、雪だるま式市民不服従運動〔19〕を設立し、調整役となった。平和を希求しているという政府の本気度を示してもらうために、最低一つの軍縮措置を取るように完全非暴力で説得を試みた。女性のみではなく、行動を起こす意思のある多くの男性にもなるべく参加してもらえるように意図して設計した。アクションに参加する意思はあるものの、グリーナムコモン女性平和村からは締め出されていると感じ、多々ある他の核基地で自分たちの運動や平和村を始めることまではできずにいた多くの男性を仲間にしたかった。

当時、英国は米国の航空母艦と性格づけられていた。アイルシャム在住の芸術家で友人のリズ〔20〕が横断幕を縫い上げた。英国の輪郭を描き、その後ろに巨大な米国国旗を配置し、米国機が数機、英国上空を飛んでいるデザインで、「英国は誰のもの?」というスローガンが書かれていた。自宅に最も近いスカルソープ米空軍基地の金網フェンスのワイヤを単純に一本だけ切断することこそが市民不服従の行動ではないかと考えた。ワイヤ一本の切断ならば与える損害が限られ、個人の視点からは純粋に象徴的で、当局にとっては物理的な脅威ではない。それでも器物損壊法に鑑みれば起訴の根拠となる程度には重大であり、当局は無視できない。法廷でアクションの理由を説明することで、核兵器による破壊問題に注目を集められるだろう。

まず、スカルソープ米空軍基地の金網フェンスを一緒に切断する仲間を二人、探さなければならなかった。最初の二人を見つけるのは難しかったが、友人のトニーと義母のドロシーを説き伏せて、仲間にした。仲間になる意思を打診した年配のイギリス・フレンズ協議会の友人からは貴重な助言をもらった。彼は、金網フェンスの切断で人の意見を変えるのが良いやり方とは思えないから私はやらないが、君がやるだけの価値があると思うのならば、たとえ仲間が一人もいなくてもやってみるべきだ、自分の気持ちに従って、自分が信じる行動を取るべきだ、と言った。ウケの良し悪しではなく、アクションの本当の価値とは何なのかを考える私の立ち位置を確立するのに、この助言は大いに役立った。

その当時、破壊行為を助長するように見えたこの最初のアクションの参加者を、平和運動仲間の中から見つけるのは難しかった。米軍基地を囲むフェンスの、たった一本のワイヤを公然と、説明責任を持って切断するという非常に象徴的な行動ではあったが、器物損壊罪と考えられ、前科となる可能性が高かった。

各自が自分自身の動機と理由を明確にし、それを警察署と裁判所に提出する準備として、参加者には書面でアクションの意図を説明する声明を書くよう求めた。重ねて三人の公人にこのアクションを説明し、運動を大きくするために一カ月以内に次の段階に参加する仲間を二人見つけることを、全員が約束した。この運動は意思疎通と対話を促進するように設計され、軍縮に向けて達成可能な手段を政府が取るための三つの要求を打ち出した。政府が一つでもそれらの手段を遂行した時点で、この運動は終わるとした。実際、一九八七年末に政府が中距離核戦力全廃条約に署名した時点をもって、この運動は終了した［21］。

資産の破壊や損壊は非暴力と言えるのか、という当時ほぼ誰も考えたことのない概念について、地方議員や報道機関を巻き込み、雪だるま運動は地元の公開集会で侃侃諤諤の論争を巻き起こした。非暴力であるかないかは、破壊行動の意図と理由、そして何が破壊対象物であるかによると主張した。例えば火災時に玄関の扉を壊して屋内にいる人を助けるならば、それは人命救助であり違法行為だとは考えられない。同様に、私たちも人命救助のために行動しているのである。

雪だるまの活動は、報道陣に囲まれて公然とスカルソープ米空軍基地の金網フェンスを一本切断した三人の行動から始まった。当初は一カ月おきの段階ごとに、参加者の人数を三倍ずつ増やし、運動を大きく成長させることを考えていた。九人で第二段階に進んだ時、警察官は後どのくらいでこの運動が消滅するか、賭けを始めた。一カ月後、仲間は二十七人に増えた。次の一カ月では目標の八十一人は、集まらなかった。また一つ学んだ。達成できない目標を立てて、わざわざ難しくするな、ということである。人生とはゲームのように秩序立ったものではないのだ。そして、計画通りに物事が進まない場合には、その場で臨機応変に対応し、間違いを認め、新しい状況に順応し、他のやり方で運動を継続するのである。

私たちはこのアイデアを縦割りではなく、横並びで雪だるま式に他の米軍基地に広めていった［22］。誰もが簡単に参加できるように手引書を作成し、送付した。受け取った人たちは手引書のアイデアを使って、各地元の米軍基地で行動を始めることができた。「フェンスを放置するな、切断しよう！」というのがスローガンの一つだった。封筒の再利用に使うスティッカーに、このスローガンを印刷して配布した。フェンス切断のために国民的セレブや有名人を現場に招こうと奮闘した。ピーター・メルチェット卿、ドラ・ラッセル伯爵夫人、ビリー・ブラッグ、ブルース・ケントらが参加してくれた。もちろん、地元の有名人も大いに支援してくれた。

地元裁判所も報道も、この運動で手一杯となった。数え切れないほどの人々が運動に参加し、地元フェイクナム治安判事裁判所を訪れた。一九八六年二月に二週間かけて私たち五十人の裁判が行われた時には当裁判所、前代未聞の最長公聴会を記録した［23］。通常、下級裁判所では地元の治安判事が週一度集まるが、ロンドンから有給治安判事一人を招請する事態となった。地域住民の協力は見事だった。法廷は傍聴人で一杯になった。この一週間、私は未解決の訴訟を多数抱えていた。既に担当した被告の異なる事例の聴聞を避ける確認を初日に有給治安判事に求めた。既に判決を下した被告人を担当すれば必ず前事例に影響されるだろう。そうならないようにすると判事は約束した。だが翌日、出廷するとその同じ判事が私の二つ目の訴訟の聴聞を始めた。前日の彼の言葉に言及したが、判事はあたかも私が発言しなかったかのように無視して審理を継続した。私は被告席から降りると、傍聴人席に座り新聞を広げて読み始めた。判事は誰もいない被告席に向かってしゃべり続け、何と私の答弁まででっち上げて見せたのであった！　あまりにも奇怪なこの光景は、ひどくこっけいでもあった。判事や弁護士の特異性について、私は多くを学んでいた。この判事は十日間から三週間の拘禁刑判決を次から次へと出したので、仲間の多くが刑務所暮らしの経験を積むことになった［24］。これら普通の人々が刑務所に行くことになった理由と核兵器にまつわる問題についいて、地元紙が書き立てた［25］。私自身は十件の雪だるま訴訟の判決と、傍聴人席の後部座席に座り協力を拒否したという「法廷侮辱罪」の六日と合わせて六十四日間の判決を言い渡され、服役した。それでも、雪だるま訴訟の中でただ一件だけ国王裁判所で行われた陪審員裁判では無罪判決を勝ち取った。

雪だるま運動はスコットランドからウェールズまで広がり、この運動についてはワールド・イン・アクションというドキュメンタリーが制作されてゴールデンアワーにテレビで放映された［26］。英国各地を訪れる度に雪だるま運動に参加して、今でも活発に活動している人に出会う。雪だるま運動の三年間で、非合法且つ非道徳的な大量破壊兵器に反対するざわめきに私たちの声を加えることができた。

まさに、初めて私が発起して運営したこの運動から学んだものは多かった。何もやらないよりは、試して失敗する方がいい。運動の初期始動が難しくても正しいと感じられるならばやる価値はあるのだから、うまくいくかどうかは気にせずに真っ当な精神でやってみることである。それぞれの段階で誠実に行動し、やりながら学んで適応していけば良い。

もっと重要なことも学んだ。たとえある運動を私が率先して始めたとしても、それは私個人が「所有」するわけではない、ということだ。運動の全てに携わらなければならない、私に取って替れる人はいない、と感じてしまう「設立者症候群」と呼ばれる罠は避けねばならなかった。手を差し伸べ、多くの人に参加してもらい、助力を求め、他の参加者が新しいことを試し、責任を持って運動を前進させることができる場を確保することを学んだ。アクションを「手放す」ことで新しい「リーダー」または「まとめ役」――こちらの呼び方の方がより好ましい――があちこちに生まれ、雪だるま運動をそれぞれの地域で組織するようになった。

行動を起こす理由を明確にして、裁判でも使うために、参加者全員に事前に書くように求めた声明が多数集まった。雪だるま運動の参加者で親しい友人でもあるオリバーがそれら声明の編集を手伝ってくれた。これら声明を雪だるま運動の歴史に加え、出版してくれる英国の出版社を探したが、その当時、出版界は平和と軍縮の本で一杯だった。平和会議に参加するためインドに行った時に、アルヤ・ブシャン・バルドゥジュと出会ったのは幸いだった。一九八九年に彼がこの本をデリーで出版してくれた。

運動の軌跡を文章に残して出版するというパターンは、できる限り踏襲した。エジンバラ高等法院で主張をし終えたある日、ゴイル湖裁判の無罪判決で確定した違法性の主張と、法務総裁の事件付託を土台に本を出版したい、とルアース出版のギャビンが声をかけてきた［27］。とても感謝している。彼からの支援と激励は得難いもので、以来、私が書いた、あるいは編集した本は全てルアース出版が発行している。これらの本には、アクションの参加者からの寄稿も載っている。人は誰もがお互いから学び合い、刺激し合うので、これは重要だ。私たちは社会変化の巨大な動きの一部である。先人から学び、後人は私たちから学んでいく。不正義と悪弊があるところにはいつでも、どこにでも、抵抗はある。それは途切れることのない潮流なのだ。継続していく闘争の中で、私たちが関わった部分については自分たちで記録したい。そうすれば経験を後人に残すことができ、私たちの抵抗が未来に繋がって行く。私たちの闘争なのだ。誤解釈する可能性がある他人に任せるのではなく自分たちの言葉で説明したい。

これは、ピースニュース紙や軍縮外交紙、レッド・ペッパー紙等の主流ではない新聞や平和運動に関わる海外のメディアに記事を書くということでもある。大規模な集会やミーティングへの参加には時間がかかるが、努力するだけの価値はある。異なるメディアや討論会への参加は運動に不可欠なのだ。

一九九〇年代初頭までに私は何度も逮捕を経験し、十五件ほどが訴訟事件となり、科料支払い拒否で何度も収監された。家族に支えられ、収監中は家族が娘と息子の世話をしてくれた。大家族だったことで可能だった。私は幸運であり、それは特権であった。誰もが抵抗運動を追求するために、これほどの支援が得られないことは、痛いほどわかっている。異なる状況にいる人々が、それぞれの長所と情熱を持って私たちの運動に参加できるような役割や機会を確立するのは、だからこそ大事なのである。

国家と裁判所の「不服従」に対する限度を試したことがある。その結果、許容範囲はかなり広いことがわかった。ノーフォークのフェイクナムにある地元の小さな治安判事裁判所は、数百もの雪だるま訴訟に閉口し、多額の未払い科料に悩まされていた。執行吏は私の所有物の取り押さえ命令を受けていた。家族が随分と心配したので、ある時、四十人近くの友人や同僚を家に招待し、地元の鍛冶屋のマイクに競売人となってもらい、自家用車は五十ペンス、息子のペットの蛇は十ペンス、冷蔵庫と洗濯機は二十ペンスというように、家族の所有物を全て競売にかけた。ばかばかしいほどの安値だったが、楽しみながら雪だるま運動への数百ポンドの寄付金が捻出できた。競り落とされた品物には番号のついた小さなシールを貼り、購入者全員に購入済という受け取り書に署名してもらった。受け取り書には「この私物は取りに行くまで、売主の自宅で保管してもらう。受取人の所有物となった品物を持ち去ったならば、誰であれ、賠償訴訟を起こす」と明記されていた。地元の報道機関に取り上げられ、私たちがもう何も所有していないことが間違いなく執行吏に伝わるよう、私は受け取り書全てを警察署に持ち込んだ。該当するそれらの科料について、その後、二度と連絡はこなかった。

科料の納付方法に人は知恵を絞った。例えばマイクの場合である。彼は小切手を二人いなければ持ち上げられないようなコンクリの塊に書くことにした。不測の事態に備えて、核兵器の直撃以外であればどんなことにも耐えられるようにするためだ、とその理由を裁判所への手紙で説明した。小切手を持ち込むには苦労したが、スティーブはダンボールで作った直径九十センチの雪だるまに、小切手を書いて裁判所の科料納付窓口に持参した。核基地からの排水で汚染されていると主張する近所の小川に浸けた小銭で科料を納めた者もいる。

人はそれぞれ異なる事情を持ち、自分の状況に応じてどのような行動をとるか決めるが、誰もが支援されなければならない。執行吏や科料集金機関が激しくドアを叩き、家に上がり込み、私物を没収するという辛い体験を家族や連れ合いにさせないために、遅滞なく科料を納めなければならない場合がある。科料の納付に経済的支援が必要な人もいれば、所有物がないために科料を恐れる必要がない人もいる。仕事に戻らなければならない人は、その場で科料を納めるかもしれない。行政執行や訴訟事件の待ち時間や取り引きに付随する不安に耐えられないためにすぐに有罪を認める人もいる。それらの人々全てが必要とされているのである。支援者や活動家の千差万別のやり方はどれも支援されなければならない。どれが良くて、どれが悪いとか、どれがより重要だということはないのだ。誰もが自分ができることを、できる方法でやるのだ。地元の音楽家、俳優、詩人、芸術家がアクションに参加することはよくある。アクションに参加しなくても、彼らはその才能を募金活動に生かす。これらの人々によって素晴らしい文化体験が共有され、私たちの絆は深まる。

このように大切な人々が知られることもなく、無名なのは残念である。科料の納付に抵抗し、警察署の留置場、裁判そして刑務所に行く時間が取れる特権を持つ活動家が、だから活動家として上だということはない。逮捕の危険は冒せないけれども、水面下で重要な支援活動をする人々も同様に大切なのである。裁判に出る、また刑務所に入る活動家一人ひとりの背後には数百人の支援者がいる。私たちは誰もが、抵抗する同じ共同体の一員なのである。直面する障害物の殆どは、この共同体に助けを求めれば解決できる。

第三章　祖国から海外へ、抵抗のネットワークを広げる

一九九〇年代初頭には核戦争の懸念が弱まった。主に強力な反核運動のおかげで、巡航ミサイルは米国に送り返された。軍縮交渉の動きもあり、反核運動から手が離せる感じだった。そこで、先住民の土地の権利、人権、そして原生林の破壊という、ずっと気になっていた他の問題に集中して取り組むことにした。

英国で「アース・ファースト！」運動を始めたばかりのジェイクとジェイソンという若い活動家に出会った。サフォークのサイズウェル向けの新規原子力発電所に不可欠な部品を積んでいる貨物船を占拠した時に、ちょうど隣同士でロックオン（鎖などを使って身体を固定する抗議・抵抗行動訳註）をしていたのだ［28］。その時、狩猟採集生活が居住森林の伐採によって破壊されて苦境に立たされているプナン族の人々に連帯する国際運動「アース・ファースト！　ＳＯＳサラワク・アクション」に誘われた。この問題については知っていたし、署名運動や抗議の手紙を書く等、協力していた。「喜んで！」と応えた。

ニア鍾乳洞周辺で仲間の活動家と合流してから今後の予定を立てる（！）という以外は知らされず、一九九一年七月、私はジェイクと共にサラワクに向かった。行動計画が知れたならば、入国を

拒否されただろう。十数人の仲間と現地で合流し、私たちは隠密に行動した。ジェイクが十八歳で最年少、私が四十歳で最年長だった。

馴染みのない外国で様々な国籍の活動家と共に行動するのはこれが初めてだった。何が起こるのか、見当もつかなかった。家族には数週間で帰れるかもしれないし、何年間も帰れないかもしれないと告げたが、直感的には数カ月だろうと思っていた。初めて顔を合わせた活動家仲間にマレーシアの法律の知識がある者はいなかった。全員が現地で合流してから一週間で行動計画を練り上げた。それにしても、何と美しいところなのだろう。巨大なニア鍾乳洞には四万年まで遡る長い人類の歴史があった。食用になる巣をつくるアナツバメと、毎晩、夜空に飛び立っていく膨大な数のコウモリが棲み着いていた。光を放つキノコが何キロも地底を被い尽くし、その中を通る小径を辿れば山の反対側の、遥か彼方の森に出た。彫刻のような石灰岩が森のあちこちに屹立する様が鍾乳洞から見渡せた。数多ある鍾乳洞内の洞窟の一つ、守りたいそれらの原生林が見渡せる場所で会合を持った。

仲間の一人でサラワクと日本でかなりの期間この問題に取り組んできたアンニャは、先住民プナン人や地元の環境団体を既に知っており、必要な現地知識を持っていた。仲間の二人はアクションを映像で記録し、それをマレーシアから持ち出し、八人の活動家の出身国（ドイツ、スウェーデン、英国、米国、豪州）の報道機関に渡すことになっていた。

知恵を出し合い、仲間同士の理解が進むと、計画は一週間で固まった。即刻の強制送還を避けるために私は、偽名の使用とパスポートの不携帯を提案した。即刻強制送還されなければ、裁判に持ち込んで注目を集め、マレーシア国内や木材の輸入国でも報道されるかもしれない。自分たちの言いたいことが伝わるような偽名をそれぞれが考えた。私は「チプコ・メンデス・プナン伐採やめろ・熱帯雨林守れ」［29］を選び、他にも「憂鬱なレオパード」や「工業用巨大機械を止めろ」等、一般の人々に私たちが大事に思っていることが伝わるような名前を選んだ。今回は終了時期の提案を忘れなかった。二週間経ったら本名を明かし、パスポートの隠し場所を当局に教えることに合意した。アクションの前に、思い思いの場所にパスポートを隠した。アンニャは海沿いのココナッツの木の下に埋めた［30］。

ミリで輸出用の丸木を積み込む平底の荷船の占拠を計画した。プナンの土地からプナン人の許可なくして伐採されたものである。今回、偽名は非常に役に立った。当局はどうにかして私たちを追い払おうとしたが、本名も出身国もわからなかったせいで強制送還しようがなかったのだと、後になって弁護士から聞いた。二週間という期間は、当局が釈放か起訴か選択せざるを得なくなるに十分な時間だった。本名と国籍を明かしてから、それぞれ自国の領事館に接触し、メッセージを幾つか送ることができた。私たちはミリ刑務所に勾留された。プナン人の森への侵入と盗伐、環境と住処の破壊に抗議して伐採企業の侵入を阻止しようと道路封鎖バリケードを設置したプナン人が逮捕後に勾留された、まさにその刑務所であった。土地は自分たちの命だとプナン人は考えている。その多くは半遊牧民で、屋外で自由に生活しているため、刑務所に閉じ込められることでひどく苦しんだ［31］。

刑務所に収容されて二週間後にやっと起訴された。狭い女子刑務所に入れられた私たち四人は、仲間の男性四人との面会と彼らが正当な扱いを受けている確証を求めて座り込みの抗議を行い、すでに厄介者となっていた。看守から、この刑務所で抗議行動が行われたことはこれまで一度もなかったと言われた。マレーシア人は一般的に権限を持つ者を非常に敬う。抗議をやめるように勧告され、仲間が座り込みをやめても従わなかったため、私は一人、刑務所女子区域の裏にある暗い独房に入れられた。抱えて独房に連れて行かれ、投げ込まれ、アリや蚊などの虫と一緒に一週間過ごす羽目になった。

私たちは知らなかったが、刑務所に入れられたことは大きく報道されていた。ある日刑務所内の一室に連れて行かれると、面会に来た地元の弁護士二人が無償で弁護を引き受けると思いもかけずに申し出てくれた。アンタライはイバン族〔32〕、レイモンドは華僑のマレーシア人だった。訴訟の準備や法廷における弁護以外に、保釈金の都合までつけ、その上アンニャと私が評決と判決を控訴した時には滞在場所まで探す等、信じられないほど尽力してくれた。さらに嬉しいことに、郵便物の受け取り許可まで取り付けてくれた。元気でいるという夫や子供たちからの便りは、本当に嬉しかった。

ここの法律制度については何の知識もなかったが、ただ一人、私は弁護士をつけずに裁判に臨むことに決めた。八人中六人は有罪を認め、迅速に釈放された。無罪を主張したアンニャと私は長期間、刑務所に入れられた。何の罪で起訴されたのか教えてくれたアンタライとレイモンドが力を貸してくれた。通訳付きの裁判は不自然に感じられ、話が全て通訳されているわけではないと知って苛立った。英語を話さない人々が英国で、全て通訳者を通じて聞かなければならない現実を少し味わった。

本人弁護で裁判を闘うことの強みを再認識した。サラワク州首相の汚職について、山ほどの情報を引き出すことができたのだ。弁護士が追求したならば法曹資格を失っただろう。そこまでのリスクを弁護士は負うことができない。ある時、裁判所が英国植民地時代の古い緊急法令を持ち出して、州首相の汚職に関する主張を撤回しなければ無期限に拘束すると脅してきた。何年も収監されるかもしれないから、裁判所の要求通り主張を撤回しろ、とアンニャの弁護士に助言されたが、私はそれを頑なに拒み、当局がこれまで以上の注目を忌避する方に賭けた。直感は当たり、結果的にはアンニャと同様に三カ月の判決で済んだ。

居心地は結構ひどかったが、サラワクの刑務所で過ごした時間は何よりも面白かった。毎晩、コンクリートの上に直に敷かれた薄いマットで眠ったが、蚊帳の所持は許されず、毎晩アリに食われた。けれども私たち四人は全員一緒だった。米国出身のニールバヴゥ、スウェーデン／豪州出身のアンニャ、豪州出身のニッティア、そして英国出身の私である。他の服役者と同室で、和やかな雰囲気だった。私たちは二十人ほどの女性と共に収監された。多くはカリマンタン［33］出身の貧しい娼婦で、家計を助けようとサラワクに出てきた人たちだった。罰金と帰宅の旅費に充てる金を出身村が工面できるまで、無慈悲にも刑務所に閉じ込められていたが、そのせいでさらに貧しくなり、また売春せざるを得ない状況に追い込まれた。当然のように男性は無罪放免だった。

殺人罪で収監されていた女性がいた。痛ましい事情があった。これまでに生まれた女児を夫が何人も殺したため、新生児の娘が殺されるのを恐れて夫を殺害したのだ。ひどく錯乱して泣き叫ぶため、薬で黙らされていた。他にも、十代初めの若い女の子が二人いた。この二人は死刑を伴う薬物法違反で収監されていた。釈放のために関係職員に十分な賄賂を渡せる両親がいた二人は幸運だった。アンニャと私は、釈放されてから偶然ミリでこの二人に再会し、詳しい話を聞かせてもらった。

有罪判決を受けてから控訴する間、アンニャと私は保釈を要求することにした。弁護士の支援で出廷時に払い戻される保釈金が集められた。保釈中、私たちは常時秘密警察に付きまとわれたが、何とか彼らを撒くと、バラム川を水上タクシーで遡り、アンニャの知人であるプナン人を訪ねた。熱帯雨林を歩き、プナン人と共に過ごした時間は、私にとって生涯忘れ得ない大切な素晴らしい経験となった。

森林で会ったのは、アンニャが前回サラワクに来た時に知り合ったプナン人の家族だった。私たちが刑務所に入れられたこと、何を、何故やったのか知っていたため、あっという間に強い絆で結ばれた。プナン人はスーラップに住む控えめで穏やかな人たちだ。吹き矢で狩りをし、野生の果物や木の実など森の幸を収穫して暮らしている。森は彼らの庭であり、深く知り尽くし、特別なサゴ椰子と籐の世話をしている。原生林がこれほどまでに先住民族の人々に手入れをされているとは、それまで考えたこともなかった。彼らは本質的に原生林に住んでいる他の生き物と同様、原生林の一部なのであった。身近な生態系と調和し、充実して活気に満ちた生活を送る技能を身につけていた彼らは、当然ながら、それら重要な生態系の最良の世話人であった。悲しいことに森は伐採され、彼らは森を追い出され、彼らがその一部であった豊かな生態系は利益を追求する企業によって破壊されてしまった。

高床式で、小枝を組んで作った床に数日間、寝かせてもらった。自然の材料で作られたそれらスーラップは、数週間から数カ月しか使えない。原生林の負荷が重くなる前に、住人は別の場所に新しくスーラップを作って引っ越す。ベランダにはスーラップが燃えないように粘土で保護された炉があり、そこで彼らは、主食であるサゴ椰子を乾かし、それを太い竹筒に入れて保存した。足に紐のように吸い付くヒルは、そんなに気にならなかった。歓迎の食事を供されたスーラップに入る前に、はたけば簡単に落ちた。イノシシが屠殺され、何でも平等に分かち合うプナンの伝統に従って、同じ大きさに切り分けられた。年若い子供たちにしても、小さな虫や蛇を捕まえたならば、独り占めせずにみんなで平等に分かち合うのだと聞いた。葉っぱに包まれた分け前は、森の中で自由に暮らしたいのに気の毒にも無理やり近くの長屋に転居させられた大家族に届けられた〔34〕。先が尖ったお手製の串を使って、ネバネバしたサゴ椰子と無塩のブタ肉を、みんなで一緒に食べた。一日中、原生林で過ごしたあとで、それは何とも美味しかった。

収穫した籐に、模様を彫ったり火かき棒で焼き付けたりして、アスィックが腕輪を作り始めた。プナン人はそれらを腕首や足首につける。彼からもらったいくつもの腕輪を、私はボロボロになるまで何年間も身につけた。

ミリに帰る途中、伐採企業のせいで遊牧生活が営めなくなったプナン人にロング・イマン村で出会い、数日、泊めてもらった。家に着くと、丁度捕まえたばかりの夕食用の巨大なニシキヘビの皮が剥がされているところだった。後でそれが世界最長で最も重いヘビの一種、網目ニシキヘビだと知った。その肉にはたくさんの小骨があり、少し鶏に似た味がした。その夜、川に沿って散歩していると、鼻笛を奏でている老女に出会った。彼女の耳は伝統的な長い穴が開けられ、籐の腕輪を付けていた。言葉が通じたならば、彼女が若かった頃の伝統的な生活の話が聞けただろう。こんなに素晴らしい人々が持つ、持続可能で自然と調和して生きる術と知識を世界は失いつつあるのだ。他のお年寄りが、村の近くの森で吹き矢の使い方を見せてくれた。高い木の上の方の何かを指差してくれるのだが、私には見えなかった。彼の視覚は私のそれよりもはるかに鋭かった。吹き矢は実に軽量で、勢いよく吹き込む一息で矢が飛ぶ。木に描かれた的をめがけて吹いてみると、思いがけず、的に当たった。平穏で、自分本来の居場所にいるような感じだった。親切で温かくもてなしてくれる人々と共に居られることを心から感謝した。伝統的な薬草を探す彼について歩いた。だが、森は既に疲弊し過ぎて、昔からの原生林と置き換えられた再生林の中で、薬草を見つけるのはほぼ不可能だと彼は言う。緑の砂漠なのだ。見る目がない殆どの外部の人間には森は一見、健康的に見え、何で森林喪失を騒ぎ立てるのか理解できないだろう。外部の人間の目は鍛えられていないし、気にかけることもない。注意を払えば、そこにはほんの数えるほどの種しか存在せず、数百の木種があるべき本来の熱帯雨林とは天と地ほどの差があることに気づくだろう。

サラワクは思い出深いところだった。ゆっくりと失われていく熱帯雨林の現状を、今でも深い悲しみを持って見守っている[35]。最近、絶滅への叛逆のアクションでサラワクを支援しているカナダ人の友人と会い、共通の友人について情報を交換する機会があった。彼らはサラワクでの撮影から戻ったばかりで、サゴ椰子を持参し、ご馳走してくれた。その上、アスィックからもらった籐の腕輪の替わりを幾つかくれた。貴重だった。私の心はサラワクにある。

他国での市民抵抗運動の信じ難い贈り物と恩恵も発見した。問題に関する広い情報を入手するための国外でのアクションや裁判の価値を学んだ。真剣に取り組んでいる個人と行動を共にするならば、資源を共有することで、いかに迅速に良いアクションが計画できるか、そして自分の直感に従い危険を敢えて冒すための場と支援を与えられることで充足感と自由が得られるか実感した。

共に行動し、共に刑務所に入った三人の女性活動家とは強い絆で結ばれた。今でも全員と連絡を取り合っている。ニッティアはノーフォークを訪れ、私の家族と共に一年近く暮らし、数年間、共に森林保護の活動をした。アンニャはオーストラリアから英国を訪れ、スコットランドで私が準備していた反核運動を手伝ってくれた。米国ニューメキシコ州に住むニールバゥは変わることのない友人でよく行き来している。ベラルーシ国境に隣接するビャウォヴィエジャの森［36］保護のために活動しているポーランドの環境活動家に連帯するために、ニールバゥと一緒にその現場に行った。どのアクションでも運動でも、常に新しい仲間や友人との出会いがあり、仲間同士のつながりが確かなものとなり、未来の連帯アクションの可能性が広がることを発見した。

サラワクでのアクションがきっかけとなって、帰国してから英国を拠点とする原生林保護団体の会合を自宅で開催するようになった。「アース・ファースト！　SOSサラワク・アクション」はいくつかの団体から多くの批判を集めていた。ある長い週末、私たちはキャンペーン活動の流儀の違いについて徹底的に議論した。例えば直接行動を認めない団体がある。サラワクでのアクションへの批判は、ボルネオ・ポスト紙のようなマレーシアの主要報道機関によるネガティブ・キャンペーンが原因であった。同紙は「環境保護論者がマレーシアに世界大戦を布告」といったヒステリックな大見出しで、私たちを「環境テロリスト」「環境植民地主義者」(!)と非難する特集記事を掲載した。マレーシア国内の協力団体は活動停止の憂き目にあうため、私たちのアクションを公に賞賛することができなかった。会合の目的はこれら問題のいくつかを解決することだった。

参加したのは世界自然保護基金、グリーンピース、「フレンズ・オブ・ジ・アース(FoE)」、「アース・ファースト!」さらに私自身の団体「リフォーレスト・ジ・アース」だった。問題点がはっきりすると、討論継続のために討論の場(フォーラム)が必要であることが見えてきた。英国の森林伐採反対運動はこの時期、絶頂期にあった。英国森林ネットワークを立ち上げ、私は一九九三年から一九九六年まで調整を手伝った。これら団体が連合できる共通の土台を提供したフォーレスト・メモランダム[37]への寄付金を集めた。原生林の伐採を止めさせるための争点や問題点を整理し、解決策や方針を取りまとめた。国会での陳情活動を組織し、共闘できる団体とは様々な共闘行動を行った。不参加の団体は、非暴力直接行動への反対を公言しないと了解した。

討論の場での調整役の経験から、連立と同盟がどれほど有益になり得るか学んだ。ネットワークが広がり、異なる技能を持つ新しい人々が運動に加わるのだ。ノーフォークとウェールズ[38]で森林地帯の創造と管理に関わるようにもなった。持続可能なやり方で間伐して薪の需要に応えつつ、環境改善のために原産種の木を植えるウェールズ地元の森林地帯管理団体で、今でもボランティアをしている。一九九〇年代には新しい形の直接行動を模索していた。これまでに培ったネットワークによってキャンペーンの立ち上げや維持は随分と楽になった。単発の行動にはそれなりの意味があるが、変化を起こす継続的な抗議行動には遥かに及ばない。それに気づいたことで、続く数年間は随分と有意義に動くことができた。

思いつきをニッティア［39］と試してみた。二人でノリッジの木材置き場に出向き、マホガニーの板を二枚、持ち出した。それをノリッジ警察署本部に持ち込み、それらがブラジルの先住民の土地から持ち出された盗品であると届け出た。長時間の尋問を想定していたが、万引き容疑でその場で逮捕され、留置場に連れて行かれ、脱衣検査をされた。結局、告発されずに釈放された。都合良く映像撮影班の知り合いがいたので、彼らを伴ってその警察署の受付窓口に戻って最初からやり直した。今回は撮影もできた！　数時間前にこの警察署本部に出向いて犯罪を届け出たのだが、ひどい扱いを受けた、届け出た犯罪は記録されず、犯罪番号も発行されず、申し立てを調査するという保証も与えられず、私たちが逮捕されて、脱衣検査をされてから釈放されたのだと説明した。カメラが回り続け、担当警察官はいかにも居心地が悪そうだった。警察官はどういうことかわからないから調べてみると言い、調書を取り、犯罪番号を出すと、そそくさと私たちを追い返した。警察からはそれっきり、何も言ってこなかった。そこで、私はさらに大規模な行動を計画した。

このようにして、商店や木材置き場からマホガニーを持ち出して警察署に届けることで、森林破壊に拍車をかける非合法伐採に光をあてる倫理的万引きを促す市民による先住民の盗品回収組織（CRISPO）運動が始まった。当時、ブラジルの先住民特別保留地から偽装表示されて持ち出されていたマホガニーに焦点を合わせた。

ノーフォーク警察官のバッジを参考にして「CRISPO警察官番号XXX」と一人ひとりの認識番号を表記したバッジを友人が作ってくれた。参加者名とCRISPO警察官番号を載せたリストを作り、「倫理的万引き」と名付けたアクションの開始と同時に警察署に届けた。盗みや万引きをしているのではなく、犯罪の発生を阻止しようとしているのだ、とアクションの理由をリストで説明した。アクションの透明性と説明責任を担保するために重要なこのリストは、地元の報道機関にも送った。十五人ほどの仲間が、ノリッジで最大のボンズ百貨店からマホガニー製商品を持ち出した。マホガニーの時計、マホガニーの便座等々だ。商品を手に取り、そのまま持ち去るのがあまりにも簡単なので怖くなった。商品は直接、警察署に持って行き、各自が自分の声明と共に届け出た。随分と注目されたが、それだけだった。商品は返品され、告発もされなかった。そもそも、悪いことは何もしていない。一方、ボンズ百貨店は相変わらずマホガニー製品を販売した。

着想はさらに進化した。私は著名な弁護士マイクに、盗伐木材を扱う様々な木材商人や商店に正式な法的書簡を書く手伝いを頼んだ。時を経ずして木材業界は大騒ぎとなった。ティンバー・トレーズ誌（木材取引専門誌　訳註）での公開討論を行い、論争に加わった。倫理的万引きは場所を変えながら継続された。一九九三年のクリスマスにはロンドンのハロッズで、「リフォーレスト・ジ・アース」、グリーンピース、ＦｏＥのメンバー六十人が店内で、およそ百人のメンバーが店外で抗議行動を展開した。「マホガニーは殺人だ」という横断幕をクリスマスの飾り付けが施してあるショーウインドウに掲げた。活動家たちは数台のテーブルも含めて千差万別のマホガニー商品を店から持ち出した。大いに楽しめるアクションではあったが、こんなに簡単に商品を持ち出せるとは意外で、またしても心配になった。満面の笑みを浮かべながらチェルシー警察署に届け出る商品を載せた台車を転がす仲間もいた。ブラジルの熱帯雨林から伐採されたマホガニーの非合法且つ非道徳的な貿易に注目を集めることはできた。ガーディアン紙が強調したように、マホガニー製品を購入すれば、おそらく盗品を扱い、人命を軽視する貿易に手を染めることを英国の消費者に知ってもらいたかった［40］。そして警察には何らかの手を打ってもらいたかった。

アクション継続のために英国内の六カ所で「倫理的万引き」に参加する団体を組織した。今度は持ち出した品物を地元の警察署ではなくロンドンに運び、法務長官府の外に積み上げた。法務長官は政府が任命する英国司法制度の長である。ロンドン市長になる前のケン・リビングストン国会議員と現地で合流することになった。彼は私たちの代理として法務長官府を訪れ、行動の理由を説明し、地方警察が踏み込んだ捜査を拒否したので、法務長官に私たちが主張する盗伐について調査をするように依頼した。彼は、もしこれが王室の宝玉であれば法務長官は必ず何らかの行動を起こすだろうと主張し、盗伐された木材を販売する店を起訴するように法務長官に求めた［41］。残念ながら、正義を求める市井の人々よりも、大企業の方が影響力を持っていた。またしても、何も起こらなかった。

報道に値する面白い出来事はまだある。木材輸入業者のための貿易研究集会を組織したのだ。カナダのブリティッシュ・コロンビア州からヌクソークの酋長を何人か招待して、木材貿易が彼らの森林にどれほどの影響を与えているのかを話してもらった。彼らの英国滞在中、私たちはブリティッシュ・コロンビア州から輸入された針葉樹エンピッピャクシンを倫理的に万引きし、それをオクスフォードの警察署に持ち込み、酋長にその警察署まで出向いてもらい、それらの返還を要求してもらった。正装姿でブルー・ピーター撮影班［42］と共に現れ、盗品の返還を求める酋長たちを前に警察官は思考停止に陥った。警察署とカナダ大使館の間でファクスが飛び交った。ヌクソークは、カナダに土地を割譲したことはなく、武力衝突で負けたこともないので、彼らの土地はカナダの一部ではないと説明を続けた。カナダ大使館はカナダ全土は全てカナダであると言い続けた。喜劇そのものだった。

当然ながら、問題はおかしくも何ともない。この違法木材貿易が森林やその周辺に住む人々に及ぼす惨憺たる影響について、私たちは十分に認識していた［43］。何年にもわたるこのキャンペーンでは、ジェイムズ・レイサム、メイヤーインターナショナル・アンド・ティムメット、チェーン店のジューソンなど主要貿易輸入業者の事務所でのアクションも展開した［44］［45］。事業所の占拠やデモを組織し、合法的で維持可能、且つ道徳的な木材の貿易をあちこちで陳情して回った。一連の行動で注目度は上がり、報道でも広く取り上げられた［46］。

その間、英国木材貿易連盟の会合にも出向き、各国大使館前でアクションを組織し、木材置場を占拠し、造船所を封鎖し、「盗伐」された木材を運搬する貨物船に体を縛り付けた。私はというと、定期的に手紙を書き、ティンバー・トレーズ誌に投稿を続けることで討論活性化の一助を担った［47］。女性折衝チーム［48］を立ち上げ、木材業界と交渉し、特にマホガニーの購入に関してより倫理的で維持可能な貿易を実践するように説得した。このチームは木材輸入業者と非常に生産的な会合を持ち、私は木材業界の講演に招致された［49］。さらに伐採がどれほどの打撃を与えているのか、ブラジルを現地視察して自分たちの目で見るようにジューソンとメイヤーインターナショナルを説得する手助けもした［50］。一九九五年九月二十八日、私たちは環境保護論者、木材貿易業者、そしてブラジル環境・再生可能天然資源院が出席した「マホガニーの円卓」会合にまで出席していた。ここまで来られたのは、真剣に関わろうという数百人もの主に若い学生活動家や全国規模のグリーンピース、FoE、熱帯雨林行動ネットワーク等の大きな組織、そして若い活動家のネットワークである「アース・ファースト！」等の協力があったからである。英国森林ネットワークで共同作業を進め、特定団体に偏った負担をかけることなく団体が連動する一連のアクションを計画することができた。衝撃は大きく、政策の変更につながった。

NGOによる大規模な大衆情報キャンペーンの数年後に私たちが直接行動を始めた頃、自社が扱っている木材の正確な原産地を知っている木材輸入取次業者は皆無であった。原産国を知っている業者はあったが、実際の伐採区画までは知らなかった。キャンペーンの終了時には、業者の多くが扱う木材の原産地を調べるようになり、管理計画を確認する業者も出てきた。環境調査員を雇い、当時、合法的で維持可能な伐採を保証する手続きだと私たちが考え、支援を後押しした森林管理評議会［51］に登録した。

残念ながら森林管理評議会には期待を裏切られた。以前よりマシにはなったが、その基準は思ったよりも低く、伐採は間断なく続き、最後の原生林の伐採は現在進行形で継続している。ティムメットと差し向かいで交渉している時、最高経営責任者が「アンジー、君は不可能を要求しているのだよ。我々は廃業に追い込まれてしまう！」と言った。「確かにあなたのビジネスはかなりの縮小を余儀なくされるでしょう。でも、取り引きする木材が全滅するよりはマシではないですか。無茶苦茶な伐採を続ければ、森林は壊滅します。世界の中でもとりわけ生物の多様性が豊かな地方が失われることは、人間が依存している環境そのものが損害を被るということなのです」と反論した。

美しかったサラワクの原生林はすでに一一パーセント以下しか残されていない。その木材のほぼ全てが日本の建築業界に持って行かれた。ヤシ油、大豆、牧畜、茶、コーヒー、バナナなどの食料を裕福な国に輸出するために伐採は続き、大企業は今でも世界中で先住民からその森林を奪い続け、地元民は生活基盤を失い、栄養失調となり、健康を損なう状態に追いやられている。環境破壊を気にもかけない当事国の大企業もある。自国に住んでいる生身の人間の福利を気にもかけず、利益のみを追求するのである。長期的に人類の健康を脅かし、この地球には深刻な脅威となっている、大企業がもたらす問題はもう随分と長い間、知られていた。企業は株主の収益ために存在する。一般市民の福利や環境に興味はない。この容赦ない経済成長の追求が地球上全ての命を破壊しつつあるのだ。私が行動し始めた時、それはすでに明白だった。今、それはさらに、はっきりとした。

大企業とは合法的組織で、「容赦なく、例外なく、しばしば他者に有害な結果をもたらすにもかかわらず、その私利を追求する」という法体系を拠り所としている〔52〕。企業活動によって引き起こされる損害の全責任を大企業が負うように法律を変えない限り、状況は悪化の一途をたどるばかりだろう。国全体を訴えることができる投資裁判所制度である「投資家対国家の間の紛争解決（ISDS）」に伴う脅威や権力とその仕打ちについても、知っておく必要がある。某企業が某国に投資したとする。某国政府が国民の福祉を考え、これ以上の環境破壊を阻止するためにその企業を追い出そうとすれば、不意うちのようにISDSに妨害される。ISDSは国外投資家にのみ適用される法的特権を提供し、最終評決が何であっても、平均で九億六千万円以上かかる訴訟費用は当事国政府の負担となる。英国のヘッジ・ファンドが後ろ盾となっているリディアンが操業するアムルサーの露天掘り金鉱を懸念したアルメニアのウィメン・イン・ブラックから聞いた例がある。アムルサーは、アルメニア国内で最も重要な淡水資源であるセヴァン湖に注ぐ貯水池近くに位置する。この水資源が金鉱の排毒の影響を受け、地元の環境を汚染している。地元住民は抗議運動を行ったが、独裁政権によって容赦なく弾圧された。二〇一八年のビロード革命でより民主的な政府が実現すると、闘争は汚染のひどい金鉱の撤去に重点を移していった。英国の投資が関わる興味深い一例である。

地元民がアムルサーで封鎖行動を始めると、リディアンは英国とカナダにそれぞれ子会社を設立した。両国はＩＳＤＳ対策を含む投資協定をアルメニアと結んでいる。二〇一九年三月、当該企業はアルメニア政府に、それら投資協定に基づき、争議を「正式通達」した［53］。

人権、土地の権利、そして先住民族の権利は全て、より公正で、公平で、平和的で、真に民主的な世界を実現するための私たちの闘争の一部をなす。森の中やその周辺で暮らす人々の保護なくして、森林保護はない。密接に絡み合っている様々な問題には同時に取り組まなくてはならない。この世界を破壊している会社や大企業には軍、警備会社、投資銀行、そして人よりも商取り引きを重視する法的枠組みがついている。一般市民やその環境への配慮はほぼ皆無だ。欧州にいる私たちの特権や水準の高い生活は、他の人々の基本的人権の否定の上に成り立っている。そしてそれは軍国主義と密接につながっている。だからこそ、平和と非武装化運動が重要なのだ。

森林保護運動から得た教訓は多い。効果的な運動とは、一般市民の啓発、圧力行動、交渉と並行して行う継続的な非暴力直接行動であり、中でも特に大事なのは、要請や要求を履行することになる相手の人々や組織にそれを明確に伝達することである。活動家一人ひとりは変化のための多様な運動のほんの一部分にすぎない。この運動で私たちはこの業界に不法木材の取り引き停止を要求し、認定済み木材のみの取り引きを提案した。この業界は多少、浄化された。ここまで来るのに、幾つかの組織が力を合わせ、数百人を数える活動家を動員し、何年もの時間が必要だった。

3人で「雪だるま式市民不服従運動」の最初のフェンス切断行動。
1984年10月、ノーフォーク、スカルソープ地区。

9人による2回目の「雪だるま式市民不服従運動」。1984年11月、スカルソープ地区。

左：サラワクの家のアスィック、1991 年 9 月。
右：アンジー、アンタライ、アンニャ。ミリにて、1991 年 10 月。

マレーシア大使館での連帯抗議行動、1992 年、ロンドン。（リフォーレスト・ジ・アース）

左：ノリッチ警察署にマホガニー板を届け、市民による先住民の盗品回収組織（CRISPO）の行動を始めるアンジー、1993 年。
右：「希望の種プラウシェアズ」事件の無罪判決後にリバプール高等法院前で。1996 年 7 月 30 日。

貿易産業省の前の黄色い戦車。ロンドン、1996 年 12 月 4 日。（武器貿易反対運動）

ゴイル湖での行動の演習をするエレン、アンジー、ウラ、1999 年 6 月。
（トライデント・プラウシェアズ）

メイタイムに飾られた横断幕、1999 年 6 月 8 日。（トライデント・プラウシェアズ）

2001 年のライト・ライブリフッド賞受賞者。
同年 12 月、スウェーデン・ストックホルム。

武装したイスラエル人入植者の阻止を試みるアンジーと
イスラエル人平和運動家。ヤスーフ、2002 年 10 月。

接収された自分たちの土地に建設される隔離壁に反対し、
平和を祈るジャイユースの農民たち。2002 年 10 月。

エジンバラのスコットランド議会議事堂で「トライデント・オラトリオ」上演、2004 年 7 月。

第四章　アクションの準備と支援

先住民のみならず、誰もが不利益を被る環境、平和、そして人権に関わる問題の一つが、英国の武器貿易である。一九九六年二月、インドネシア向けに輸出準備が整っていたブリティッシュ・エアロスペース社（以下エアロスペース社）のホーク戦闘機の武装解除に参加した。このグループは「希望の種　東チモール・プラウシェアズ」［54］という。メンバー全員が女性で、「公然」と武装解除を実行する四人と「隠れて」支援する六人の活動家、総勢十人のグループである。アクションの計画には一年かけた。総合的な小冊子をまとめ、二十分のビデオを作り、十年間の実刑判決の可能性を考慮した準備も行った。プラウシェアズ抗議行動の歴史の中で、それまで女性のみのアクションも、無罪判決も、多大な損害を与えたアクションもなかった［55］。損害額は約二億四千万円だと試算した。後にインドネシアはケチがついたとして、修理が完了したホークの購入を何と、拒否した。アクション終了後、刑務所に収監されていた私たちの元に、インドネシアの刑務所に収監されていた東チモール独立活動家から、一人の犠牲者も出さずに戦闘機を撃ち落としてくれたことを感謝する手紙をもらった。

裁判を待つ間六カ月収監されたが、一九九六年七月に陪審員によって無罪判決が出された。その間の鳴り物入りの報道で、腐敗した武器貿易は広く一般の人に知られることとなった。エアロスペース社はホーク戦闘機を「練習用」だとして販売していたが、実はそれが東チモールへの爆撃に使われていた証拠は掴んでいた。東チモールでは独特の生活を営んでいた先住民部族が殲滅されるなど、既に人口の三分の一が虐殺されていた。

これまでの経験の繋がりがこのアクションを強化した。可能性は低かったが、この裁判に勝ち目はあると私は見ていた。このような戦闘機の販売は明らかに非道徳的であったし、ほぼ間違いなく違法でもあった。陪審員に正確な情報が伝えられ、私たちがうまく結束できれば、可能性はあった。仲間は勝訴できると思ってはいなかったが、私は道徳論のみならず、本格的な法律論を強力に押した。

数年前に国王裁判所に、空軍基地の象徴的な金網の切断は犯罪を阻止できるだけの抗議行動ではないから法的抗弁は成り立たない、けれども航空機を破壊すれば成り立つかもしれない、と言われた。その言葉が私に及ぼした影響をその裁判官は知る由もなかった。仲間にこの話をして、戦闘機が使用不能になるほどの最大限の打撃を与えようと固く決意した。私たちのアクションで、英国政府とエアロスペース社の犯罪が阻止できることを証明するのだ。

小冊子とビデオの制作には、東チモールとインドネシアの歴史的出来事、武器売買の背景、ホーク戦闘機の過去の使用例、国際法という文脈、非暴力とプラウシェアズ運動の歴史をきちんと説明するために多くの時間を割いた。英国政府とエアロスペース社を虐殺と殺人の補助と幇助で告訴する告発状も入れた。ビデオ活動家［５６］が私たちのために制作してくれたビデオは特に説得力があった。ジョン・ピルジャーの映像から東チモールの破壊シーンが挿入され、東チモール人の女性が、「人間ならば、インドネシアへの武器の輸出を許すことはできないはずです」と必死に訴えかける場面で終わる〔57〕。このビデオには、何故このような行動を起こしたのかを説明する私たち四人の武装解除活動家の声明も入れた。逮捕時にはビデオと小冊子を必ず身につけ、武装解除の現場にはコピーを置き残すことを申し合わせた。行動は「犯罪」とは呼ばず、「武装解除」と呼んだ。私たちは犯罪を阻止しているのであって、加担しているのではない。

計画を立てていた一年間、インドネシアへの武器輸出反対行動も並行して行った。ホーク戦闘機の輸出決定を覆させるためにできる限りの手を尽くした。手紙を書き、抗議集会を開催し、エアロスペース社の株主総会で株主を問い詰めた。ホーク戦闘機が組み立てられ、テスト飛行が行われたランカシャー、ワルトンのエアロスペース社飛行場の外で平和村も組織した。だが決定を覆すことはできなかった。ロンドンでエアロスペース社取締役ロックスレイ・ライアンとの面会さえも手配した。だが彼は、政府から許可が下りている、エアロスペース社としては契約は成立している、との一点張りで、人的犠牲には興味を示さなかった。アクション遂行後、これらの取り組みは判事と陪審員に、武装解除という最後の手段に訴える前に可能なことは全てやり尽くしたことを証明する証拠となった。このような取り組みはどのような場合でも重要だ。考えなしに勢いでアクションに走ったのではなく、分別を持って行動したことが証明できる。

紹介してもらった飛行機マニアが、インドネシアに輸出される予定だったホーク戦闘機の機体番号を知らせてくれた。ZH955。目的は東チモールで使用されるホーク戦闘機だけで、他の機体の損傷は避けたかったから、確認は重要だった。私たちは使用する金槌を飾り付け、メッセージを彫って準備した［58］。女性十人のグループだったが、アクション終了後に身元を明かすのは四人だけだった。名前が公表されれば、器物損壊の共謀罪で告発され得る。仕事を持っている、幼い子供を抱えている、病気の親の世話をしなくてはならない等、それぞれ事情があった。

支援に回った六人の女性は陰のヒロインである。このグループの一員になる勇気を持ち、名前が漏らされることはないと信頼してくれた。四人だけが注目を浴び功績を認められるだろうが、知られざる役割を担った残りの六人が不可欠であることは、誰もがはっきりと自覚していた。支援活動は多くの場合、最もつまらないが最も重要な作業だ。彼女たちの事前準備、実行及び事後支援がなければアクションは遂行できなかっただろうし、法廷での弁護や裁判支援はここまで充実しなかっただろう。六人はリバプールで毎日、裁判所までのマーチを手配し、東チモールで殺された人々の名前を裁判所の前で読み上げた。掲げられた横断幕や支援者の存在は地元の人々にも影響を与えたにちがいない。支援ビラが地元商店の窓に掲げられるようになった。当然、裁判所にやってくる陪審員も目にしたことだろう。

ジョー、アンドレア、ロッタと私は、自分たちをハマラー（金槌を使う者）と呼んだ。そして実行直前にさらに二つのグループに分かれた。三人がワルトン工場の格納庫に侵入し、実際にホーク戦闘機を損傷する。残りの一人は報道支援を行う。そして、もし最初のグループが成功しなければ、後から一人で実行する。四人の総意で私が残ることになった。基本的な報道支援が終わるまで、私は身を隠した［59］。

どの格納庫に目的のホーク戦闘機が収納されているのか何度か偵察して、実行準備が整った。一九九六年一月二十九日早朝、ジョー、ロッタ、アンドレアの三人はワルトン工場の境界フェンスを切って敷地内に入り、格納庫に侵入し、目的のホーク戦闘機を見つけるとノーズコーンと翼、そして操縦席内の兵器コントロールパネルに金槌を振り下ろした。それから準備しておいた横断幕〔60〕をホーク戦闘機に吊るし、ビデオと小冊子を操縦室に置いた。東チモールの子供たちの写真を両翼に乗せ、大晦日に行った連帯の儀式〔61〕で使った灰と種を撒いた。それから格納庫に設置してある電話で私たちと報道関係者にアクションの成功を告げた。ようやく逮捕されると、三人はリザム・サントアンズ警察署に連行された。連絡が来ると私は間髪を容れずに自宅バレー・ファームハウスを出て報道支援を開始しなければならなかった〔62〕。

翌日にはノリッジ治安判事裁判所に同行してくれる支援者五十一人をノリッジで集めることができた。大量虐殺の幇助陰謀で、当時の貿易産業国務大臣イアン・ラング議員の逮捕状を取るために「起訴」し、全てのエアロスペース社ホーク戦闘機の納品差止め命令を発行させせようと試みた。

二月六日、ウエストミンスター（英国政府）で複数の国会議員及び運動団体と会合を持ち、武装解除行動の成功を報告した〔63〕。トニー・ベン、ポール・フリン両議員とは直に話し、支援と武装解除への参加を求めた。トニー・ベンは特に熱心で協力的だった。私は自分の金槌を取り出し、これからもホーク戦闘機を非武装化する決意を公然と表明し、多くの人の参加を呼びかけた。これらの行動は大いに注目され、支援が広がった。警察に見つかり、陰謀罪で逮捕されるまで、あまり時間がないことはわかっていたが、準備もできていた。その日の午後、プレストン行きの列車に乗った。公開会議に出席するために市役所に入ると二人の私服警察官に逮捕された。持っていたビデオと小冊子を手渡すと、二度目の保釈審理を待っていた三人と間もなく警察署で再会した。引き離される前に、素早く情報交換ができた。

本人弁護をしていた私の保釈審理は、傍聴人なしの非公開で行われた。判事は私をひどく敵視し、「お前のような女はずっと刑務所に入っていろ」と言い放った。衝撃だった。実際の裁判ではもっと中立的な判事に来てもらいたいものですと言うと、彼は自分が担当だと答えた。ウィッカム判事が無情で、「サイテーのウィッカム」というあだ名で呼ばれていたことを後に知った。当時、私たちは落ち込んでいた。だが「英国が売らなければフランスが武器を売る」等、裁判の間中繰り返された偏見に満ちたひどい暴言と私たちを黙らせようとする試みのおかげで、陪審員は私たちに同情を寄せるようになった。

四人全員がリズリー刑務所の重警備ウイングに拘留された。本人弁護をするのであれば、陪審員の心を動かさなければならない、ということで一致した。そこで適切な法的助言を確実に得るために、少なくとも四人のうち一人には有能な弁護士をつけることにした。私はこのパターンを推奨する。より安全で創造的な法廷闘争に持ち込めるだけでなく、活動家に親身になってくれる弁護士を見つけて共同作業を進め、アイデアや作戦について豊かな意見の交換が可能となる。

合意による意思決定過程をよく理解し、私たち全員に助勢してくれた辣腕事務弁護士ギャレス・ピアース［64］に出会えたのは非常に幸運だった。彼女は素晴らしい法廷弁護士も見つけてくれた。ジョーがギャレスとヴェラ・ベアード上級弁護士に弁護してもらうこととなった。アンドレアは犯罪阻止、私は国際法の論理で弁護した。ロッタは最後に説得力のある倫理弁護を行った［65］。四人の素晴らしい証人にも恵まれた。ドキュメンタリー・フィルム「民族の死」を製作した調査報道記者ジョン・ピルジャー、ブラッドフォード平和研究学部の武器研究専門家ポール・ロジャーズ教授、インドネシア人権運動タプールの設立者カーメル・ブディアルジョ、そしてこの後、時を経ずしてベロ司教とともにノーベル平和賞を受賞し、後に第四代東チモール大統領となったジョゼ・ラモス＝ホルタである［66］。

証人ジョゼに対する判事の態度はひどかった。以前インドネシアに輸出されたホーク戦闘機によって殲滅させられた先住民族についての私の質問に答えようとするジョゼを沈黙させるために、質問にはイエスかノーで答えるようにと厳しく命令したのだ。こんな態度を黙って見過ごすことはできなかった。陪審員全員の目前で、判事のひどい態度をジョゼに謝罪した。本人弁護は時に、それほど素晴らしい。弁護士であれば言えないようなこんな謝罪も本人ならば言うことができる。陪審員も、同胞東チモール人に起こった出来事を説明している最中に、ジョゼがこんなふうに遮られたことを恥ずかしく感じていたと思う。

ホーク戦闘機の武装解除の意思をビデオと小冊子で表明することを事前に考え、逮捕時には提出していたため、検察側は私たちに不利な犯罪の証拠となるそれらを証拠として採用した。おかげで陪審員にも容易に小冊子とビデオを全て証拠として提供できたため、私たちの危惧とアクションの動機を問題の総体的背景の中で説明することができた。

陪審員が判断する時が来た。私たちは被告席に座り、お互いの手を握りながら判決を待っていた。

陪審員が判事の指示に反して無罪判決を下した時の安堵感は信じられないほど大きかった。裁判所から出ると、集まっていた支援者にとり囲まれた。最初に娘が抱きしめてくれた。最高だった。娘からは毎週長い手紙が届き、傍聴には欠かさずに来て、支援してくれた。

リズリー刑務所の環境については第十章に書いたので、ここでは詳細は省く。だが、私たちはしばしば二十四時間、監房内に監禁され、一緒に話すこともままならなかった。ただその中で特記すべき面白い話がある。秘密を守ってもらうのがどれほど難しいか発見したのだ。このように重大な「破壊工作」計画が準備中に知られたならば、遂行前に四人全員が陰謀罪で逮捕されただろう。プラウシェアズの中でこの計画あるいは実行日の知識を有するのは私たち十人のみとした。しかし何年間も刑務所に入れられる可能性があることは最も身近で大切な人に伝えておかなければならない。家、請求書、ペット、仕事等をどうするか実務的な計画を立て、手はずも整えておかなければならない。実行する四人は各々一人だけ、どうしても伝えなければならないことを話すことに同意した。アクション実行前に、一人だけにしか話していないことを一人ずつ確認した。刑務所で裁判を待っている間、計画遂行以前に何人がこの計画を知っていたのか調べてみた。想像できるだろうか？　何と、百人以上（！）がこの計画を知っていたのだ。

アクションは逮捕や裁判の終了で終わるものではない。刑務所にいる間も私たちは数多くの陳情や動員を行った。釈放後の一年、活動を継続した者もいる。報道機関からのインタビュー要請や講演依頼が殺到した。六カ月間の刑務所暮らしによる混乱と社会からの隔離を経験した後で、これ以上の活動には耐えられないという仲間もいた。それでもアクションを真剣に評価し、次に必要な行動を特定し、それぞれの体力気力と個人的な状況を考慮した上で、一人ひとり、何がどれほどできるかを見極めて、作業を分担した。

どの非暴力直接行動も、社会を変えるための多岐にわたる手段を持つ運動全体の一つとして捉えられるべきである。手段は思いつくだけでも、情報収集、執筆活動、陳情、手紙書き、署名運動、公開集会、デモ、不買運動、非暴力直接抵抗と阻止行為、法律改正とその履行等がある。

釈放されてからの一年間、「武器貿易反対運動」のボランティアとして活動し、武器販売を仲介する貿易産業省の前での一週間の抗議行動［67］を含む行動を組織した。これらの活動は、陳情と抗議や直接行動を通じて在英東チモール人難民と親しくなれるという意味で特別だった。インドネシアの東チモール占領が続く中で、一部の難民はこの機会を歓迎し、喜んで非暴力抗議行動に参加した。中でも気に入ってくれたのは、貿易産業省の正面玄関に乗り付けて銃口の焦点を合わせるパフォーマンスをした黄色鮮やかな戦車で、彼らは飛び乗って喜び、戦車の上に東チモールの国旗を掲げた。

貿易認可証を与えながら、取り引きの結果としての人権侵害を一顧だにしない貿易産業省で、いつか一連の抗議行動をやりたいと考えていた。一週間の抗議行動はとても刺激的で、全てを組織した委員会の一員であったことを嬉しく思った。戦車を使ったアクション以外では、連日、集会やビラまきを行った。血（赤いペンキ）を浴びた参加者がダイインで玄関を封鎖した日があった。他の参加者は上のバルコニーによじ登り、ダイインの参加者の上に「血で汚れた金」と書かれた偽の紙幣をばら撒き、「貿易産業省　殺しのライセンス」と書かれた大型の横断幕を掲げた。

最も楽しかったのは、長い間やりたいと思っていた「虚しい火曜日」だったと思う。人権侵害に使用される武器の輸出を阻止すると主張する英国政府作成の大量の公文書を見つけ、一つ一つ読み上げてから「汚れた洗濯物」に見立てたそれらを「虚しい、虚しい」と唱えながら、洗濯紐に吊るした。他にも、よく知られた独裁者や暴君の格好をした参加者が気前のよい英国政府から武器を購入するために貿易産業省の前に長い列を作るというアクションがあった［68］。

インドネシア大使館前での抗議行動では、心に深い傷を負った東チモール人がインドネシア人警備員と対峙した時、完全に自制心を失い大声で泣き叫んだ。幸い難民仲間と友人が私たちと協力して、彼を安全な場所に移動させることができた。後になって、実は彼にはインドネシア精鋭特殊部隊コパススに残酷に拷問されたことがあり、激しいフラッシュバックを起こしたのだと知った。難民と共に作業するならば、彼らがどんな苦しい体験をしてきたのか理解し、辛い体験が再現され得る危険がある葛藤状況に置かないようにしなければならない。アクションの準備には、共に行動する仲間の活動家をできる限りよく知る必要がある。お互いを理解し、的確な支援が提供できる仲間グループはだから重要なのだ。

抗議行動の舞台は、ロンドンだけではなかった。サウサンプトン近郊ハンブルにあるグローバー・ウエッブ工場でのアクションはよく覚えている。装甲車を製造していたその工場は、高圧放水銃をインドネシアに供給していた。梯子を使って防犯壁を乗り越えて工場に侵入し、逮捕されるまで、そこらにあった車両に手当たり次第、反戦スローガンを書き付けた［69］。このようなアクションで武器製造業者に継続的に圧力をかけることはできる。だが、相手は政府の上層部につながりを持つ巨大な圧力団体である。私たちの仕事は終わらない。

インドネシア向け武器や防衛装備輸出のために貿易認可証を追加発行するという、政府決定の司法審査を目指す武器貿易反対運動の作業にも関わった。武器貿易反対運動では、武器販売の情報収集のみならず、不法な武器販売を阻止するための法的異議申し立てという、喫緊で重要な仕事を続けている。直近の問題としては、高等法院が違法だと認定したにもかかわらず輸出が継続されているサウジアラビアへの武器販売がある。イエメンへの爆撃は現地住人にとっては大惨事である。恥ずかしいことに今回も、英国の関心は人命ではなく、武器販売の稼ぎにあった［70］。

株主会議で意見を述べたり、ロンドンのエクセルセンターで開催される武器見本市の封鎖行動を組織するなど、私は長年、始終一貫して武器貿易反対運動を応援している［71］［72］。証拠を全て集めて、どのような法的論法を使うのか決めなければならない訴訟の準備は、実際の封鎖行動よりも時間がかかる。武器貿易反対運動の専門家証人の一人アンドリュー・ファインシュタインが、世界の武器貿易を精査する画期的な本を出版した［73］。エアロスペース社やロッキード・マーティン社のような制御が利かない武器製造業を相手にした時に発生する問題は、一九六一年の退任演説で米国大統領ドワイト・D・アイゼンハウアーが発した警告を思い起こさせる。彼は成長する軍産複合体についてこのように言っている［74］。

意図的であろうとあるまいと、政府評議会は軍産複合体に不当な影響力を獲得させてはなりません。誤って与えられた権力が破壊的に台頭してくる可能性は実在します。押さえつけようとも、これからも、何度でも台頭しようとするでしょう。この結合体が我々の自由あるいは民主主義過程に影響を及ぼすことを許してはなりません。何事であっても、当たり前だと考えてはいけないのです。

第五章　誰でも使える国際法を目指す

一九九七年の夏頃にはもう一度、核軍縮に集中しようと考えていた。核兵器の威嚇又は使用の合法性に関する歴史的な国際司法裁判所勧告意見が一九九六年に出され、国際法の議論が注目を集めていた。それらの議論を使うことでより効果的に反核兵器運動が展開できるのではないかと考えた。

私がジュネーブ条約と国際人道法を偶然見つけたのは、一九八〇年代初頭。その頃、平和活動家は法律ではなく道徳に基づいて核兵器に反対していたため、法律的議論は平和運動の中にあまり浸透していなかった。それでも私はすぐに惹きつけられた。法律は基本的道義が基礎にあり、それによって正当性を獲得する。だからこそ、どの政府や国家の指導者も法律を使う。それは、よりよい世界を目指す私たちの闘争にも、とても役に立つように見えた。実際にその通りであることが続く数十年で証明され、法律を評価し使うことで平和運動は法律を取り戻していった。

一九八九年に設立された法律と平和協会［75］の共同設立者であるキース・マザーソンが率いる団体の一員であった私は、設立当初から二年間、啓発活動を行うこの慈善団体で秘書を務めた。そこでは、とりわけ核兵器に関係していた戦時国際法の情報交換網の構築や情報の拡散に関わった。後に世界法廷プロジェクト［76］として実を結ぶことになった初期の議論である。一九九〇年初頭、法律と平和協会と「雪だるま式に法律を施行させる運動」の一環として、国際人道法に照らし合わせて、英国の核兵器を禁止することを目指し［77］、治安判事裁判所で一連の「情報配布」を、私はロビー・マンソンと共に組織した。「政府を裁判にかけるＤＩＹガイド」を執筆し、高等法院裁判官全員に陳情し、戦争に関する国際人道法の公開集会を準備した。

そして、戦時法を運動の中心に据える機が熟したと感じた。一九九六年のエアロスペース社でのホーク戦闘機のアクション後に、どうすれば次の行動に結びつくように持って行けるだろうかと考えるようになっていた。国際法のみに基づき、安全で非暴力、説明責任を持つという枠組みの中でプラウシェアズのアクションに多くの人が参加できる組織の立ち上げを試してみたかった。そこでトライデント核兵器システムの非武装化を中心に据えたプラウシェアズ運動の概略を書くことにした。そして感想や提案を聞こうと一九九七年六月、それを百人近くに公開状として送った［78］。もし一人でも、あるいは十人でも、百人でも賛同者が集まったなら、このような運動に公然と参加する意思があるか聞くことにした。当初の反応で、六、七人が共謀罪で告訴される危険を冒しても、少人数の仲間と行動する意思があることがわかった。当時、共謀容疑は非常に大きな危険であるように感じられた。運営委員会を結成し、準備を進めることにした。

運動を公に開始する準備には約一年間を要した。その間、イギリス・フレンズ協議会［79］のスティーブ・ホワイティング等、数人の手を借りて「手引書　トライデントを凹ませよう！」を書き上げた。ゾーイ・ブロートンが参加を呼びかけるビデオを制作し、それを動員と仲間チームのトレーニングに使った。仲間チームとは、市民抵抗を持続させるために平和運動が長年採用して確立させた方法である。安全に非暴力のアクションを計画して実行する三人から十五人の活動家でチームを結成する。長期間の支援グループであることが望ましい。チーム全員が意見を表明し、お互いの意見をきちんと聞き、積極的に参加するには十人程度が理想的だと気づいた。十五人以上になると多くの場合、意見や特技が殆ど評価されずに落ちこぼれてしまう人が出る。

英国の平和運動の規模は非常に大きかった。全世界からの核兵器廃絶という長期目標達成のために使う方法については様々な意見があった。非暴力直接行動という私たちの活動の舞台は、主にトライデント核兵器システムの拠点ファスレーン基地であった。近くのヘリンズバラには、既に活発な活動を続ける核軍縮キャンペーンがあった。トライデント・プラウシェアズ（ＴＰ）の目的を説明し、支援を取り付けるために、彼らを訪れた。実り多い訪問で、私はそこで初めてジェーン・タレンツと出会った。彼女は全面的に支持するが自分たちは手一杯で関わることまではできない、だが妨げはしないと言った［80］。活動参加者には食事と休息ができる安全な場所が必要だった。ファスレーン平和村は一九八二年六月からずっと交通量の多い道路沿いの狭い土地で運営されていたが、改善が必要だった。あれこれと選択肢を考えている時、嬉しいことにグリーナムコモンの反対運動に深く関わり、物怖じしない活動家として知られ、現地条例と格闘していたジョージィナ・スミス［81］が、彼女が所有するピートン・グレンの森をキャンプ場として使わせてくれることになった。

森はスコットランド西部のアーガイルとビュートをまたぐロスニース半島に位置する一四・五ヘクタールの広さを持つ古代林修復作業地区にある。丘の急斜面を小川が勢い良く流れる素晴らしい森で、その頂上からクールポート基地正門（クールポート王立海軍弾薬庫　訳注）は目と鼻の先である。そこには核弾頭が貯蔵され、英国バークシャーのバーグフィールド原子力兵器施設との間を往復する核輸送車列が出入りする。弁護士の力を借りてこの土地を、彼女は匿名で購入することに成功した。反核活動家だとわかっていたら、国防省はこの土地の売買は絶対に許可しなかっただろう。後にジョージィナからピートン・グレンの森の提供を打診されたが、数人の女性と共に委託という形で共同所有することにした［82］。私たち女性平和活動家の一団は平和運動のためにこの森を所有しているが、古代林はそのままの姿で美しい［83］。森の低地部には平坦な場所がいくつかある。シダに覆われてはいるがキャンプ場としては理想的で、道路のすぐ向こう側にはロング湖畔がある。これ以上の場所はない。活動家の多くがこの美しい森を愛し、崇拝するようになっていった［84］。

一年間、休みなく作業を続けて準備が整った。一九九八年五月二日にヒロシマ、ゲント、ヨーテボリ、ロンドン、そしてエジンバラで同時に行動を開始した。この時点で六十二人が核犯罪阻止誓約書に署名し、彼らの名前を記載した横断幕がエジンバラで掲げられた。最初から、誰に対しても公然と説明責任を果たすと固く決めていた。法律は私たちの側にあり、公益に適う行動をしているのだから隠すものは何もないと考えていた。ロンドンではウエストミンスター橋に巨大な横断幕が掲げられた。警察官は橋の上から、さらにはボートで私たち全員を逮捕しようとした。公開集会と記者会見が全五都市で開催された。火蓋は切って落とされたのだ！

透明性の確保と、政府が動いて初めて可能となる変化を促進するために首相に公開書簡を送付した。これが、後に続く長い一連の政府高官との対話と交渉の始まりであった［85］。「手引書　トライデントを凹ませよう！」は広く配布され、報道機関が入手すると、ファスレーンの指揮官から一部注文する手紙が届いた［86］。検察当局がもし、手引書を所有しているというだけで私たち全員を器物損壊・共謀罪で検挙することにしたならば、購入したことによって指揮官も共謀罪に問われるかもしれない（！）と考えながら、TP活動家同様に彼にも千六百円請求した。もし、指揮官がこの手引書を読んだなら、私たちが非暴力を厳しく守っていることがわかっただろう。海軍基地の地図とトライデント原潜の図解も載っていたが、原子力潜水艦の近づいてはいけない部分や触ってはならないもの（核推進力工場、核弾頭ミサイル管、魚雷保管区）については明確に警告していた。TP活動家全員が非暴力と安全のための基本原則を守る誓約をしていることを公言した。

一九九八年八月に開催された二週間にわたる初めてのTP非武装化合宿には、十二カ国から二百人が参加した。フェンスを切断する、核弾頭貯蔵庫の岩に絵を描く、原潜まで泳いでいく、基地に侵入する、基地を封鎖する等、様々なアクションで延べ百人以上が逮捕された。私はこの最初の合宿で三回逮捕され、故意の器物損壊（スコットランドの法律用語で器物損壊罪のこと）とフェンス切断及び基地侵入容疑で、軍の内規法違反で告訴された。起訴され得る罪、科料刑の可能性、地元の治安判事裁判所の特色、殆どの活動家が使いたがった道徳的及び国際法を使った弁護が上手く友好的な地元弁護士は誰か、TPは膨大な経験を積むことができた。活動家には弁護士を付けずに法廷に立つことを勧め、法定手続きや可能な弁護について助言した。その多くは法廷で申し分なく情熱的な弁護をして「訓戒」［87］のみで、科料刑を科されることもなく裁判所を立ち去った。活動家、支援者、警察官、弁護士、そして判事、誰もが無料で人道法教育を受けた。

この初回合宿以後、TPはどんどん成長していった。運営委員会への参加者が増え、ニュース・レター「スピード・ザ・プラウ」が作成され、寄付金が集まり、数多くの仲間チームが結成された［88］。訴訟事件は普通の人々が被告の懸念と情熱を目撃する機会となった。科料刑については納める者もいたが、納めずに刑務所に入る者もいた。

ほぼ全てが軽犯罪だったが、大掛かりな非武装化行動を計画し実行する仲間チームもあった。本人自らの言葉で語られる体験談のいくつかは『裁かれるトライデント』［89］に掲載されている。

TPが十分に確立して組織化されるまで、私自身は陪審員裁判に持ち込まれるような「重大な」プラウシェアズ・アクションはしないようにした。こうして、定期的非武装化合宿、訓練、法律及び裁判支援ネットワーク、仲間チームの組織、全員の合意による決定がなされるメンバーの会合を築くことに力を注いだ。何年もかけて数え切れないほど多くの、異なる考えを持つ人々や団体から少しずつ拾い集めた着想は、「手引書　トライデントを凹ませよう！」に集大成された。この手引書は三刷りされ、様々な国の運動団体が手本として利用し、日本語にも翻訳された。

アイデアはどれも目新しいものではなかった。私たちは過去から学び、それらの知恵を現在の私たちが直面している問題に当てはめた。手引書は、背景となる資料、訓練のアイデア、行動開始前後の打合せ用書式、陳情書と署名嘆願書の見本を載せ、できる限り開かれたものであるように心がけ、各活動家が最新の助言と知識を簡単に入手できるように、情報、構造、手順を共有した。最終的には全ての資料や記録文章がウェブサイトに上げられ、様々な独立組織によって定期的に保管されるようになった。ＴＰ設立から二十二年となるが、現在でも英国内にある核兵器の現場で定期的に直接行動を行っている。

先に進む前に、自然発生的アクションについて話しておきたい。ここに見られる創造性や喜びは、目指している変革が一ミリも前進せず気落ちしそうになる時、同じことの繰り返しの中でやる気を維持し、諦めないために必要不可欠なものだからだ。突然ひらめいた着想に基づくアクションが、危険を伴うにしても数カ月もの計画を要せずに実行でき、準備万端整えたアクション同様に成功する場合もあることは認識しておきたい。

ＴＰ開始の数カ月前に、私はジョージィナの森で女性の合宿に参加していた。ある晩、私を含めて四人が焚き火を囲みながら、クールポート核基地のどこまで懐深く立ち入れるか試してみようと思いついた［90］。シルビア、ジェニー、トレイシィと共に私はその夜遅く月明かりを頼りに、時折、鋭く照らし出す警察艇のサーチライトをかわしながら、大きな尖った岩が転がっている暗い湖岸を歩いた。サーチライトが回ってくる度にじっと立ち止まり、ライトから顔を背けた。黒っぽい服を着ていた私たちは、殆ど見えなくなった。暗闇を進むのはひどく大変だったが、クールポートのフェンスにたどり着くまで、ゆっくりと進んだ。フェンスを切断して中に入ると、前方に明るく照らし出された二重三重のフェンスが見えた。監視されていたとしても、照明で目が眩んで私たちの姿に気付かないかもしれない、フェンスの基部ならば監視カメラには映らないかもしれないと考えて煌々と辺りを照らす照明と監視カメラの下にうずくまった。それから何とか、警察艇が係留してある、基地のど真ん中の桟橋に到達した。桟橋に向かって歩いて行くと、照明が突然、自動点灯した。この時点になっても、誰も気付かないことに驚嘆し、興奮と緊張に包まれた。

警察艇に乗らずにはいられなかった。乗り込むと驚いたことにキーが差し込んだままであった。「警察艇で水上から基地の偵察、やってみようか？」ちゃんと話し合う時間はなかったが、素早く確認すると全員が賛成。警察艇を始動させ係留を解いて出発するまで、永遠とも思えるような時間が過ぎた。私たちはゆっくりと基地を離れて湖に出航して行った。当時、平和活動家を驚かせる（！）意図で、警察艇は消灯で航行していた。だから私たちも照明なしで航行した。おかげで正体を見破られずに済んだ。

暗闇で警察艇がすれ違う時、警察官がお互いに手を振り合うことに気づいて、私たちも手を振った。警察官と同じような黒っぽい服を着ていたのは幸運であった。監視塔の警備員に手を振ると、爆発物取扱桟橋にまっすぐと進んでいった。心ゆくまで見学してから、ファスレーン基地がある数キロ先の隣の湖まで行くことにした。

警察が使う固いゴムボートに乗ってみたいとずっと思っていた。結構な馬力があるゴムボートはかなり高速で、たいがい活動家の追跡や、地元民の海軍基地接近防止に使われていた。一人が船首に座って、暗闇ではかなり見にくい岩が見える度に大声で知らせた。翌日、通過したルートを確認して、警察艇に穴を開けなかったのはただただ幸運だったからなのだと気が付いた。二人が交代で舵を取った。残りの一人は船尾で不安そうにボートにしがみついていた。ファスレーンに到着し、常に真昼のように明るく交通量の激しい基地に進入すると、私たちの正体はすぐにバレて、警察の追跡が始まった。全力疾走し、仲間の二人をトライデント原子力潜水艦が停泊している縦桁辺りで降ろすことができた。二人は飛び込むと原潜に向かって泳ぎ始めた。追いついてきた警察に「撮影でもしてるの？」と聞かれた。私たちは笑い出して、「そうだったらよかったのに」と答えた。数人の警察官が私たちの警察艇に乗り込み、他の数人が泳いでいる仲間を捕まえに行った。

これほど楽しかった自然発生的アクションは後にも先にもこれだけだった。計画を立てていたら、こんなにうまくはいかなかっただろう。深刻で重要な活動を何年間も続けられるのは、時には大いに楽しめるからだ。

結末であるが、かなりの重罪である窃盗罪で起訴された。だが、大量虐殺兵器の有無を調べる市民による戦争犯罪の査察というそれ相応の目的に沿って警察艇を使用した、警察が巨大核犯罪を捜査する義務を履行しないから、私たちが重警備地区からもう一つの重警備地区まで警察艇を巡回させたのだと主張した。他人の所有物を、返還の意思なく奪い取るつもりは全くなかった。そして、何と無罪評決が下りたのだ。「内密に他人の所有物を持ち出して使用した」というより軽い罪で有罪となったが、訓戒のみという極めて軽い処分で済んだ。治安判事裁判所は、軍事基地がいかに危うい所であるかを女性四人が白日に晒し、軍隊に恥をかかせたことを密かに面白がっていたのではないかと思う。

だが、うまくいかなかった例もある。若いフィンランド人のハナとカトリ、そしてオランダ人のクリスタを乗せて、私は車を運転していた。三人とも国際仲間チームの一員で、彼女たちが計画した二日間のTP非暴力講習会の進行を手伝うためにベルギーに行った時に知り合い、懇意になった。三人は夏の合宿に参加するために英国を訪れた熱心な活動家で、合宿終了後も支援のために居残っていた。この日、ヘリンズバラ裁判所に出廷する多数の活動家の一人を支援するために、ヘリンズバラに向かうところだった［91］。車にはコンピュータが何台か乗せてあったが、そんなこと私は忘れていた。ハナとカトリはフィンランドの撮影班にインタビューされる予定だった。ファスレーン基地の正門を通りかかると、警備が緩んで、門が開いているのが突然目に入った。私は軽率にも、「あら、見て、入ってみる?」と言った。同乗者は冗談だと思って、笑いながら相槌を打った。私はまっすぐに正門を通り抜け、止めようと飛び出してきた警備員が道を塞いだので停止した。盗難防止警報が作動して、私たちに対応する間、基地全体が閉鎖された［92］。合宿が終わっても活動家がいなくなるわけではなく、抗議は継続するのだということを思い知らせ、基地への圧力が維持できたと悦に入り、結構、面白がっていた。

大したことなく、すぐに解放されるだろうと思っていた。が、私たちは三日間拘留され、運転していた知人の車は押収された。その日は金曜日で、月曜日まで出廷はない。私は重大な危険運転の罪で、ピーナツバター用のナイフを持っていたクリスタは凶器所持（！）で起訴された。私はたった一人独房で、期待を裏切り、起こりうる結果をきちんと考えなかったこと、そして重大要件で起訴されたことに気を揉み、自責の念にかられながら生涯で最悪の週末を過ごした。自然発生的なアクションがどれもうまくいくとは限らない。この一件で、他人にもっと責任を持って行動しなければならないこと、誰もが納得する意思決定のためにもっと時間をかけなければならないことを肝に銘じた。やるべき協議をせずに、他人を窮地に引きずり込んでしまったのだ。

この訴訟事件はダンバートン州裁判所で扱われ、私が安全運転で注意しながら停止し警備員には何の危険もなかったことを証明する監視カメラの映像が証拠提出されなかったのは意外ではなかった。その警備員は轢かれる寸前だったと大嘘をついた。だが、他の警備員の一人が真実を話したため、証拠不十分による閉廷で全員が無罪となり、危険だと告訴されたピーナッツバターナイフは、何の変哲もないただのピーナッツバターナイフに戻った。全員が深い安堵のため息をついた。非暴力市民抵抗運動の長い記録を持つことと、危険運転や暴行罪で前科を持つことには天と地ほどの差があるのだ。

第六章　法律に則った異議申し立て

ＴＰは順調に成長していた。参加者全員が確実に支援されるように多くの人が手を貸してくれた。重罪容疑で告訴され、長期間収監される可能性があるアクションを「極限の」非武装化アクションと呼んでいるが、既にいくつか、そのような素晴らしいアクションが遂行されていた〔93〕。圧力をかけ続けなければならない。そして遂に、私自身が「極限の」非武装化アクションを計画する機が熟したと感じた。

イングランド出身の私、スコットランド出身のエレン、デンマーク出身のウラでこのアクションのために特別に仲間グループを作り、国際犯罪防止チームを結成した〔94〕。大規模破壊で世界を威嚇する国際犯罪の中断を目指し、トライデント潜水艦システムに欠かせない設備を取り除けば、たとえ短期間であろうとも効率的に犯罪が防止できると考えた。スコットランド内の潜在的な標的を何カ所か下見し、トライデント原子力潜水艦が発するレーダー、音波、磁気の雑音を最小限に抑える研究をしているゴイル湖の浮体複合研究所に目標を定めた。システム全体にとってこれは必要不可欠な設備で、無罪を勝ち取るために、私たちが考慮すべき法律的に重要な点であった。

ヘリンズバラのエリックが、エンジン付き小舟を提供してくれた。書類と声明、そして陪審員に提出する証拠を準備し、同行してアクションの写真を撮り、報道支援をする仲間を集めた。

ＴＰの運営と支援活動を他人に任せて自分自身のアクションに集中できることで、非常に解放された気分だった。運送用車両への小舟の積み下ろし、空気入れ、モーター取付作業を練習したが、私にはどうやってもうまくエンジンがかけられなかった。当日はうまくいくから大丈夫（！）とエリックに言われた。

一九九九年六月八日、準備が整った。支援者が車で湖畔まで送ってくれた。小舟の準備を手伝ってもらい、救命胴衣を着用した。少し手間取ったが、さほど問題なくエンジンがかかった。浮体複合研究所にたどり着くと艀のメイタイムに係留し、小舟から降りた。エレンとウラが「犯罪を白日の下に」「建設的な破壊行為」「ＴＰは大量虐殺の研究に反対する」と書かれた横断幕と、研究の頭文字を取った語呂合わせでＤ・Ｅ・Ｒ・Ａを「致命的に効率的な絶滅のための研究」と読み替えた横断幕を結びつけている間、私はよじ登って窓から研究室に入った。

遅れて入って来たウラと二人で、エレンにおびただしい数のコンピュータ、プリンター、ディスク、マニュアル、書類、電話機を次々と手渡し、エレンはそれらを上機嫌で湖に放り込んだ。研究室の隅には金網の檻に実験用の潜水艦モデルの仕組みが設置されていた。金網を切断して中に入ると、電線を切断し、回路基板と制御盤を叩き壊した。詰まるところ、船全体を空っぽにしたのだ。研究所内をきちんと片付けると、「手引書　トライデントを凹ませよう！」、声明、そしてヒロシマとナガサキの被爆者の写真を置いた。

やれることを全て終えると、持参した軽食を広げた。エレンが軽食の持参を提案した時、食べている時間なんてないに決まっていると私は取り合わなかった。前回の二度の偵察時には警察と海軍が居合わせてせわしなかった。だが、エレンは正しかった。騒然とした武装解除作業の後、軽食を楽しむことができた。

ニュートという海軍の可動船がもう一隻、ほんの数百メートル先に停泊していた。警察がなかなか来ないので、その可動船も監査することにした。だが乗ってきたぼろ小舟は破損して、浮いているのもやっとの状態だった。そこで救命ボートに目をつけた。救命ボートに乗ってみたいと、一度は誰もが思ったのではないだろうか。一隻を水面に下ろすとそれはひっくり返った状態で見事に膨らんだ。もう一隻試してみるとこちらは膨らまなかった。救命なんて所詮、その程度のものだったのだ！

この時点で既に三時間が経過していた。デッキに佇んでいるとやっと警察艇が到着した。係留に手を貸し、ＴＰの活動家であること、完全に非暴力であることを説明した。警察はＴＰの噂を聞いていたので、雰囲気はとても友好的だった。全員が、それぞれの職務を全うしていたのだ。警察艇に乗ると、心地よく湖を横切った。この上なしのアクションだった［95］。続く五カ月間、私たちはスコットランドの刑務所［96］で一九九九年九月末にやっと始まった裁判の準備をして過ごした。エレンとウラは弁護士をつけた。私は本人弁護を行った。支援者のおかげで優れた専門家証人が法廷に立った。米国出身の国際弁護士フランシス・ボイル教授、ブラッドフォード大学平和研究学部で私にとっては恩師のポール・ロジャーズ教授、老練な反核運動家レベッカ・ジョンソン医師である。だが花形証人は数年前にベルリンで開催された弁護士会議で知り合ったウルフ・パンツァ判事であった。
彼はドイツのパーシング・ミサイルと、二百五十人の判事によるデモを主催した運動団体「平和を求める判事と検事」という組織について話し、「二百五十人の英国人判事がファスレーンの周りでデモする様子を想像してみて下さい！」と語りかけた。五百五十人の判事が新聞広告に署名したこと、さらに彼と二十人の判事がムートランゲン基地を封鎖したことやその結末について言及した。非常に説得力があり、同業者である担当の女性判事に感銘を与えた。証言の最後に、ウルフ判事がギンブレット判事に素晴らしい法廷の雰囲気と公正な訴訟運営を称えたいと言うと、陪審員も含めて法廷全体から自然に拍手がわき起こった！
見事な公判だった。判事の指示通り、陪審員は無罪判決を下した。彼女は陪審員への説示で以下のように述べた。

被告三人と仲間が、英国のトライデント使用が……脅威であると解釈され得ると信じるに至ったことは正当であると結論せざるを得ない。トライデントの使用は脅威であるが故に、国際法及び慣習法に違反する。被告人が犯罪を意図して行動したと示唆する証言は一つもなかった［97］。

またしても無罪放免となるのは不思議な経験だった。新聞はこのニュースで溢れた。「英国の核保有、違法」「スコットランド、核兵器を禁止」「英国要塞、爆撃さる」という見出しが躍った。一番気に入ったのは人目を引く「英国防衛を沈没させた中年女性四人のやり方」というものだった［98］［99］［100］［101］。大きな成果だった。私たちは祝ったが、英国政府と防衛体制にとっては当然ながら大きな衝撃であった。これで終わらせるわけにはいかなかった。私たちは正々堂々と勝利を手にしたが、数多の活動家が他の海軍設備の非武装化を試みる可能性への扉が開かれた。無罪判決が覆されることはなかったが、刑事上級裁判所で法的主張が精査される可能性は残っていた。果たして一年後に法務総長の事件付託で四点について法的論争が行われた［102］。このレベルの高等裁判所で法律家でない一般人が弁護士を立てずに本人弁護をしたのは私が初めてだった［103］。何とかしてこのような訴訟手続きを万人に開かれ、わかりやすい言葉で運営されるものにしたいという強い思いがあった。多数の書簡によるやり取りを伴った運動であった。

私の法的主張は「トライデントを裁く」に掲載されている。結果は非常に残念なものだった。プロッサー首席判事にはトライデント・システムの正確な設計仕様と国際法に目を通すように依頼し、約束を取り付けていた。判事にはどのような圧力がかけられたのだろうか。裁定が出るとプロッサーはカツラもつけずに足早に入廷し、それを無造作に掴み取り、机の上に放り出すと、そそくさと立ち去った。彼は間違いなく私の視線を避けていた。

何人もの国際弁護士が裁定を精査し、多くの欠陥を指摘した。高名な国際法律家チャールズ・モクスリーは裁判所が「誤解した」と考え、時間をかけて法務総長の事件付託を分析し、以下のように結論した。

核兵器の影響について理論的条件を伴う論争は行われず、高等法院は憶測に始終した。そのため、抑止政策の本質にしても理論的な議論からかけ離れてしまった。真に問われるべき唯一の論点は、違法行為を犯すと脅迫することが違法か、である。国際司法裁判所は肯定的な答えを出した。スコットランド刑事上級裁判所は制約条項を放棄するという、法の支配を損なう間違いを犯した［104］。

世界中の核兵器廃絶を目指すこの運動の主な成果は、国際法による論争を大勢の弁護士と判事、そして一般市民に広めたことである［105］。最高法院の終了後、数人の検事が握手を求めてきた。そして、この事案が大変興味深く、国際法について多くを学んだと告白した。皮肉である。法務総長の事件付託による裁定の一つが、どの弁護士も国際法には充分に精通しているから、国際法専門弁護士の召喚は不要だというものだったのだ！

国際法を根拠としてスコットランドからトライデントの撤去を強く要求することで、スコットランド国民党政府がより強い立場を取るように圧力をかける活動にＴＰが参加する現在も、法律は変化し続け、法律に則った異議申し立ては続く。トライデントの配備は大量虐殺準備を共謀するに等しい。撤去すればスコットランドは共犯の立場から脱することができる。二〇〇九年に数人の仲間と「トライデントと国際法：スコットランドの責務」と銘打って国際会議を開催した。裁判官と弁護士を招待し、国際法律家の最高峰の話を聞いてもらった。会議録は国際会議と同名の本に収録されている［106］。非常に意義深い会議で、特に一九九一年から二〇〇〇年にかけて国際司法裁判所の裁判官で、一九九七年から二〇〇〇年にかけて副所長を務めたクリストファー・ウイラマントリーと話す機会に恵まれたのは嬉しかった。グリーノック裁判では、彼の法的議論を本人弁護で多用させてもらった。

核保有九カ国が保持する核兵器は常に違法、犯罪的であった。しかし米国、ロシア、中国、フランス、英国の主要五カ国がそれを否認し続けたせいで、イスラエル、インド、パキスタン、北朝鮮の四カ国も非難を免れてきた。だが世界は今日、そのような不処罰に異議を申し立てるようになった。この原稿を書いている今、発効に必要な五十カ国目が国連の核兵器禁止条約を批准した［107］［108］。核禁条約は、核兵器の開発、実験、生産、製造、その他の方法での取得、保有、備蓄、移譲、使用、または使用の威嚇、締結国に対して禁止されている活動を行う他国への援助、締結国内での他国の核兵器の配置、設置、配備を禁じている。締結国領土内での違反行為の禁止と非締結国への条約加入への働きかけ等、禁止事項のみならず、条約は積極的な義務をも負わせる。

禁止条約はどれも、国際人道法の世界的な理解と解釈に影響を与える［109］。忌避感情を呼び起こし、世界レベルでの許容範囲の認識に影響を与える。今のところ核禁条約に署名もしくは批准した核保有国はない。無差別大量虐殺兵器としての核兵器の使用は国際人道法基本原則の下で常に違法であった。具体的且つ特有な合法手段としての核禁条約は、この法的基礎の上に組み立てられている。

核保有国、特に米国は差し迫った核禁条約の発効を大きな脅威と捉え、批准国に書面で批准の撤回を要求した［110］。この条約が既に現実的な影響を持っていることの証左である。

ロンドン、ダウニング街でのトライデント模型のロックオン。
2004 年 10 月。（トライデント・プラウシェアズ）

「ファスレーン 365」期間中のアンジー。ファスレーン平和村で。

ロンドンのセントマーチンズでの「NATO ノー」デモ。2010 年 11 月 20 日。

スウェーデン・ルレオでの英国の TP グループ。2011 年 7 月。

「ファスレーン 365」の大学教員による封鎖、2007 年。

国会議事堂前での“ディスアーム・ニュークス”（反核運動グループ）。ロンドン、2009 年。

「ファスレーン 365」のスペインチームの封鎖、2007 年。

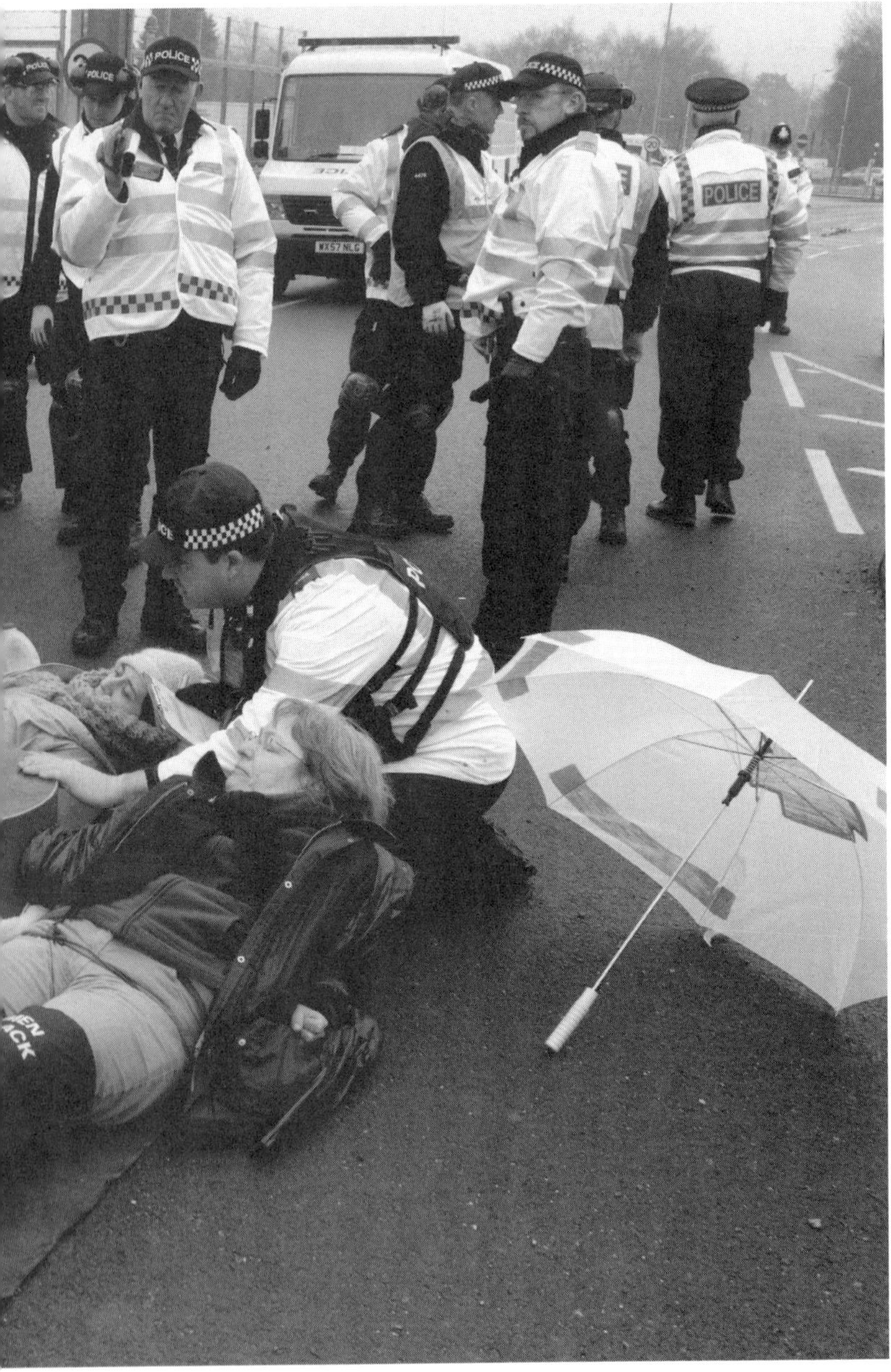

ウィメンズ・ゲート、オルダーマストン大封鎖、2010 年 2 月 15 日。

SECURITY
FOR WOMEN?
DISARM MASCULINITY
DISARM MILITARIES
SPEND £££ ON
OUR SERVICES
NOT
TRIDENT
WOMEN SAY
NO
TO
N.A.T.O.

第七章　国際連帯

この頃になると休息が必要になってきた。そこで取り組む課題を今一度、変えることにした。何年も運動を続ける間、私にとっては課題の変更が疲労や燃え尽きの予防策であった。新しい課題、新しい場所、新しいアイデアに没頭することで元気が取り戻せた。それが今回に限ってうまくいかないとは、考えもしなかった。こんなに響くとは思いもよらなかったのだ。

パレスチナとイスラエルの問題についてはずっと胸を痛めてきた。いつか現地で直に学びたいとも思っていた。義父ネイサンはユダヤ系ルーマニア人で、娘には義父の姉の名をとってジーナと名付けた。パリにナチスが侵攻した時、義父の姉ジーナは医師を目指して研修中だった。彼女は強制収容所に送還され、消息が途絶えた。ファシズムと独裁主義の「最終的解決」が家族に落とした暗い影を記憶に留め、彼女を忘れないために名前の継承は良い方法だと思った。

国家統制主義や集団殺戮と大虐殺について、手当たり次第文献を読んだ。そして「文明的」と言われる場所でどうして強制収容所やホロコーストが起きたのか、不思議に思うようになった。ポル・ポト政権によるカンボジア大虐殺で人口の四分の一にあたる二百万人近くが命を落とし、ウガンダでイディ・アミンによる残虐行為が起きた時、私は二十代だった。父はアルメニア人であったが、アルメニア人であるとはどういうことなのか、話してくれたことは殆どなかった。それでも私が十八歳の時、父の家族が織工として生活を営んでいたトルコのブルサに父は家族を連れて訪ねて行った［111］［112］。そこは昔アルメニア人が数百人住んでいた多文化の大きな町だったが、行ってみるとアルメニア人はたった一人しかいなかった。一九一四年から一九二三年にかけて起こったアルメニア人百五十万人の殺害［113］と追放について調べることにした。

しかし大きく影響を受けたのは、ドイツ系ユダヤ人の哲学者で米国に亡命したハンナ・アーレントが執筆した「凡庸な悪」に関わる一九六三年の報告書［114］であった。アイヒマンは「命令に従っただけ」で、この弁解は残虐行為が繰り返される度に聞かされる。命令を下す他人に責任をなすり付け、自分自身の行為への責任を回避するために使われる。アイヒマン裁判の僅か一年後にスタンレィ・ミルグラムが行った、権威者への服従と個人の良心との確執に焦点を合わせた有名な実験［115］には戦慄を覚えた。イェール大学の心理学者であった彼は、こんなにも多くの普通のドイツ人が第二次世界大戦中にそうであったように、人はどれほど簡単に感化されて残虐行為に手を染めるのかということに興味を持ち、他人を傷つける状況下で、被験者がどこまで指示に従うかを実験した。その結果、普通の人々は権威者に命令されれば、無辜の他人を殺すことになっても命令に従う傾向があることがわかった。権威者への服従は誰もが家庭、学校、職場で学習し、成長過程で植えつけられるのだと彼は結論した。服従することの危険性と指示や命令を批判的に評価することの重要性を真剣に考えるようになった。

ユダヤ人の友人や親族［116］を訪ねてイスラエルには何度か行ったが、恥ずかしいことにパレスチナ人を知る努力はしてこなかった。そこで親族を訪ねた際、エルサレムに住む親しいイスラエル人の友人宅に滞在し、一九九九年十二月に開催されたウィメン・イン・ブラック［117］のエルサレム会議に［118］参加し、会議主催のヨルダン川西岸占領下のパレスチナ自治区視察ツアーに参加した。パレスチナ人のみならず、家屋取り壊しに反対するイスラエル委員会［119］でイスラエル国防軍に取り壊され、時には建て直す都度に取り壊されるパレスチナ人の家屋をパレスチナ人と共に再建する仕事［120］をしていたジェフやイスラエル平和運動の重要な指導者であるグーシュ・シャロームのユリ［121］といった、多くのイスラエル人平和活動家と出会った。一九一七年のバルフォア宣言で英国はシオニストを支援し、英国によるパレスチナの委任統治が国際連盟によって承認され一九二三年に発効してから、英国がパレスチナ領及びトランスヨルダン領を統治した際の行動が現在進行形の政治問題の根源となっている［122］。英国には膨大な責任がある。私は熱くなった。

忘れることは許されない一九〇〇年から一九〇二年にかけての第二次ボーア戦争中に南アフリカに設置された強制収容所等と同様に、パレスチナとイスラエルの現状は、植民地支配で英国が与えた深刻な打撃が尾を引く英国の恥ずべき過去の一例である。「黒人の命だって大切だ」の動きが二〇二〇年に大きく注目され、植民地支配という英国の過去についてこれまでより釣り合いが取れた誠実な評価が一般市民、特に就学児童と共有される希望が出てきた。植民地史の真実は、未だに地球共同体に影響を及ぼしている多くの対立や問題を解明する一助となるかもしれない。英国が、過去に自らが犯した数多くの犯罪を認め、相も変わらぬ偏狭で搾取的な「国益」一辺倒の外交政策を変え、道徳的且つ思いやりのある政策に方向転換する時期がきている。

イスラエルの平和運動に関わり合ってから、二〇〇一年八月に始動開始したばかりで、イスラエルの占領に非暴力で抵抗するボランティアを募集していた国際連帯運動に加わった。その前年二〇〇〇年九月に始まった第二次インティファァーダ（民衆蜂起）で双方が爆撃と殺害を繰り返している状況の中で、これほどまでにも残酷な軍事占領に対して、大多数の普通のパレスチナ人がどうやって非暴力の抵抗運動を貫いているのだろうか、と思いを巡らす自分に気付いた。私はロンドンのウィメン・イン・ブラックで活発に活動していた四人の友人と共に少人数の英国ウィメン・イン・ブラックを結成し［123］、国際連帯運動のアクションに二週間参加するため、二〇〇一年八月にパレスチナに向かった。

そこで私はパレスチナの町村間の移動を制限する路上バリケードや検問所を多数目撃した。商業活動、子供や教師の登校、病人の通院、食料の市場搬入に支障をきたしていた。故郷を追われた人々が過密で過酷な環境下での生活を余儀なくされている難民キャンプ［124］も訪れた。

二〇〇一年八月九日、パレスチナの外交の中心で独立国家の象徴であったエルサレムのオリエント・ハウスが武装イスラエル人に接収、占拠された。オリエント・ハウスに住んでいたフセイニ一家の親族との会合で、数人の家人が自宅監禁下に置かれ、同じ通りに住んでいたパレスチナ人隣人も多くが自宅から追い出されたと聞いた。オリエント・ハウスの職員が職場への立ち入りを要求している路上バリケード脇で、国際人の存在を示し、目撃証人となるため、無言の路上行動を行うことにした。続く二日間、私たちはオリエント・ハウス占拠の解除、あらゆる暴力の根絶、万人への正義を要求するプラカードを掲げてパレスチナ人が組織した平和的な抗議行動を行った。プラカードを持って立っているとイスラエル警察と国境警察の騎馬警察隊が突進してきた。参加者は殴りつけられ、ライフルを突きつけられて、帰れ、さもなくば言語に絶する経験をさせてやるぞと脅された［125］。

イスラエル警察の暴力と残忍さを経験したのはこれが初めてだった。私は殴られると警察の護送車に引きずり込まれ、理解できないヘブライ語で書かれた書類に、署名しなければひどい目にあうぞ、と金切り声で脅された。もちろん署名は拒否したが、本当に恐ろしかった。全てを通訳してくれた親切なイスラエル平和運動のメンバーが隣にいなければ、どれ程怖かったことだろう。パレスチナ人男性が四、五人の警察官にひどく殴りつけられるところを目撃した直後だった。彼が護送車に投げ込まれると、警察官が同じ護送車に拘束されていた国際人を押しのけて飛び込んで来た。パレスチナ人が滅多打ちにされている間、何度も絶叫が聞こえてきた。後で再会すると、彼は目、鼻、耳から血を流していた。全身滅多打ちにされ、身体中アザだらけだった。彼は自分は運が良かった、大したことはない、普通はこんな程度（！）では済まないと言った。イスラエル人弁護士の働きで私たちは運良く釈放された［126］。だが警察を訴えても無駄だ、こんなことは日常茶飯事でイスラエルの裁判所にパレスチナ人への正義はない、と忠告された。当時は耳を疑ったが、続く数カ月でそれが本当であることを知った。パレスチナ人所有のビルや工場、診療所は爆撃で瓦礫となり、パレスチナ人民家の屋上がイスラエル人狙撃兵に占拠され、長期外出禁止令が敷かれているヘブロン／アルカリル［127］でのイスラエル人入植者と兵士の振る舞いは特に目に余った。国際連帯運動週間の一環で、私たちはベツレヘムのパラダイス・ホテルを拠点にしていた。至る所で武力衝突が起こっていたせいで、観光客が途絶えたホテルが部屋を提供してくれたのだ。目前の路上では度々銃弾が飛び交い、外出時には出ても安全か頭を低くしてそっと外を覗いて確認しなければならなかった。イスラエル軍の戦車がパレスチナ人の車を大破するのを見て、本当に戦地にいるのだと実感した。

熱心な非暴力活動家であるパレスチナ親善センターのガッサンと知り合った。彼から一九八七年から一九九一年にかけての第一次インティファーダでの非暴力抵抗について多くを学んだ。抵抗運動が暴力に傾きつつあることを彼は悲しく思っていた。まだまだ少数ではあるものの、自己防衛と独立闘争での武器の使用は権利だと見る人が増えていると説明された。土地収奪と凄まじい衝突が繰り広げられながら、それでも「平和」という言葉が至る所に書かれ、語られるイスラエルとパレスチナの地で、私の非暴力への決意は試練に晒された。武器を手に取るパレスチナ人が出る理由がだんだんと理解できるようになった。完全武装のイスラエル人に大部分が非武装のパレスチナ人市民が日常的に迫害され、過激派イスラエル人入植者にじわりじわりと水源や土地を日々奪われているのだ。揺さぶられはしたが、私の非暴力の決意が揺るぐことはなかった。暴力はさらなる暴力を生むのだと、今でも信じている。このような状況下では国際的連帯がより重要になる。抑圧には立ち向かわねばならない。沈黙をもって容認することはできないのだ。

連帯行動ではベイット・ジャラで地元パレスチナ人家族の「人間の盾」となる活動も含まれていた。ある家族が娘たちの寝室の壁にイスラエル人の発砲でできた幾つもの弾痕を示して、「護身」のために泊まり込んでくれと依頼してきた。イスラエル国防軍に標的とされた平和を愛するキリスト教パレスチナ人の家庭を知る機会にもなった。後にベツレヘムを訪れた時には娘たちの叔母サミーラからアラビア語の授業を受けるようになった。彼女のおかげで、私のアラビア語の手書きは英語のそれよりも遥かにきれいだ。美しいアラビア文字は心に響く。

国際連帯運動のボランティアとしての二週間が過ぎると、一緒に来た四人の友人が帰国した。私はさらにそれから一カ月居残り、いろいろな場所を訪ね、話を聞いた。ヘブロン/アルカリル［128］でキリスト教仲裁団について回り、できるところでは手助けをしながら学んだ十日間は貴重だった。イスラエル国防軍が軍事封鎖地域に指定したヘブロンのH2地区について学び、ひっきりなしに出される外出禁止令の発令中に自宅から出たならば、即時に狙撃されることを知った。過酷な日々であった。インティファーダが始まってから十一カ月の間、二百日も外出禁止令が布かれ、解除まで何日もかかることがあった。病院に行かれない、ゴミの収集ができない、食料が底をつく、修理ができない、家人が死去しても葬式が出せないために自宅で遺体を保管しなければならない。これら全てが酷暑期に起こっていた。悪臭は耐え難く、黒い大ネズミとハエが激増した。虫にちょっと刺されただけで大きなミミズ腫れができた。外出禁止令が解かれるや否や、脱出できるパレスチナ人は脱出した。中には国から出て行った者もいる。状況はそれほどひどかった。一人でも多くのパレスチナ人を追い出したいイスラエル政府にとっては願ったり叶ったりである。パレスチナ人はそれでも先祖代々、何世紀にもわたって住み続けてきた家と土地をやすやすと手放しはしない。

英国人が都市封鎖を経験することになったコロナ禍の下でこの本を記している。イスラエル国防軍が発令し、銃を突きつけ、戦車で町中を巡回して強制した外出禁止令と、英国の遥かに緩い都市封鎖規制には雲泥の差がある。それでも、これらの外出禁止令がパレスチナ人にとってどのようなものだったのか、少しでも理解できる人が増えたのではないだろうか。ヘブロンでの重大問題は、パレスチナの街のど真ん中にある非合法入植地［129］と、イスラエル国防軍を後ろ盾とした狂信的過激派ユダヤ人によるパレスチナ人への陵辱と嫌がらせである。真夜中に兵士が銃で脅しながら民家に押し入ると戸棚やタンスを漁って現金や貴金属類を盗み出す、住居の上階や屋上を占拠して狙撃兵を配備する、と地元民から聞いた。心が痛む話はいくらでもある。

八月二十九日は最悪であった。ヘブロンのアブラハム・アヴィノ地区で、パレスチナ人の商店主がイスラエル人入植者から深刻な暴行を受けていると連絡が入った。外出禁止令が解かれた直後で、次の外出禁止令が布かれる前に食料の買い出しに来る客のための露店出店準備で騒然としていた。米国出身でボランティア経験豊かなキリスト教仲裁団のダイアンヌと一緒に現場に到着すると、パレスチナ人に投石している十五人程の十代のイスラエル人少女の集団が目に入り、写真を撮った。投石されたパレスチナ人の中には頭と首から血を流し、ひどい傷を負った高齢の男性がいた。側にいたイスラエル兵が「ユダヤ人であることが恥ずかしい」と呟くのを聞いた。イスラエル国防軍の兵士全員が入植者の行動を支援しているわけではないことを知らせようと、その兵士は私が理解できるようにわざと英語で言ったのだと思う［130］。

ダイアンヌは負傷した男性に駆け寄ると、彼を医者に連れて行った。私は現場に残り、目前に展開している出来事を記録し続けた。十代の入植者の数は増え続け、後から来た子供たちも他のパレスチナ人に向かって投石を始めた。それを見ていた武装入植者の男性に子供たちの投石をやめさせるように頼んだ。するとその男は私に向かって文字通り口から泡を吹き、唾を飛ばして、「ナチス！」「ファシスト！」「売女！」「帰れ！」と叫び始めた。固く握り締めた銃が上下に激しく揺れた。その間にも、続々と入植者の子供たちが現れ、私の周りに集まると「ナチス、ナチス！」と怒鳴り始めた。男は近寄ってくると、「目に物見せてやる！」と言って頭を殴りつけてきた。首にかけていたカメラを力ずくで奪い取ると何度もそれを踏んづけた。周りにいたイスラエル兵は何もしなかった。彼らはイスラエル人入植者を「守る」ために派遣されたのであって、パレスチナ人や国際人を守るためにいるわけではなかった。入植者の子供たちは男を煽り立て、悪態をつき始めた。子供の一人が粉々にされたカメラの中からフィルムを取り出すと太陽光に晒して証拠を隠滅してから襲いかかってきた。運良く、ダイアンヌがイスラエル警察を連れて戻ってくるところだった。私はショック状態にあったが、殴りつけてきたその入植者を警察官に逮捕するよう何とか要求はできた。その男は突然、ひどく平静になり、満面笑顔となった。

私はその入植者と共に警察署へ連行され、犯罪者のように扱われた〔131〕。それでもやっと英国領事館に電話をかけると協力してもらい、例の入植者の名前を掴んだ。よく知られた過激強硬派カーメル・フランク。イスラエル人弁護士の力添えで、彼が銃を取り上げられることもなく釈放されたことを知った。数カ月後に彼を裁判所に訴えることには成功した。だがその時には負傷したパレスチナ人高齢男性は傷が元で既に死亡し、私は英国に帰国していた。裁判官から書面で証人として裁判所に出廷し証拠を提出するよう求められた。私としては望むところであった。私を襲撃した入植者は少女たちを扇動した。全員があの高齢男性の殺害共犯者である。だがイスラエルの道理は所詮、イスラエルの道理であった。裁判所の出廷命令書を持参したにもかかわらず入国を拒否され、空港の留置場に入れられた［132］。連絡した弁護士の仲介で出廷はできたが、裁判所に到着すると私は危険人物だと告げられた。弁護士は私に代わって抗議書を提出したが、長期遅延と莫大な裁判費用で脅されて、撤回するほかなかった。私は強制送還された。留置場にいた間、少額請求裁判所はあの入植者から謝罪を取り付け、壊されたカメラの少額賠償金を取り立てた。賠償金は強制送還された際の航空運賃となった。裁判所はやる気になれば迅速に動けるのだ！　キルヤット・アルバ入植地のカーメル・フランクに対する元々の訴訟について、他にできることは何もなかった［133］。投石で命を落とした高齢男性と証拠隠滅については何の言及もなかった。イスラエル人の人権活動家から、カーメル・フランクはヘブロンではよく知られた権力者だと聞かされた。名前を割り出し、本人を裁判にかけられただけでも、運が良かったのだ。このような起訴免除はイスラエルでは当たり前なのだ。

この六週間で色々なことを学んだ。私自身が目撃した許しがたい人権侵害について二十三ページの報告書［134］を書いた。英国に帰国するとそれを活動家仲間に広く配布した。これで三十人以上の英国市民が集まり、二〇〇一年のクリスマスにまた二週間、イスラエルの軍事占領に抗議する直接行動のために共にパレスチナに向かった。今回も活動は国際連帯運動が調整した［135］。

私には引っかかるものがあった。相次ぐイスラエル人の暴力行為に抵抗する加勢を頼まれれば、ボランティアは町から村へ、村から町へと休む間もなく移動する。幾つかの村で滞在して欲しいと言われた。国際人の殆どが都市部に滞在するが、パレスチナ人の農地を飲み込みながら非合法入植地が建設される郡部でこそ、助けが必要なのだと言う。国際人による支援や連帯は短期的な支援としては高く評価しているが、国際人がいなくなるとイスラエル国防軍や入植者が戻ってきて、全体的な状況は以前よりも悪化すると言うのだ。国際連帯運動のボランティアとしての二週間が終わってから数週間留まり、このことについて考えた。国際人ボランティアの大半は帰国したが私は居残って、国際連帯運動が非暴力直接行動のトレーニング資料を開発する手伝いをした。ロールプレイ（役割演技）も取り入れ、実際に活動を始める前に活動家に考える機会を提供し、感覚を掴んでもらうことでさらに良い備えができる。

国際連帯運動で働いているイスラエル人女性ネタに、ハリスという村を紹介してもらった（彼女は後にパレスチナ人と結婚した）。国際連帯運動は、国際人の常駐を望んでいたハリスで何度か活動したことがあった。ネタからイッサを紹介された。彼は人格者で、イスラエル国防軍の武装兵が村に侵攻してきた時、路上にいた子供を屋内に誘導している最中に後ろから撃たれて下半身付随となり、今では車椅子を使っている。彼は気さくで勇敢で、並々ならぬ非暴力への取り組みは明らかだった。そして国際人のハリス常駐を望んでいた。

ハリスは、国際的に合意されたイスラエルとヨルダン川西岸パレスチナ自治区の境界線グリーン・ライン近くに位置する。パレスチナ領であるにもかかわらず、巨大な非合法イスラエル入植地アリエル［136］建設のために近隣のパレスチナの村々から土地が盗まれた。この地域では二〇〇一年現在、占拠者であるイスラエル人の人口が地元パレスチナ人の人口を上回っていた。パレスチナ人は将来にわたって土地を失い続けることを恐れ、民族浄化にも言及している。

ハリス村議会に招致され、ネタと二人でハリスに基盤を置く国際女性平和事業（ＩＷＰＳ）パレスチナ［１３７］を立ち上げることにした。私は帰国し、二〇〇二年の最初の七カ月間をＩＷＰＳの設立、募金活動、ボランティア募集、最初の派遣チームとなる世界中から集まってきた十六人の女性ボランティアのトレーニング［１３８］に費やした。

第一次現地チーム女性四人のスタッフの一員として、借りたアパートでＩＷＰＳを立ち上げるために二〇〇二年八月から十一月まで、三カ月間ハリスに戻った。現地スタッフは村内外の様々な族長、教主、教師、農民等、地元民と会合を持った。また名刺大のカードをつくり、英語とアラビア語でＩＷＰＳが何の団体であるかを説明し、人権侵害に遭った人が誰でも待機中の私たちに連絡できるように電話番号を記した［１３９］。時を経ずして、特にイスラエル国防軍が「容疑者」を探して夜中村をうろつき、民家に押し入り、幼児から高齢者まで暗い路地に並ばせて家宅捜査を行い、村人を怖がらせる夜間、電話は鳴りっぱなしとなった。村への車両の出入りを妨害する目的でイスラエル国防軍が瓦礫でバリケードを積み上げた村の入口には何度も呼ばれた。そこには絶えず武装イスラエル兵が配備され、度々村内に向かって発砲した。

そのすぐ横に住む家族は、二、三年の間で四人の村人が銃殺されるところを目撃し、過酷なトラウマに苦しんでいた。父は薬莢を集めて回り、目撃した場面を興奮しながら、繰り返し話さずにはいられなかった。母は常に息子のことを心配していた。六歳から七歳の子供がイスラエル国防軍に検挙される［１４０］ことは珍しくない。村人の多くは証拠がない容疑のでっち上げで何カ月も、時には何年も、「行政拘禁」と称され刑務所に入れられた経験を持っていた。サルフィート市周辺の村々に住む女性たちから、幼い子供たちには悪夢、寝小便、注意欠陥の問題があると聞いた。日中は家屋取り壊しの目撃証人として、また近隣の村に武装入植者が侵入して山羊や羊を盗んだり、屋上太陽熱温水器に発砲したりした時に呼ばれた。

イスラエル国防軍が村の入口の路上バリケードに新しい分遣隊を派遣する都度、出向いては村に滞在している国際人女性の存在を示し、滞在理由を説明するために自己紹介した。「何でテロリストのところに滞在するのか？　怖くないのか？」とよく聞かれた。私には兵士の銃と彼らが犯す人権侵害の方が怖かった。

パレスチナ人を見守り、支援するイスラエルとパレスチナの多くの人権擁護団体と民間公益団体を知るために時間を使った。それら団体は大抵、都市部に本拠があるので頻繁に出向いたが、その度に路上バリケードを乗り越え、イスラエル国防軍の尋問を受けた。検問所の監視活動を始め、直接目撃した人権侵害について報告書を作成し、それを人権擁護団体と国連人権問題調整事務所［141］に送付した。

サルフィート市にあるファタハ本部に、本部長であるナワフを訪れた日のことは忘れようにも忘れられない。ヤスーフ村のフセインが来ると、彼は過激強硬派が住むことで広く知られるタプア前哨居留地に住む武装入植者がヤスーフ村でオリーブ畑に行く村人を脅してオリーブを盗んでいる、と訴えてきた［142］。

ヤスーフ村の様子を見に行きたいと申し出た。村に近づくと、同乗していたパレスチナ人が遠くのオリーブ畑にいる入植者を指差した。既に三日間も勝手に収穫しているのだと言う。村人はイスラエル警察と管区連絡事務所に電話したが窃盗は続いた。イスラエル警察に私も電話をかけて目前の出来事を報告し、続いて赤十字、「人権を擁護するラビ」と占領下のパレスチナで活動するイスラエル人権情報センター（ベツェレム）にも連絡した。少しすると警察がフセインと同じ村人のモハメッドに村の入口で会うと言ってきた。その間、私は村人と話して、オリーブの窃盗を止めるために直接、入植者と話したい人、私の同行を希望する人はいないかと聞いた。危険を冒す覚悟がある高齢者数人がいいのではないかと提案した。オリーブの横取りを止めて欲しいと入植者に穏便に話しに行くことを警察に告げた。高齢の男性六人と女性一人に同行して彼らのオリーブ畑の中を、入植者が取り上げようと企んでいる泉の脇を通り、丘を登った。

入植者に近づくと警察に電話をかけ、静かに接近していることを告げた。五百メートル程の距離まで迫った時、十人いた入植者が発砲し、銃弾が目と鼻の先に着弾、前進できなくなった。私は立ったまま写真を撮り続けるが、みんなは座り込んではどうかと提案した。時を移さず、丘の上の入植地から三十人以上の入植者が下りてくるのが見えた。この時点で、女性と男性二人は村に引き返した。銃を何丁も携帯した入植者が迫ってきたので警察に再度電話をかけると、側にいたヤスーフ村の男性と話したいと言われた。警察に村に引き返すように言われた彼らは杖をつきながらゆっくりと村に向かった。入植者が石を投げながら走って来たが、私はその場に留まった。

不意に入植者に取り囲まれ、カメラが引ったくられた。バックパックが背中から引き剥がされ、大声で怒鳴りつけられた。村に向かい始めたパレスチナ人が数人の入植者に追い回され、一人が投石で負傷した。私は座り込んだ。大型犬が目前に迫り、凶暴な入植者はバックパックの中身を乱暴に取り出すと書類を破り棄て、パスポートを取り上げた。入植者は英語を流暢に話した［143］。実際、一人はつい最近英国から移住してきたばかりだった。ここは神による約束の地で全て自分たちのものだ、パレスチナ人の居場所はないと言った。行け、と言われたがパスポートが取られたままなので私は拒否した。一時間以上して、入植者の一人がやっとパスポートを投げ返してきた。バックパックもカメラも取り戻せなかった。私を追い返すことしか考えていない入植者に道理は通じない。ヤスーフ村に歩いて帰った。身体的な危害こそ加えられなかったが、大きく動揺していた。そして現状がはっきりと見えるようになってきた。村に戻ると、ナワフも来て、様々な当局との話し合いの場を設定してくれていた。

ナワフのおかげで警察官と兵士に連れられて丘の現場に戻り、攻撃された地点を特定した。正式に警察に届け出て告訴し、入植者の責任を問いたかった。アリエル入植地内の警察署に連れて行かれると、襲撃してカメラを強奪した入植者を特定するためにたくさんの写真を見せられたが、一人も特定できなかった。犬を連れた英国人ならば特定できる自信があったので入植地に連れて行くよう要求したが、断られた。写真があればよかったのに（!）と言われた。アリエル入植地内の警察に行ったのはこれが初めてだったが、後にさらに関わり合いを持つことになる。ヤスーフ村に行ったのもこれが初めてだった。続く数週間、多くの村人と会い、村全体が結束して、護身のために国際人とジャーナリストを多数集め、安全に全てのオリーブを収穫する計画を立てた。主体はパレスチナ人で、私は支援体制の整備に徹した。計画を立てて準備するのは楽しかった。パレスチナ人が全体の計画を立てて最終的な決定をする間、協力的な国際人とイスラエル人を村に集め、私たちにできることがきちんとパレスチナ人に伝わるように仲介役を務めた。

非暴力に徹するため、村人は収穫当日、子供たちを遠ざけることにした。二〇〇一年十月十七日、日の出と共に出発することになった。支援者は安全確保のためにパレスチナ人の外側を歩くことにした。もし入植者が接近して襲撃してきたならば、パレスチナ人は全員が一カ所に集まって座り、沈黙を守り、非暴力に徹する。国際人とイスラエル人はパレスチナ人を囲んで入植者と向かい合うように外側を向いて佇むことを取り決めた。ジャーナリストは周りの丘から写真や映像で記録する。パレスチナ人約二百五十人、国際人とイスラエル人約三十人が集まった。オリーブの段々畑に着くと時をおかずに十三人のタプア入植者が発砲を始め、ナイフでパレスチナ人を脅した。村人はオリーブ収穫用グランドシート、袋、ロバをその場に残してゆっくり集まってくると平静に規律よく三つの大きなグループに分かれて座り込み、私たちは入植者と村人の間に立ちはだかった。

イスラエル軍と警察には私たちがパレスチナ人のオリーブの収穫に同行することを間違いなく伝え、収穫全期を通じて警護するという約束を取り付けていたのに、当初来ていたのは軍用ジープ一台のみだった。入植者は、私たちを押したり、小突き回したり、石を投げたり、銃とナイフで脅したり、暴れ放題だった。収穫用の道具を持ち去る者もいた。邪魔をせずにパレスチナ人にオリーブの収穫をさせるように入植者一人ひとりをイスラエル人と国際人の支援者二、三人が囲んで静かに話したため、怪我人は出たが、幸いなことにかすり傷で済んだ。十分な人数の警察官と兵士が到着して介入し、数人から武器を取り上げて入植者を排除するまで、混乱は約四十分続いた。

入植者を寄せ付けないために軍用ジープ一台が尾根に留まり､村人は収穫を続けることができた。一日の終わりにはオリーブで一杯となった袋を持ち帰ることができ、何もかもがうまくいったことを喜んだ。でもそれは以前のような、お弁当を持って出かけ、子供たちがはしゃぎ回る喜びに満ちた家族行事には程遠かった。まさに翌日、イスラエル軍の戦車がヤスーフ村の入口に現れ、村への出入りを全面的に禁じたのだ。村人と入植者の闘争には人権や土地の権利など関係なく、入植者にはイスラエル政府の後ろ盾がある。小さな成功がすぐにより大きな情勢に抹消されてしまうこのような状況下で、絶望せずにいるのは難しい。

あの日に起こった暴挙と恫喝に関する全ての情報と写真、そして目撃証言を集めた。複数のイスラエル紙がこの事件を報道したので、何らかの正義がなされるのではないかと期待した。証拠さえあれば当局は恥じ入って何らかの手を打つだろうと考えるほど、私はまだ無邪気だった。アリエル警察本署に証拠を持参し、警察署長［144］と面会した。集めた証拠の質の高さを称賛して、面白そうに捜査員にならないかと聞いてから、彼はやれることは何もないと言い放った。よくても軽いお仕置き程度で終わってしまう入植者の起訴は明らかに無駄骨なのだ。だが警察は記録は保存しておく［145］。時に当局は行き過ぎた入植者に厳しく対処しなければならない。その時になれば、この情報も役に立つかもしれない。オリーブの収穫は邪魔されない、とパレスチナ当局が言われたことと突き合わせれば、イスラエルの本心が透けて見える。あの日、農民を襲撃してオリーブを盗んだ入植者の行為は行き過ぎではなかったということなのだろう。自分の畑でオリーブを収穫しようとしていただけの非武装のパレスチナ人に向かって使用された銃やナイフの証拠集めは行き詰まった。

多くのパレスチナ人に言われたように、ユダヤ系イスラエル人用の法律と、それとは異なるパレスチナ人用の法律が存在するのだ。家屋取り壊しや隔離壁［146］の建設のために村に侵入して来る装甲車に、たまに投石するだけで何カ月もイスラエル国内の刑務所に行政拘置されるパレスチナ人の子供たちを見れば相違は鮮烈である。ヨルダン川西岸パレスチナ自治区に何度も足を運ぶ間、武装入植者とイスラエル国防軍による人権侵害や暴挙を数え切れないほど目撃した。入植者が、屋上の温水器を走行中の車から射撃する、鶏を全滅させる目的で家禽飼育場に催涙ガス弾を投げ込む、子供たちが身を守るために机の下にうずくまる学校に向かって発砲する、証拠もなく告発すらされていないのに投石の容疑だけでイスラエル国防軍が子供たちを逮捕するといった現場には、目撃証人として何度も呼ばれた［147］。

続く三年間、次世代ボランティアにIWPSパレスチナを手渡すまで調整役を続け、パレスチナにも何度か行った。イスラエル政府がIWPSのウェブサイトをハッキングし、ポルノサイトにリンクさせ、これまでの報告書と記録の多くは失われてしまったが、IWPSパレスチナは現在でも活動を続けている［148］。報告書の殆どは作成されるとすぐにイスラエル、パレスチナ、国連関連の人権擁護団体に送付された。記録の多くは失われてしまったが、必要な時には役に立っていた。

IWPSパレスチナからの報告書は連絡を取り合っていた平和活動家と環境活動家の広範なネットワークに乗って拡散され、少なからぬ人がIWPS、キリスト教仲裁団、国際連帯運動、「パレスチナとイスラエルにおける世界教会主義付添プログラム」のボランティアとして現地に足を運んだ。これら団体は定期的に会合を持ち、情報や資源を共有し、共に活動した。関わった人々は皆、親族や友人や身近な人々に経験を話す。軍事占領を己の目で見て、パレスチナ人と連帯するために世界中からパレスチナに来て、帰国してから経験を語るというたゆみない人の流れは一般市民の問題認識に大きな影響を与えたと思う。

これほどにも攻撃的な軍事占領に休む間も無く晒されることで、心が深く傷つけられることを知った。日常的に催涙ガスやゴム弾や時には実弾、あるいは爆撃に晒され、イスラエル人入植者に暴行されるからではない。むしろ、イスラエル人の手による日常的な虐待やテロ行為で苦しめられた体験を、普通の女性や男性や子供たちから直接、見たり聞いたりするからなのだ。イスラエルの若者が初めての兵役を経て、瑞々しい思いやりのある少年から冷酷で横暴で差別的な暴君になっていく様子を目の当たりにするからなのだ。非情な夜間襲撃、恒常的な路上バリケード、家屋、学校、病院の取り壊し、イスラエル兵による非武装の村人への発砲による負傷、食料や医薬品の購入のための外出すらできない一カ月もの長期外出禁止令、とどまることを知らない土地と水源の喪失。さらにはパレスチナ農民をオリーブの木と農地から引き剥がし、パレスチナの町村間の移動の自由を妨げる隔離壁の建設。終わりのない民族浄化が至る所で起こっている。

帰国してパレスチナの現状について写真を見せながら講演した時、記憶が堰を切って溢れ出し、涙を抑えることができず、話すことができなくなった。燃え尽きていた。それでも活動を止めることはできなかった。パレスチナ人の非暴力抗議行動のマーチやデモで何度も逮捕され、イスラエル警察と国防軍によく知られるようになり、イスラエルとパレスチナへの入国がだんだんと難しくなってきた。そしてとうとう危険人物のレッテルを貼られ、入国を拒否された。どうするか決めなければならなかった。

英国に戻ると名前を変え、髪の毛を染めて新しいパスポートを取得した。そして数カ月後にまたパレスチナに戻った。土地略奪に抗議するパレスチナ人のデモの一つを支援している時に再度、逮捕された。二つの名前が紐づけられ、次にイスラエルへの入国を試みた時、またしても入国を拒否された。イスラエルの保安係員に長々と尋問され、イスラエルとパレスチナでの私の活動に関する分厚いファイルを見せられた。それでも、そのファイルのどこに私が一瞬たりとも暴力を使ったり、罵倒したり、あるいは「テロリスト」の支援をしたと書いてあるのか見せてくれと言うと、係官は恥じ入るようにそれができないことを認めた。百も承知だったのだ。私が関わったのは違法かつ暴力的なイスラエルの軍事占領への非暴力抵抗の支援だけで、常に平和的であったことを。彼は、いつの日かまた、私にイスラエル入国の許可が出ることを願うと言った。そして強制送還されるまで、私は空港内の留置場に収容された［149］。以後、イスラエルには再入国できずにいる。それでもパレスチナでの活動の、このような突然で強制的な終了によって、私は落ち着きを取り戻すことができた。支援活動は英国から続けた。

第八章　世界中で抵抗は続く

スコットランドでの反核平和運動に戻る時期だった。二〇〇五年になると、スコットランドのファスレーン核基地を丸々一年間封鎖する「無謀な計画」に着手した。異なる活動をする可能な限り多様な団体に接触し、各団体にはそれぞれ百人の参加者を集めるように依頼した。参加団体はそれぞれ二日間、前後の団体と重複しながら基地を封鎖する計画であった。高望みが過ぎる、無理に決まっている、と多くの人から言われたが、先見性とその規模の大きさ故に、きっと興味を持ってもらえるだろうという気がしていた。ＴＰ運動で行動を共にしたことがある友人三人［１５０］が一緒に初期の運営委員会の委員になってくれた。デビッドがこの計画を「ファスレーン３６５」と命名し、運営委員会はすぐに拡大した。

資金を集め、情報一式を準備し、手はずを整えてから仲間数人が五カ月かけて全国を回り、様々な団体に働きかけて基地封鎖の当番表を作成した。当初、当番表はなかなか埋まらなかった。やるだけの価値があるか判断してもらって参加を促すために、最初の一カ月の当番表が埋まらなければ、計画は断念するとした。それならば、と共感が広がり、少しずつ参加団体が増え、勢いがつき始めた。厳格な非暴力という枠組み内で、自分たちのやり方で封鎖を組織し、それぞれが取り組む課題と核兵器の接点を洗い出してはどうかと様々な団体に声をかけた。参加団体はかけ離れた運動をしているにも関わらず、それぞれ自分の参加する封鎖行動では自分たちの主張に光を当てながら、核兵器廃絶という共通の目的の下に結集することができた。例えば、医療従事者は資源の無駄遣いと核の連鎖全体が健康に及ぼす影響、環境保護論者は軍用及び民間の核保有と世界中の放射能汚染との関連、亡命希望者と移民を支援するユニティ・センターは戦争と難民、宗教団体は脅威的な大量破壊の倫理的要素を強調し、国外から参加した団体は放射能に国境はなく、英国が核兵器を実際に使用したならば世界中が核の冬に苦しむことになる、と我が国英国の核兵器が地球上の人々に及ぼす影響を認識させた。経済を歪め、軍産企業の世界制覇を助長することで、核抑止論が地球上の生命の真の安全にどのような形で現実的な影響を与えるのか、できるだけ深く考察することを勧めた。

動員は大成功で、この方法は封鎖行動のみならず、参加団体の運動を強靭なものにした。そして異なる問題の間にある無数のつながりが鮮明になった。

この一年間で百三十一日間、基地を封鎖し、その業務を中断させ、核軍縮を政治問題の最優先事項に押し上げ、トライデントの撤去を信任されたスコットランド国民党員の当選に一役買った。

多数の国から平和運動に携わる仲間が関わり、支援してくれた素晴らしい運動だった。来る度に数カ月、スコットランドに滞在してウェブサイトのデザインやトレーニングの作業を手伝ってくれたフィンランドとスウェーデンのボランティアの活躍は特筆に値する。

運動については『ファスレーン３６５』［151］に詳述されている。参加者の個人史だけでなく、準備方法と「舞台裏」での作業についても説明がある。トレーニング、警察との連絡、法的支援、封鎖による地元民への影響にはそれぞれ一章を割いている。

欧州諸国で反核運動を数十年間、支援してきた。米国の核兵器基地があるドイツとオランダやNATO（北大西洋条約機構）に反対するフランスやベルギーではデモやアクションに参加［152］［153］［154］［155］［156］して何度も逮捕された。NATOが参加するスウェーデン北部で頻繁に行われる軍事演習は先住民族サーミの平穏な生活を脅かす。連帯行動の中で育まれてきた付き合いや友情があったから、それらの国々ではスコットランドのアクションに来てくれる団体が容易に見つかった。課題は根底でつながっているのだ。私たちの運動が強化されただけではなく、私たちが直面する闘争が普遍的であると身をもって知った。消費財を提供する大企業の多くは人権侵害に加担している。私たちの生活は、ありとあらゆる場面で複雑に絡み合っているのだ。

スウェーデンでのアクションに参加することでサーミが直面している問題を理解し、大きな影響を受けた。軍事化と植民地化とに苦しめられている、一つの先住民族である。Ofog［157］の動員のために一カ月間、スウェーデンに招かれた。スウェーデン語Ofogの直訳は「いたずら」である。非暴力直接行動で武器貿易、NATO、軍事演習等、様々な軍国体制に対してスウェーデン内外で活動する反軍国主義ネットワークだ。TPと重複するメンバーもいるこのネットワークとは長年行動を共にし、スコットランドでの私たちのアクションに参加してもらったこともある。

欧州反軍国主義ネットワークでも繋がっているので、欧州内の反軍事基地アクションで一緒になることもある。メンバーは殆どが二十代と若く、高齢者が多い英国の平和運動とはかなり対照的である。私が一九七〇年代に英国で平和運動に関わり始めた頃も、今日と同様に活発に活動していたメンバーは六十代以上が殆どだった。逆にスウェーデンでは若者に偏り、高齢者は数えるほどである。Ｏｆｏｇは、欧州最大の陸上軍事ミサイル発射試験場である北欧航空宇宙ミサイル発射試験場（ＮＥＡＴ）が近くにあるルレオでの夏季行動合宿の準備を進めていた。

二〇一一年二月から三月にかけて、年配のスウェーデン人の参加を促すＯｆｏｇの全国行脚に招かれた［１５８］［１５９］。計画は首尾よく運び、しかもとても楽しかった。たくさんの年配の人々と知り合い、南のヨーテボリから北のキルナまで美しい国を満喫し、素晴らしい人々との出会いを楽しんだ。キルナ滞在は特別だった。木々の上で不思議な形を作る冷たい雪、時々姿を現すトナカイ、キラキラと輝く氷の結晶が揺らめく凍てつく様な空気。立ったままハンドルに掴まって、踏み固められた雪の上をいく驚きのスノースクーターで買い物に行くのだ。信じられないような雪の彫刻がそこらじゅうにあった。中には年齢を問わずに遊べる、雪の滑り台もあった。帰国してから、十人ほど集めて「ここから始まる戦争はここで止めよう」と名付けられたその夏季行動合宿に参加するグループを作った［１６０］。

暗くなることがない長い夏の昼間、永遠とも思える夕焼けは、前回来た時の暗く長い冬の日々とは見事に対照的であった。合宿には一週間のセミナーが含まれ、武装化、ＮＡＴＯ、爆弾投下やドローンと空対空ミサイルの実験飛行の演習場としてＮＥＡＴがどう利用されているか、欧州全土から寄せられた問題について議論した。トナカイの放牧地帯にそれらが及ぼす影響について講演したサーミ語の話者にも会った。サーミ族の歌を習い、彼らがノルウェー、スウェーデン、フィンランドそしてロシアから受けた仕打ち、国境に関係なく自由にトナカイを放牧させる先祖から受け継いだ権利が剥奪されたそのやり方をさらに詳しく聞いた［161］。嘆かわしいことに、世界中の遊牧民族が同じ問題に直面している。

反軍国主義ネットワークの合宿には数百人が集まり、アクションには軍事否定の意思表示として、全員が色彩豊かなピンクの服を身につけた。ヴィッドセルでは非暴力トレーニングや報道といった重要な支援活動の手伝い以外に、NEATに続く道路の封鎖に参加した。

欧州各国の軍事基地で直接行動が必要とされない年はないように見えた。休む暇はなかった。他国の活動家と繋がるのに欧州反軍国主義ネットワークは打って付けだった。ほぼ毎年、欧州のどこかで会議が開催され、それは近くの軍事基地での非暴力アクションで締めくくられた。集会やアクションは主催者が企画したため、参加者は場所によって異なる組織運営方法、合意による決定、ロールプレイのやり方を、さらに当然ながらアクションが終わればその国独自の司法制度について学んだ。ベルギーを例にとると、国際人がアクションに参加して逮捕されると身元は確認されるが、当局は軽犯罪では起訴せず、重大な事例のみ起訴したため、告訴されることはなかった。注目度の高い事件が大きく取り上げられることを嫌い、国際人を無罪放免したのだと思う。

二〇〇〇年にウィメンズウィズ・ヒル女性平和村が企画した反スターウォーズ・アクションに関わってから、メンウィズ・ヒル諜報基地［162］［163］が気になっていた。「兵器と核保有国の宇宙空間支配に反対する全世界ネットワーク」［164］の素晴らしい仕事を追っていたが、メンバーとなって大韓民国（韓国）済州島で開催された済州国際平和会議［165］に参加することにした。会議終了後、滞留して海外からの連帯支援を提供し、ありとあらゆる知識を吸収しようと計画した。

ということで二〇一二年に一カ月間、済州島のガンジョン村に滞在することになった。会議に参加し、済州島の歴史と軍事化について学び、真に素晴らしい、ひたむきな非暴力闘争で米海軍基地の建設阻止に取り組む人々を訪ねた。人口の一割以上が殺され、八十四を数える村が破壊され、島全体の焦土政策で数千人に上る国内難民を出した、米軍と韓国本土の警察による一九四八年四月三日の虐殺［166］は衝撃だった。二〇〇三年になってやっと盧武鉉大統領が正式に謝罪し、追悼が行われ、二〇〇五年になると済州島は大統領によって世界平和の島に指定された。それからほんの二年後に大統領が米国の圧力に屈して済州島に平和ではなく戦争に加担する海軍基地を建設することに同意した時の、その裏切り行為の打撃は大きかった。

中央政府と米国が頭越しに済州島の運命を決めたことはもちろん、今でも海軍基地建設反対運動の中核である［167］。韓国には既に、地元民の土地を接収して建設され、環境汚染問題を引き起こす八十二の米軍基地がある。済州島ガンジョン村の海軍基地は、完成したならば韓米軍事同盟の主要軍事基地となり、米国、韓国、日本、豪州、インドからなる米国主導の東アジア軍事同盟の軍事拠点ともなる。ガンジョン基地は米国には無制限に解放され、航空母艦、原子力潜水艦、イージス艦が配備される。米国があからさまに計画し、準備している対中国戦に使用される可能性は高い。それなのに、完成した暁には現存の地元漁港があたかも軍民共用になる（！）かのように取り繕われている。実際に、「済州民間―軍事複合施設　美しい観光港」として喧伝されている。不幸なことに、済州島が中国に向かう船舶が始終通過する戦略上重要な場所に位置するせいで、米軍基地の格好の地として目を付けられた。

これらの状況を世界的な視点から見ると、米国がその当時ですら軍事戦略的焦点を中近東からアジア太平洋地域まで拡大し、六〇パーセント近くの海軍力をこの地域に移動させ、基地と軍用施設の増設を太平洋地域に確保する過程であったことがはっきりする。米軍は既に対衛星武器能力を持つミサイル防衛システムが装備された千を数える軍事基地を世界百カ国以上に持っている［168］。NATOはロシアを取り囲む元ワルシャワ条約加盟国には進出しないと約束したにもかかわらず、ロシア国境ぎりぎりにまで拡大を続けた。米国が中国だけではなく、ロシアをも新しい軍拡競争に駆り立てているのは明白であった。

私の滞在時点で、多くの高級柑橘類とイチゴ農家がある済州島ガンジョン村が最良の農作地五十ヘクタールと周辺の海域［169］を破壊する海軍基地建設を阻止しようと果敢な非暴力抵抗運動を開始してから七年が経っていた。韓国軍と中央政府は、基地建設承認過程は民主的投票によって承認されたと主張する。だが投票権を持つ住民千八百人中、投票の機会を与えられたのはたった八十七人で、しかも採決は拍手に限定されていた。投票権を行使した村人の中に買収された者がいることが後に判明し、地元社会は胸が引き裂かれるように分断され、修復の試みは未だに続いている。

新しい村長を選出し､公正に地域住民全員を対象に適正な投票を自分たちの手でやり直した結果、村民の九四パーセントが基地建設に反対していることが明らかになった。政府と軍は結果を認めなかっただけでなく、民主的に選出され、住民投票を指揮したガンジョン村村長を村民の権利を擁護した罪で三カ月間､投獄した。私の滞在中に出所した村長は海軍基地建設阻止運動に専念していた。

村長執務室が拠点となり、財源確保には各家庭が果物や野菜の売り上げの一部を捻出して寄付することの基地建設阻止運動は、不屈で揺るぎない抵抗運動の驚嘆すべき見本である。毎日、ライトバンが村を回り、村民に封鎖行動への参加を呼びかけ、集まった人々は海軍基地のゲート前に何時間も座り込み、建設車両の出入りを阻止した。多くの村民がそのために禁固刑の判決を受け多額の科料を科された。それでも、この運動の支援者は膨らみ続けた。済州島全土のみならず韓国本土からも多くの人が集まった。著名人が意見を述べ、宗教者、特にカトリック司祭、仏教徒、キリスト友会が定期的に礼拝と祈祷を行い、座り込みに参加した。抗議行動に参加し、私にできる支援をする機会が与えられて嬉しかった。反対運動を支えるひたむきな村人には感心した。

国際人の役割は当然、どうしても補助的になるが重要である。精神的に支え、報道活動を手伝い［170］、アイデアや得意分野を共有する。とても歓迎されていると感じられ、関わる機会が与えられたのは幸運だった。軍に接収された民間港でのデモに参加し、韓国唯一のすべすべした火山性淡水岩、聖地グロンビ岩を見に連れて行ってもらった。ユネスコ［171］に保護されている軟質サンゴと国際自然保護連合［172］のレッド・リストに記載されているドルフィンや、軍事計画によって絶滅の危機に直面させられているアカアシカニ等が生息するその周辺は、息をのむほど美しい。自然保護の無視に憤る地元民は、その環境をどうすれば護れるか、ほぼ連日会合を持っていた。

滞在中に、サムスンとデーリムという破壊的な二大企業によって、聖石の最初の爆破が行われた。海が汚染され、近くにある飲料用淡水源への懸念が大きく広がった。それら淡水源は、済州島南部住民の七割の飲料水を賄っている。海上を拠点に活動する団体のアクションに誘われた。翌日に予定された爆破の阻止を試みるため、前日に私たち十四人はカヤックで爆破予定海域に向かった。月明かりが輝く中、岩が転がる海岸線に沿って、美しい静寂の中を漕ぎ進めた。私も含めて三人が、巨大なコンクリートのテトラポッドの直ぐ近くに上陸した。ここで隠れて夜を明かすのだ。残りのメンバーは後から現場に漕ぎ着けるように他の場所に移動していった。潮が満ちてくると動きが取れなくならないように頻繁に居場所を変えた。ついに陽が昇ると私たちは旗を掲げながら、爆破予定現場への接近を試みた。この頃になると、周辺は機動隊と沿岸警備隊でひしめき合っていた。爆破予定海域の真正面で行った私たち十四人の抗議行動は、見落としようがなかった。だが、爆破を食い止めることはできなかった。岩の爆破は無残だった。こんなに近くまで来たのに、永遠の距離が横たわっていた〔173〕。

参加したアクションの中でも特に印象に残ったのは、海軍港入口でのカトリック司教一団のそれであった。普段着で佇んでいる約二百人の人々の間を他の人に気を取られている警察を横目に、私たち少人数の集団がやにわにすり抜けた。岩とレイザーワイヤをよじ登って越えると、巨大なコンクリ栈橋の壁の前に出た。仲間の一人が壁を登り、下にいる私たちにロープを投げ、約五十人が壁を登った。四人の頑強な男性が私を引き上げてくれた(!)。ふと気づくと海軍基地内の栈橋に立っていた。周りの四十人ほどが上着を脱ぎ捨てると、真っ新な白い職服の上に金と紫のマントを身につけた司祭に変身した。数人の司祭と修道女が下に残り、臨時祭壇と拡声装置を設置した。警察官が押し寄せてきたが、祈祷中の司祭の逮捕を躊躇い、礼拝は無事に営まれた。礼拝が済むと、栈橋の上にいた仲間の多くはグロンビ岩側に降りた。私が降りると、数日前に頼んでおいたボルトカッターを渡された。喜んで手を貸してくれた司祭に助けられて水際のフェンス脇の巨大なテトラポッドを降りて、フェンスの切断を始めた。フェンス損傷の代償は地元民には非常に高くつくので、私が始めることにした。

人が通り抜けられるほどの大きな穴を開けると、警察官が駆けつけて警護を始め、侵入が制止されるまでに何人もが通り抜けた。私は移動すると別の場所で穴を開け始めた。内側の警察官が止めようと慌てて岩の上を走ってきた。フェンスに沿ってゆっくりと移動しながら、外側の私からボルトカッターを取り上げようとする内側の警察官を従えて、フェンスに穴を開け続けた。疲れてきたので誰か交替してくれないかと聞くと、勇敢な司祭が名乗り出てくれた。二人で交替でフェンスの切断を続けた。暗くなって作業ができなくなるまでに、少なくとも十カ所に穴を開けたと思う。次回まで隠してもらうためボルトカッターを人に預け、フェンスに沿って戻り始めると、ムーン牧師が穴を抜けて中に入るところに行きあった。彼について私も中に入り、私有財産破壊行為と不法侵入で逮捕された［174］。

済州島では基地侵入とフェンス切断で三回逮捕されたのに、出廷を求める召集状は届かなかった。当局は私が韓国から出るのを待っていた［175］。警察の留置場と地元の刑務所で数日が過ぎ、ピーター・カン司教が面会に来て私のアクションを褒めてくれた。最終的に私は出国を強要され、以後、韓国に戻れる見込みはほぼなくなった。運動団体や様々な韓国の友人たちとは連絡を取り合っており、何人かはここウェールズまで訪ねてくれた。済州島から伝わってきた最新の悲しいニュースは、ソン・カン・ホ博士が軍事基地での平和的な抗議行動で、二年間の実刑判決を受けたことだ。

収監間際の最後の言葉は「グロンビは間違いなく我々の元に戻ってくる！　諦めるな！」であった［176］。

英国に帰国してからは講演したり運動団体に韓国大使館前でのアクションの組織を働きかけたりすることで、国際連帯行動の後押しができた［177］。結果的に七カ国でデモが行われ、「不買サムスン」イベントを含めてデモはさらに広がった。韓国に出発する前にサムスンのスマートフォンをもらったのは皮肉だった。後になってサムスンが海軍基地建設の契約企業の一つで、韓国軍を支援していることを知った。

全世界で反軍国主義運動はじわりと力を蓄え、私益のためにこの世界を破壊し、私たちが選んだ政治家に非情な圧力をかけて汚職に走らせる多国籍企業と政治家の繋がりを断ち切りつつある。しかし海軍基地は建設され、米軍は頻繁にそれを利用している。地元の農耕地は軍関係者の住宅建設のためにさらに没収された。何と理不尽なことか！　希望を失わずにいることは難しい。だが、済州島の人々は今でも抵抗を続け、今でも国際的な支援を必要としている。たゆまず進まねばならない。私たちのアクションが長期的にどのような結果をもたらすかはわからない。よりまともな、より人間的な世界を目指す闘争に立ち会うこと、それだけでもよいのかもしれない。

第九章　終わりなき闘争

英国の平和運動はスコットランドで目覚ましい成果を収めた。スコットランド人の大半は核兵器を拒否し、核兵器がクールポート基地に貯蔵され、ファスレーン基地に配備されることに腹を立てていた。基地はどちらもスコットランド最大の都市グラスゴー近郊にある。スコットランドの歴史と文化、法律及び教育制度は、イングランドのそれとはかなり異なる。イングランドではあまり知られていないかもしれないが、高地地方農民強制移住［178］は、スコットランドでは今でも苦い思いと共に記憶されている。

スコットランドに滞在して、「全国」のニュースがいかにイングランド中心で、スコットランドに関する報道が殆どないかに気がついた。若い頃、同時代の多くのイングランド人がそうであったように、イングランド人であることは英国人であることで、イングランドと英国（グレートブリテン及び北アイルランド連合王国）は同じであると考える悪い習慣を私も身につけていた。未だにスコットランド、ウェールズ、北アイルランドがそれぞれに尊重されるべき異国であることを「忘れる」イングランド人がいる。私自身は何度もスコットランドを訪れて、やっとこの悪習慣を振り落とすことができた。そして今、ウェールズに住み、この国について少しでも学ぼうと努力している。物覚えが悪い上に、イングランドとの国境の町であるウェリッシュ・マーチズではウェールズ語を母語とする人が少ないため、ウェールズ語の習得は極めて困難なことに気づいた。それでもオッファズ・ダイク［179］の近くに住むことで、国際情勢によって変わる国境の存在とウェールズが頻繁に民族主義的闘争の中心になる理由を意識させられる。

何年にもわたる、多くの人々の揺るがぬ決意をもってスコットランドには現在、疑いようのない反核感情とそれに見合う政策が存在する。権限が移譲されたにも拘わらず、「国防」［180］に関するすべての決定権は未だにウエストミンスターに握られている。スコットランドの独立問題は今でも生きているし、核兵器の廃絶と独立運動を切り離すことはできない。スコットランド国内での作業はほぼ完遂された感がある。国民と多くの政治家も私たちを支持してくれている。核兵器倉庫の撤去に向けて英国を説得するのに、ここでこれ以上の非暴力直接行動をやる意味を見出すのは難しかった。今度は国境の向こう側、イングランドで非暴力直接行動の取り組みに集中すべきだと考えた。スコットランド国内でのアクションを止めるという訳ではない。イングランドに焦点を移し、妥当な場合にはウェールズでも行動を起こす、ということである。

こうして数人の仲間が、オルダーマストン原子力兵器施設とバーグフィールドにアクションを移行させ始めた。TPはオルダーマストン女性平和村（AWPC）を長年、支援してきた。私自身も含め、TPのメンバーの中にはAWPCのメンバーもいる。特に施設近辺のオクスフォードやレディングに住む仲間はできる時に毎月の合宿を支援してきた。建設業者阻止行動［181］が始まると、私たちはできる時にはアクションに参加し、様々な方法で支援した。特に多数の女性参加者が必要な時にはベルギー、オランダ、スペイン、ドイツの女性を動員できたので、封鎖行動の組織を引き受けた。AWPC、ニュークウォッチ［182］、TPといった直接行動を行う平和団体のメンバーは大きく重複している。核弾頭をクールポート基地に輸送する特に危険な核輸送車列が出発するバーグフィールドでそれら団体の活動は続いている。

二〇一二年にAWE行動と名付けた運動に着手した。元々AWE（Atomic Weapons Establishment）は核兵器機関の頭文字であるが、これを核兵器撲滅（Atomic Weapons Eradication）と読み替えた。今回も主にTPの活動家の中から運営委員会に参加してくれる人を集めることができた。素晴らしく有能なボランティア、ケイトが専用ウェブサイトを立ち上げて管理してくれた。アクションの手引書一式とチラシを印刷すると、ファスレーン365の経験を元に、持続的市民抵抗運動の動員を始めた。

レディングでは地元のイギリス・フレンズ協議会から多大な支援を受けた。バークシャーとオクスフォードシャー内外のグリーンピース、核軍縮キャンペーン、ニュークウォッチの活動家からの支援も得た。スコットランドと比べると遥かに非協力的で、十分な長期参加者を確保するのは難しかった。それでも、たくさんの素晴らしいアクションが実行できた。特に二〇一三年八月のバーグフィールド基地正門にほど近い国防省の敷地での二週間に及ぶ非武装化合宿は大成功で、両基地への圧力が維持できた。フランス、フィンランド、ベルギー、オランダの友人もアクションに加わった。報告書とビデオがウェブサイトに上げられ、アクションについてはピースニュース紙等のニュース・レターに記事を寄稿した。バーグフィールド基地正門での一カ月に及ぶ封鎖行動ではトラックと通勤車両の出入を許さず、職員は徒歩での通勤を余儀なくされた。製作された多数の短編映画で大掛かりなアクションを成し遂げたことが確認できた［183］。

混乱をもたらすアクションの必要性を理解しない人はいる。だが、このようなアクションによってこそ軍隊と政府に圧力をかけ続けることができるし、軍事基地での活動は非道徳的で非合法、しかも膨大な資源の浪費であり、承服できないと考える人々が相当数いることを意識させる効果がある。裁判では壊滅的な事故、放射能放出の環境への影響、大量虐殺の脅威の非合法性、「国益」保護のための使用を意図した百キロトンの核兵器配備が実は戦争犯罪に手を染める陰謀であること等、数多くの問題を提起した。裁判における私たちの主張は各地の治安判事裁判所で毎度のようにほぼ無視されたが、それらの主張は私たちの与り知らぬところで警察、裁判所、弁護士、裁判官、一般市民に長期的に何らかの影響を与えているかもしれない。

より積極的に法律面に取り組むことにして、二〇一四年二月八日にレディング警察署で核犯罪通報AWE行動を計画した［184］。後続として一週間に及ぶ「通報」行動が、イングランドとウェールズの多数の警察署で行われた。数百人が最寄りの警察署を訪れて一人ずつ犯罪を通報し、各人が適切だと考える証拠を提出した。レディング警察署では犯罪を通報するために、外で順番を待つ人の長蛇の列ができた。国際人道法に反し、核兵器の使用準備を促進する弾頭の生産と配備の責任を負う政府官僚とAWE役員の逮捕を警察に要求した。その日、少なくとも五十四件の証人申し立てがテムズバレー警察署に提出された。ことの重大性にもかかわらず、重大犯罪課のケビン・ブラウン警部からの返事は二〇一四年六月一日まで待たなければならなかった［185］。通報は、核兵器の製造と所有、戦争犯罪・大量虐殺・人道に対する罪及び核兵器不拡散条約違反、そして核兵器の輸送、と大きく三つに分類できると言い、テムズバレー警察署の法律業務部、英国国防省警察、英国国防省法律業務部、そして控訴局に助言と指導を求めたと言う。申し立ての相手方がまさに英国国防省であることを考えると、ひどく奇妙であった。「表面上、英国政府が核兵器に関して何を行おうとそれは非合法であり、英国国内法に鑑みて犯罪行為を構成することが問題だということである」と返事には書かれていた。

そして、提起された申し立てはどれも犯罪行為ではないため、テムズバレー警察署にはそれら申し立てを捜査する義務はない、と続いた。私たちに言わせれば、それは事実に反する。兵士が殺人者と区別され、海外での殺人陰謀容疑から保護され、その殺人が正当化されるのは、戦時国際法が遵守されている場合のみである。都市を攻撃目標に何十万人もの死を引き起こす核兵器使用を計画するのはそれだけで戦争犯罪である。警察の返答にはがっかりさせられたが、想定内ではあった。これほど長い間、保持されてきた核抑止力政策である。転換には時間がかかる。

再々度、英国の核兵器システムに関わる国内法と国際法の問題を提起し、情報を拡散し、衝撃を受けた多くの人が問題に関わるようになったため、核犯罪通報行動は十分にやるだけの甲斐があった。地元での報道の取り扱いはよく、英国政府に国際人道法を尊重させ、それを履行させようという私たちの試みは報道記事、ラジオのインタビュー、そして映像で記録された。国際人道法に違反しているとは誰からも警告されなかったなどと英国政府は後になってぬけぬけと言うことは決してできない。

核兵器による大規模破滅の脅威に関する国際法が、国内法に与える影響を政府に認めさせせようとする私個人の試みは一九八〇年代初頭に始まり、二〇一五年十月一日に着手した「トライデントに反対する公益訴訟（ＰＩＣＡＴ）」［１８６］として今日まで継続している。ＰＩＣＡＴの賛同者が約四百人の略式起訴状提出者を組織した。彼らはそれぞれ地元治安判事裁判所に起訴状を提出し、その後、五つのＰＩＣＡＴグループ［１８７］となった。そこで初めて、トライデント訴訟を審理させるには法務長官への申請が必要なことを知った。

大量虐殺計画の中断と阻止を試みる私たちが被告として責任を問われるのはあまりにも簡単なのに、政府や軍部官僚を裁判所に引き出すのは信じられないほど難しい。権力者は私たちの主張の公正な検証を妨ぐ様々な手段を持っている。究極は、国防政策とトライデントの配備は英国内の司法制度下にはないと考えられているため、裁判所では対応できない（！）というものだ。

証拠を分析さえしてくれたならば、英国の核兵器が非合法であることは明白になる。英国の核兵器が非合法である理由を説明する国際司法裁判所のベジャウィ判事の言葉（付録２Ａ参照）は再掲する価値がある。「火を見るよりも明らか」だ、と国際弁護士の大半は同意するだろう。もちろん、今日における核兵器の存在は非合法で、国際人道法に則った状況相応の使用が不可能な核兵器の、特定状況下における使用政策の下での配備は犯罪である。それなのに、これまでのところ、証拠をここ英国の裁判所に提出するという取り組みは失敗に終わっている。法務長官に証拠を送り審理事項として認めさせるのに、数年を費やした。ロビィ、マイク、ニック、カースティ、メーガン等、経験豊富な弁護士［１８８］の無償の助言や大きな支援も受けた。何通もの書簡等、二年以上にわたって私たちがこれまでに試みたことは全て閲覧可能［189］である。そして二〇一七年十一月十日、やっと公法訴訟班班長代理人から連絡があった。それには「法務長官の見解では、PICATプロジェクトが提供した資料は犯罪が行われたと判断するには不十分で、法律違反があったと証明することはできない。拠って法務長官は提起された起訴手続きへの合意はできない」とあった。

再び法的助言を受け、ロビィがこの決定の上訴許可を申請したが、二〇一八年にまたしても却下された。次に何をすれば良いのか、途方に暮れた。こちらは間違いなく、十分な証拠を提示した。英国政府と軍部にさらなる証拠を提出させるためには裁判所の許可が必要だった。時期が来て扉が開き、許可が下りるまで、警察や裁判所に何度でも要求する他、ないのかもしれない。決して諦めてはならないのだ。変化は必ずいつか起こる。思いがけない時に起こることもある。

バーグフィールドとオルダーマストンのアクションの話に戻ろう。AWE行動の一環として、全長十一キロのピンク色の「平和の肩掛け」の編み物を思いついた。編んだ肩掛けをつなぎ合わせて、オルダーマストンとバーグフィールド間に吊るすのだ。スウェーデンの友人が送ってきた、ピンク色の編み物のパッチワークで戦車を覆った極めて効果的な平和行動の写真を見て思いついた。それは二〇一二年十月だった。ヒンクリー・ポイントで長丁場の原子力発電所建設反対運動の最中に束の間の静けさが訪れた。焚き火を囲んで、私は靴下を編んでいるジェインの隣に座っていた。原子力発電所の新規建設阻止行動をしている団体［190］のメンバーとして参加していた。ジェインに編み物が好きなのか、長いピンクの肩掛けを編むことについてどう思うか聞いてみた。彼女がやる気を見せたので、改めて会って話し合うことにした。多くの人に呼びかけて肩掛けを編んでもらい、十一キロの道路に沿って広げるアクションが終わったら再利用できるように、一枚で赤ちゃん用の、四枚つなげれば大人用の毛布になる大きさにしてはどうかと提案した。ジェインの活躍は目覚ましかった。全力で着想の実現に取り組み、これを武器に対抗する毛糸運動に発展させた。編み物専門誌と平和運動専門誌に広告を掲載すると、数千人から肩掛けが送られてきた。それらを全部つなげると、巨大な巻物になった。数年間、彼女はこの作業に全力を傾けた。私は知り合い全員にこの計画を知らせ、ジェインと引き合わせる等、できるところを手伝った。

私の地元ボーイスでは、平和と正義ナイトングループと地元の非暴力直接行動仲間チーム「ドラゴニスタス」が編み物集会を組織し、四巻の大きなピンクの肩掛けの巻物を作った。二〇一四年七月五日、その巻物を時計台から戦争記念碑までナイトンの目抜き通りに広げた。お触れ役のデレックが伝統服に身を包み、大声で「トライデント！」と触れて回った。地元民百人以上が道に繰り出し、路上に肩掛けを広げた。ここに住む元ＢＢＣカメラマンのロジャーが私たちのために全て撮影し、このアクションは大きく報道された［191］。いつものように、平和合唱団と音楽団が支援してくれた。とても楽しかった。

これは、核軍縮キャンペーンとその他全国から集まった団体が参加し、二〇一四年八月九日、ナガサキ原爆の日にオルダーマストンとバーグフィールド間で実行した大掛かりなアクションのよい予行演習にもなった。数千人の参加者が十一キロの道路にひしめき、ピンクの肩掛けを吊り下げた［192］。巨大な肩掛けの巻物を円滑に広げ、参加者を適切な位置につけるなど、舞台裏の作業は大変だった。それでも、誰もが楽しい時を過ごした。道路に沿って七カ所で異なる団体が軽食や飲み物を準備し、臨時トイレを設置した。それぞれの団体は準備した肩掛けをその休息所を起点として広げていった。うまく繋がってくれ、と祈るような気持ちだった。

私たちウェールズの団体も一区間を担当した。テントを設置し、参加者の移動と肩掛けの輸送に長距離バスと乗用車を手配した。肩掛けは紛うことなくうまく繋がり、道路脇の灌木や街路樹に二重三重に折り重なるところもあった。ＡＷＥ行動と核軍縮キャンペーンが武器に対抗する毛糸運動や全国各地から集まった平和団体と共同で実現させた前代未聞の斬新なアクションだった。主要メディアでは殆ど報じられなかったが、代替メディアや芸術と工芸専門ネットワークでは大きく取り上げられた。自転車で起点から終点まで映像を撮ってくれたサイクリストの映像を早送りして作ったビデオ［１９３］で、これがどれほど素晴らしいアクションだったのか、自分たちの目で確かめることができた。

二〇一五年一月二十四日の「トライデントの梱包」アクションがこれに続いた。肩掛けの一部をロンドンに持って行き、国防省の入る建物の周りにそれを吊り下げたのだ［１９４］。ナイトンの平和団体は肩掛けの巻物を持って戻ると数カ月かけて赤ちゃん用と大人用の毛布に作り変え、シリア難民と英国内の路上生活者に送った。トライデントの更新が議論され、犯罪的で危険な核兵器システムの更新に何千億円浪費された数年間、数多のアクションが実行された。

私たちのアクションでは、音楽が常に創造的で重要な役割を担う。二〇〇四年七月、私が連れ合いカミーラに創作を依頼した「トライデント：英国の戦争犯罪」というトライデント・オラトリオをＴＰ特別合唱団のメンバー十七人がスコットランド高等法院の裁判官、法廷弁護士、そして事務弁護士のためにエジンバラのスコットランド国会議事堂で上演した［195］。複雑で独特な節回しは素人の合唱団には大変だったが、説得力があり、感情に訴えるオラトリオは聴衆に豊富な情報を提供した。主張を伝えるのにこんなに斬新な方法があったのか、と数人の弁護士に褒められた。数年後にカミーラが手を加えたこのオラトリオを二〇一五年三月十一日には英国国会議事堂で、AWE行動月間の一環として上演した［196］。玄関ホールで上演したオラトリオを聞きに来るように団員は各自、地元議員を誘った。オラトリオは他の多くの議員の耳にも届いた。

その一年後、トライデント・システムの更新と最新化への反対票を投じる議員の支援が必要だと考え、二〇一六年七月十八日、私たち十一人はトライデントの更新動議が議論されている最中の英国国会議事堂に向かった。玄関ホールで上着を脱ぐと下から「トライデント更新不要」「トライデントは廃棄を」「スコットランド　ノー・モア・トライデント」というメッセージが露わとなった。瞬間接着剤で全員を接着すると反核歌を何時間も歌った。非常に多くの議員、特にスコットランドの議員が支援のために国会に出向いた私たちにお礼を言いに来たため、制止されることなく、心行くまで歌い続けることができた。投票会場の扉が開き、会場が真下に見えると、ことさら大声で歌った。私たちの声は確かに届いていた。黒杖官［197］その人が、歌をやめるように何度も懇願に来た。何と、反トライデントの主張は聞き飽きたというのだ！

数十年にわたって、英国国会議事堂では何度も陳情活動を行い、議事堂前で様々なアクションを行った。国会議事堂の手すりに六十人以上の活動家を鎖で繋いだアクションは、一九八四年に初めて自分を手すりに鎖で繋いだアクションを思い起こさせたのでよく覚えている。二〇一八年六月二十日、ビッグ・ベンから国会会議場広場まで、「核兵器を世界から除去せよ　条約に署名せよ」と書かれた巨大な横断幕を掲げた。各々が支持する議員に携帯電話から電話をかけ、外まで出てきた何人かの議員は私たちのインタビューに答えた［198］。私たちは英国が核兵器禁止条約に署名するよう求めていた。

ガンジョン海軍基地内のアンジー、2012 年 2 月 25 日。

基地内でミサを行う韓国のカトリック司祭、2012 年 3 月 12 日。

海軍基地のフェンスを切るアンジー、2012 年 3 月 12 日

「核のない未来のためのオルダーマストンからヒンクリーまでの行進」の終着点
ヒンクリー・ポイント発電所に到着。2012 年 9 月 1 日、

AWE の T シャツを着たアンジー、2013 年。

エルドラド・デ・カラハスの虐殺の追悼地でライト・ライブリフッド賞受賞者代表団は「土地なし農民運動」と連帯。2013 年 4 月 1 日。

ドラゴニスタ AWE バーグフィールドのトライデント・ケーキ行動、2013 年 10 月 3 日。

ファスレーン封鎖でのアンジーとジャネット。2015 年 4 月 13 日。

バーグフィールドでの AWE 封鎖。2013 年 8 月。

ActionAWE.org
clear
apons
Here
ACTION
Atomic Weapons
Eradication

第十章　警察、刑務所、温泉

お分かりのように、数十年の間に私はかなりの時間を各国の留置場と刑務所で過ごした。ヒマつぶしに世界中の刑務所ガイドブックを書こうかとさえ考え、内容を明るくするために温泉案内も付け加えようかと思った。温泉は大好きで、私の活動家生活には欠かせない要素なのである。英国森林ネットワークが企画したヌクソーク族との連帯行動のため、ブリティッシュ・コロンビア州ベラ・クーラを訪ねた時に初めて温泉と出会った。ヌクソークの古代林を破壊する伐採企業への様々な抗議行動［199］の後で、ヌクソークの伝統的酋長が神聖なる温泉に連れて行ってくれた。

息を呑むほど美しい海岸線に沿って歩き、入江に入ると岩場に出て、大きな洞窟の入り口に着いた。そこからは泳いで内部に向かった。一番目の洞窟内でのおしゃべりは許されたが、さらに奥に進み一番奥の洞窟に入ったら沈黙を守るように言われた。夢のようだった。外光が遮られて薄暗い二番目の洞窟は随分と暖かい。ゆっくりと泳ぎ、歩きながら奥に向かった。熱い湯が湧き出る行き止まりの洞窟はほぼ真っ暗闇だった。霊験あらたかな神聖な雰囲気に包まれ、束の間、無我の境地に陥った。伐採企業と対峙し、壮麗な風景の破壊を目の当たりにして蓄積された重苦しい憂鬱な感覚と目に焼きついたあまりにひどい皆伐裸地の記憶が少しずつ剥がれてゆき、平安と静寂に満たされた。数時間後に熱い湯の湧き出でる洞窟からゆっくりと出て白昼に戻り、冷たい海に飛び込むと元気を取り戻し、晴れ晴れとした気分になった。何と素晴らしいおもてなしだろうか。

日本の温泉やネパールの温水プール、ギリシャの島々にある忘れられた温泉の素晴らしい思い出話ならばいくらでもある。だがここでは、留置場と刑務所の話に戻ろう。そこは境遇が異なれば充実した人生が送れたかもしれない人々で溢れている何とも過酷な場所である。誰にもそれぞれの身の上話があった。英国に限って言えば、収監者の殆どが虐待家庭で育ち、極めて限られた教育しか受けておらず、収監理由の大部分が麻薬とアルコールの乱用に関する些細な犯罪であった。「持てない者」よりも「持てる者」に手厚い社会の欠陥であった。刑務所や収容所、もしくは本人の意思に反してその他の施設で監禁される人の人口比率が高い国に「文化的で民主的」な国家だなどと自称する資格はないと思う。むしろそのような統計は、根深い社会的不正義、不平等、早急な解決が必要な紛争の徴候を示す。年毎に刑務所人口を減らし、同時にそれ相応な社会的経済的平等を目指すべきなのである。

収監者への虐待を見聞きするのは非常に辛く、止めることができない無力感に苛まれた。刑務所と留置場はどちらも「閉鎖」空間で、実態の公開はとても難しい。真実を白日の元に引っ張り出そうとする私一人の試みを阻止しようと、警察と刑務所は一丸となってかかってきた。それでも、それ相当の教育を受け、自信があり、外部からの支援という特権を持つ私たちは、それら特権を生かして刑務所の内情を公けにし、改善を促進することができる。刑務所は社会の一部であり、その状態はその社会が人道的及び倫理的であるか、また公正か、そうでないのかを反映する。殆どの人には見当もつかないこの施設の内部事情を見られてよかったと思う。留置場や刑務所の「内」と「外」に大した差異はない。「内」で過ごす時間は創造的に使えるし、収監中でも抗議行動やキャンペーンは継続できる、という重要なことを学んだ。幾つかの例を挙げてみたいと思う。

一九八〇年代の雪だるま運動に関わったノーフォーク近辺の仲間の多くが、地元留置場のひどく不衛生で不快な状態を経験した。この運動には相当数の教師、看護師、聖職者、詩人など、それまで逮捕とは全く無関係だった中流階級の人々が参加し、汚くて不潔な留置場にショックを受けた。地元でレストランを経営するカーラは床に敷かれた汚いマットレスと「便器の外に幾筋にも流れ出てそのまま乾いてこびり付いた人糞で茶色く染みついたトイレ」「200」に言及した。床は汚れて、毛布は洗っていなかった。他の人も似たりよったりの経験をした。私たちは報道機関と地元議員にその状態を書き送った。嬉しいことに、許せないという私たちの思いは報われた。留置場はあっという間に清掃されてペンキが塗り替えられ、状況は改善した。

最初に拘束された時には、どういう場所なのか理解しようと人の話を黙って聞いた。何を言っているのか理解できないこともあった。薬物中毒で狂乱した女性と閉鎖監房に入れられた時や、他人への暴力行為について話す女性と直面した時など、ずいぶんと怖い思いもした。重傷害罪で収監されたこの女性から、真っ赤に焼けたアイロンを人に押し付けた理由や方法、怒りに満ち錯乱した喚き声を聞かされると平静ではいられなかった。食事を取りに食堂に行った時に、意地の悪いいじめを目撃したことがあった。一人の収監者が嫌がっている他人の食事を取り上げたのだ。私はそれを返すように迫ったが、楯突くには危険すぎると周りの人に引き離された。表情や動作を読むこと、目が合うと危険な人物を見分けること、問題が持ち上がったならば仲介が可能かどうか、あるいは違う方法を見つけなければならないか見極めることを学ばなければならなかった。

元気があり余ってどうしようもなかった若い女性が廊下で逆立ちをしたために「隔離」されるところを見た。投獄ではなく治療が必要な精神疾患の監禁区画近くの監房に入れられた時には、絶え間ない叫び声や独房の扉を叩きつける音を聞いた。できることは殆どなかったから、外部の世界から自分自身を遮断しなければならないこともあった。

言うまでもなく、心理的遮断と刑務所の物理的環境そのものが収監者全員に与える精神的影響は大きい。収監者は誰もが視覚的及び感覚的な刺激の欠如に苦しんだ。想像してみてほしい。常時、目に入るのは塀とコンクリートだけで、空を見上げる機会がまずないという状態を。悲しいかな、大都市で工業化された生活をする人が同様な症状に苦しむ場合もあるのだ。だから万人に開放された緑地の増加は強く要求しなければならない。自然界の美しいハガキを送ってくれる友人を持った私は幸運であった。友人の一人ヘレナは、カレンダーから切り取った森林や山脈と滝の景色の大きな写真を送ってくれた。他の収監者が教えてくれたように、それらの写真を歯磨き粉で壁に貼り付け、その前で毎日運動した。

それでも恒常的な監禁状態と爪切りや切手や石鹸の購入さえ、いちいち頼まなければならない些細な決まり事のせいで極端な依存と収容慣れによる自活不能に至り、長い刑務所生活からやっと解放されても外の世界に直面できず、刑務所から出たがらない人も多い。収監者は誰もが緩慢な人間性の剥奪を経験する。囚人番号の割り当てがそれを助長する。出所の際にも囚人番号が必要なのだ。

初めて囚人番号の復唱を拒否した時のことを思い出す。普通、釈放は早朝なのだが囚人番号を言わなかったため、ホロウェイ刑務所では一日中待たされた。終いには刑務所側が匙を投げて、囚人番号を言わなかったにもかかわらず、釈放された。入所時の所持品が全て返却されなかったことも反抗理由の一つであった。返却書類には全て返却されたと署名することになっていたが、私はそうはしなかった。きつく止められたが、最終的には未返却の所持品をその書類に記入した。

帰宅すると息もつかずに、刑務所当局に苦情を申し立てた。内部取り調べの末、行方不明になった書籍とバッジの金銭補償を受け取った。ホロウェイに再収容された時、運悪く私の私物をくすねた同じ看守と出会った。面倒なことになりそうだと思ったが、運良く問題は起きずに済んだ。私が屈服しないとわかったのだろうと思う。

何度か短期収監をこなしているうちに、刑務所生活に押しつぶされることなく、激しく落ち込まず、バランスを保ちながら言わば塀の外の自分と同じ自分でいるにはどうすればよいのかを習得し始めた。これが報告書の執筆と刑務所環境や塀の外で起こっていることへの抗議行動に繋がった。どこにいても私は自覚と思いやりのある政治的な人間なのだ。塀の中であってもそれは変わらない。

第三章でサラワクのミリ刑務所での抗議行動について簡単に説明したが、ここではもう少し詳しく述べたいと思う。一見無力な状況で、私は自分自身と非暴力抗議行動について多くを学んだ。この刑務所は主に男性用で、仲間の男性四人は主要区域に収容され、二週間近くも顔を見ることができなかった。狭い女子区域は隅にある監視塔から武装警備員が見下ろす一角で、高い塀に囲まれた刑務所の片隅にあった。暑くて湿度が高い熱帯特有の日中には、驚くほど可愛らしいオーキッドの花壇があり芝生や木が植えられた屋外構内を自由に歩き回れることもよくあった。

一階建ての建物には二部屋あり、一部屋では床に座って食事をし、もう一部屋では昼間、座っていることもできたが、夜になるとコンクリートに直に敷かれた薄いマットで眠った。廊下では一日に二度、一列に座らされて点呼が取られた。「サトゥ、ドゥア、ティガ、アンパッ、リマ」。何度も点呼されたため、マレーシア語の一から五までの数字は記憶に深く刻み込まれた。囚人番号が呼ばれるまで自分の前にいる収監者の背中と首をマッサージすることをマレーシア人とインドネシア人の収監者が教えてくれた。点呼には一時間近くかかることもあったので、マッサージで随分と緊張がほぐれた。廊下の端には床に穴が開いただけのトイレと手洗い用の水が備え付けられ、向かい合った突き当たりには「懲罰房」がいくつかあった。

ここでは空を見上げられ、しばしば外気に触れることもできた。マレーシア人が全般的にとても柔和で心が広かったこともあり、サラワクの刑務所は英国のそれと比べればある意味でより人間的ではあった。通常二十人、時には三十人ほどの女性が寝食を共にした。仲間はいくらでもいた。一緒に歌い、語り、お互いを知ることができた。だが蟻と蚊と湿気には悩まされた。蚊帳は許可されなかった。だが問題は本名を明かし、パスポートを取り戻したにも拘わらず、刑務所の外の世界から遮断されたことだった。十二日ほどが過ぎてもまだ告訴されず、出廷させられることもなかった。弁護士とも連絡が取れず、電話も使えなかった。そこで狭い女子区域への唯一の出入口でゲートに背を向けて四人一塊となって座り込み、非暴力で封鎖することにした。看守が来ると、それぞれの大使館への連絡、仲間の男性四人の安全確認のための連絡、家族との連絡のための電話使用が許可されるまで動かないと、これまで口頭で要求していた事項を書いた紙を手渡した。

女性看守が手こずっていると、十人の男性看守が乱暴にゲートを押し開けて入ってきた。続いて入ってきた刑務所長に自主的に立ち退かなければ男性看守に懲罰させると脅された。私たち四人の前に立ちはだかり、警棒を振り回す男性看守はひどく凶暴に見えた。滅多打ちにされるのではないかと恐れた三人が自主的に移動した。この時、私は自分がどれほど頑固で、脅しに怖気付かないのか発見した。他の三人が移動したからか、それとも私たちが国際人だったからか、運よく私は男性看守に抱え上げられて、「懲罰房」に放り込まれ、毛布一枚で一人っきり、一週間閉じ込められただけで済んだ。

刑務所にいた数週間で何人かの看守と懇意になった。私たちが封鎖行動を起こすまで、この刑務所で「抗議行動」が行われたことは一度たりともなかったと聞かされた。それから数日後には「SOSサラワク・アクション」の仲間の男性四人との面会が許され、大使館と領事館からも面会があり、ついには出廷日時が決まり、告訴された。

ピースニュース紙で次のように主張した。


刑務所内での非暴力抵抗も、体制に立ち向かい、それを変える方法の一つとして、よりよい世界を目指す私たちの闘争の一部であると思うようになった……刑務所に入れられる仲間が増え続ける中で、刑務所内での非暴力抵抗はますます重要になっている［201］。

英国内の刑務所で服役している間、私自身の心の健康のために必要なのは可能な限り他の収監者と話し、彼女たちが抱えている問題を聞き出し、それをレポートにまとめて刑務所改善組織と刑務所のオンブズマンに送付することだと気付いた。公式面会を補足し、収監者の視点を内部から提供する私のレポートが改善組織やオンブズマンに歓迎されていたことは後に知った。公式面会には刑務所警備員、看守もしくは所長が頻繁に同行し、面会人は収監者との個人的な会話を要求しないことに気付いた。中には収監者を案じるよりも刑務所公式面会人という自分の立場に関心があるように見える面会人もいた。刑務所内で起こっていることを本気で突き止める気がないのだ。これは随分と時間が経ってから、スコットランドのスターリング郊外にあるコーントン・ヴェール女子刑務所にＴＰ活動家を訪ね、後に刑務所公式面会人となったイギリス・フレンド協議会の友人によって裏付けられた。仕事らしい仕事も関心事もなく、刑務所制度によって面会人がいかに丸め込まれるのかを目の当たりにして友人は仰天した。刑務所や留置場にいる間、私は「立会人」や刑務所面会人を見かけたら近づき、できる時には個人的な会話を求めた。

他の収監者とのおしゃべりや、支援者がよく送ってくれる花のおすそ分けは私たちにできることを共有する機会ともなった。収監者の多くは、よくても基礎的な読み書きしかできなかったため、頻繁に事務弁護士への手紙の代筆をしたり、情報を教え合ったりした。収監者の女性が行き着いた先の多くの弁護士が疲れ切って、投げやりで、十分な時間的余裕を持ってきちんと「顧客」の意見を求める手間を省き、事実関係の把握すらしないことには衝撃を受けた。熱心に支援する良心的な私たち活動家の事務弁護士とは鮮やかな対照をなした。

刑務所を出ると、活動家を動員するための講習会で進行役を務め、非暴力直接行動のリスクと刑務所行きの準備について話した。もっと多くのボランティアにアクションに参加してもらおうと、声に出しながらあれやこれやと考えを巡らせた。ふんだんに瞑想や祈祷をした人、修道女や修道士のように隔離を楽しんだ人。カウンセリングが得意ならば収監仲間に大きく貢献できるかもしれないし、刑務所の環境改善に役立つかもしれない［202］。

私にとっての最初の長期収監（！）はリズリー女子刑務所で、「希望の種　東チモール・プラウシェアズ」［203］でホーク戦闘機を非武装化した仲間四人と一九九六年二月から七月まで拘留された六カ月間だった。拘留中、劣悪な食事、運動不足や洗面設備の欠落、郵便物の紛失、汚い服、教育設備の不足、中でも部屋に持ち帰って一人で食べる食事を取りに行く時だけ監房から出られる二十四時間監禁について、刑務所長にいくつもの苦情申し立てを提出した。女子刑務所組織が深刻な崩壊の真っ只中にあるのは疑いようがなかった。運動が許可される時間と長さ、シャワーや洗面設備の使用禁止時間、一日のうち他の誰とも話す機会なく監房に拘禁される時間、面会人が面会に来られない時間帯等、私は日々、記録した。釈放されて一年ほどして、まったく偶然に、リズリーで礼拝を執り行った牧師の一人にばったり出くわした。収監者の権利である一日一時間の屋外運動の不許可という状態が解消される等、ひっきりなしの苦情申し立ては実を結び、刑務所は改善されているという。私たちには大きな影響力があったのだ。

リズリーにいる間、刑務所の状態について調査することにした。監禁が解かれる度に他の収監者の状況を聞いて回り、それを簡単にまとめて、某国会議員に送った。すると突然、所長の前に引っ張り出され、規則を破れば十年間の懲役（！）を課せられる可能性があると告げられた。どうやら収監者には調査や報告は許可されていないらしい。基本的な権利が刑務所内では認められていないことに気づいていなかった私はかなり驚いたが、最低限、裁判所に行くことなしに刑務所独自の判断で刑期が十年間も延長されるとは思えなかったので、そのように述べた。その後、調査と報告については何も言われなくなったが、報告書が国会議員に届くこともなかった。

刑務所にいる間、数人が自殺を試みた。全て未遂で終わったが、出所から数カ月後に収監者の一人が自殺で亡くなった。釈放後も収監者の何人かとは連絡を取り合っていたが、夏の間に刑務所環境がかなり悪化したと聞いた。そこで私が個人的に目撃し、経験した非人間的な状態を報告書にまとめ、公開状として報道関係や内務大臣などに配布した［204］［205］。刑務所監査官長デビッド・ラームズボータム卿にも送付し、一九九七年一月に予定されていた特定のテーマに沿った女子刑務所組織の見直しで、私の提言を取り入れるように依頼した。数日後に私の手紙を「監査官長による女子刑務所組織の見直しをする監査官全員が必ず目を通すようにする」［206］という返事を副首席視察官から受け取った。さらに彼は、私のコメントの多くは自分たちの観察を裏付けるものだが、「身をもって経験した人」からの報告であるだけに貴重だ、と続けた。返事の中で最も重要なのは多分、締めくくりの部分であろう。

調査団が全ての提言を受け容れるかはまだわかりません。が、私自身は女子刑務所が男子刑務所組織の添え物のように扱われているというあなたの主要な論点には全面的に同意します。

見直しの際には、必ずこれら課題の解決に焦点を当て、女性特有の問題への確実な取り組みを女子刑務所に求めるつもりです。

この手紙があの刑務所の女子区域を閉鎖する発端となった多くの報告書の一つに違いないと考えている。一九九九年四月、リズリー刑務所は女性の収監を停止した。

それから数年して、クールポートで初めてのTP核兵器非武器化合宿で行ったアクションのために、私は仲間と五人［207］でコーントン・ヴェール刑務所に一カ月間収監された。収監中の一九九八年九月十九日に四隻目のトライデント潜水艦ヴェンジェンス（ディフェンス／防衛ではなく、ヴェンジェンス／復讐とは何とも露骨である！）がバロー・イン・ファーネスで進水されることになった。自由の身であれば、現地に赴いて抗議行動をしていただろう。代わりに私たちは今いるこの場所で抗議することにした。シーツを使って古新聞からちぎり取った単語や文字を歯磨き粉で貼り付けて横断幕を幾つか作り、窓から吊り下げる準備をした。刑務所長にはこの抗議行動は政府の核兵器政策及び大量虐殺用の船舶進水に反対するものであることを説明した手紙をしたためた。刑務所への抗議ではなく、一日限定の完全なる非暴力抗議行動で、「核兵器からの逃避はない」と書かれた横断幕を吊り下げるだけで、当日は丸一日、私たちは監房に閉じこもり、沈黙を守り、断食するとはっきりと明記した。それに対する反応は面白かった。ここまで控えめで他の収監者には全く影響のない抗議行動への理論的な対応は無視だと思った。だが当局とはそれが何であっても異議申し立てを嫌がるものなのだ。これは異議申し立てだと見られた。スコットランド刑務所事業からの返書には、私たちの行動は「政治的であるのみならず、コーントン・ヴェールの他の収監者に影響を及ぼし刑務所体制の混乱を招くもの」だと書かれていた［２０８］。

私たちの意図は報道機関にも報せたが、刑務所職員が全ての電話通話を監視しているため、この計画は実行の前日に発覚した。私たちの雑居房はひっくり返され［２０９］、覚え書きや横断幕が見つけられ、私たちは懲罰区画の独房に移され、意思疎通ができなくなった。

翌日つまり進水式当日［２１０］、独房に来た看守に反核抗議行動を完遂するために今日一日、食事をせず、話さず、独房から出ないことを説明した新しいメモを黙って手渡した。すると、歩行を拒否した私を二人の男性看守が無理やり独房から引きずり出し、激痛で私が悲鳴を上げるまで手首を後ろ手にきつく締め上げ、懲戒審理に連行した。それから独房に引きずって戻されると、うつぶせ状態で床に投げ入れられ、男性看守二人に飛びかかられて無理やり脱衣捜査をされた上、二十四時間、裸のままで放って置かれた。翌日、衣服が許可されると最初の懲罰区画の独房に戻された。それから釈放されるまで、本もラジオもテレビもないその独房で、毎日たったの一時間、狭い庭で一人だけでの運動が許される日々を送った。

刑務所当局は非暴力抗議行動を大きな脅威であると見た。だがこれで引っ込むわけにはいかなかった。運良く無罪判決を勝ち取って釈放されるとすぐに行動した。気乗り薄な謝罪と暴行への償いとして少額の慈善金を受け取るまで、共感してくれたスコットランド議員の力添えと三年の月日がかかった。逮捕時と刑務所滞在中には可能な限りレポートを書き、書簡の写しはしっかりと保存しておくことを学んだが、それらは非常に役に立った。私が受けた仕打ちについては、一九九八年十月九日にスコットランド刑務所監査官長であるクレイヴ・フェアウエザー大英帝国四等勲士監査官長に助言を求め、暴行に関するレポートを同封して送った書簡の写しを私はまだ持っている。報道が問題の公表に一役買い、数年後に刑務所内での自殺者数が増加した時には、私のコーントン・ヴェール刑務所報告書が何本もマスコミに取り上げられた〔211〕。

コーントン・ヴェール刑務所とは最初から相性が良くなかった。その一年後にエレンとウラと私はゴイル湖のアクション〔212〕に参加し、今度はそこに五カ月間収監された。その間、私は本人弁護の準備に多くの時間を費やした。運良く当時、大英図書館で働いていた友人イザベルが必要だったニュルンベルグ裁判の参考文献を見つけてくれた。他にも参考文献や判例法を差し入れてくれる支援者に助けられた。一番の問題は自分が書いた文字が自分でも読めないことが多い私自身の悪筆（！）であった。ワープロの使用に慣れていたので、手書きで、線を引いて消して書き直す作業は難しかった。そこでノートパソコンとプリンターの使用を要求する長い戦いを挑み、終いにはそれらを手に入れることができた。刑務所にいながら本人弁護の準備をするのは随分と難しいが、たとえ保釈中で自宅にいたとしてもやらざるを得なかったことであり、やらなければならない何か生産的なこと、と捉えることができた。刑務所の外から書類を差し入れたり、参考文献を探してくれたりする協力者がいればうまく行くこともある。

身体的苦痛の主な原因で、数多くの苦情申し立ての因となったのはトイレの使用許可を得る戦いだった。収監中、心身に不調をきたし、不健康だった最大の原因の一つは雑居房内のトイレ設備の欠如であった。ベルを鳴らせば最長でも二十分以内にトイレに連れて行くと保証されたが、時には数時間待たされることもあったし、刑務官が手一杯で十六時間待たされたことも一度ならずあった。段ボール製のおまるがドアの細窓から突っ込まれることもあったが、使用すれば悪臭で他の収監者の迷惑となった。肝炎が頻発し、洗面や飲料水の供給に使う洗面台には当たり前のように尿が流され、洗面台を使えば誰もが感染の危険に曝された。私が必要としたわけではないが、医者や歯医者の受診許可の取得も非常に難しかった。重篤な状態であった女性が廊下で倒れるまで何度も受診を断られたのを目撃した。激しい歯痛には山のような鎮痛剤が渡され、歯科医に診てもらうまで何週間もかかった。

教育講座は常に不十分で、とてもではないが受講希望者全員が受けられるほどはなく、退屈という苦痛は深刻だった。拘留中の収監者の図書館使用禁止には業を煮やした。人種的偏見は非白人系女性のみならず、アイルランド人の収監者にも向けられた。食堂で購入する航空書簡の不足や、刑務所内での必要不可欠な情報の伝達言語が英語のみであることは、英国籍ではない収監者にとって大きな問題だった。何度も苦情を申し立てて解決にこぎつけた課題もあった。意見をはっきり言うことができ、刑務所の外から強力な支援が受けられるため、私は刑務所の上層部に権利の要求や苦情の申し立てや抗議ができる有利な立場にいた。私も含めた収監者が直面した問題のいくつかが改善した。刑務所当局と政治家に送付した報告書で、次のように指摘した。

私が個人として主張した権利は収監者全員に与えられるべきものです。これらの要求が私個人のためだけのものでないことは、何度でも強調します。この報告書は収監者全員の待遇を確実に改善するための一過程で、私の手紙は同様な境遇にいる収監者全員を代弁しています［２１３］。

二〇一七年にコーントン・ヴェール刑務所に再度収監された際、環境の変化を自分の目で確かめることができた［２１４］。ＴＰ非武装化合宿中の七月八日にファスレーンの門前で祝うべき出来事があった［２１５］。国連がちょうど百三十カ国間の会議を終了し、核兵器を全面的に禁止する条約が採択されたのだ。祝いの時であった。核禁条約として知られる核兵器禁止条約［２１６］は私たちの運動の基本である国際人道法に基づいている。私たちが何度も繰り返してきたように英国の核兵器はこれまでも常に違法であったが、これで禁止されるべきものとなったのだ。同年九月二十日には署名及び批准が開始されることになった。五十カ国が署名並びに批准してから九十日後にこの条約は発効する。これを書いている現在、とうとう五十カ国目［２１７］が批准した。私は道に飛び出すと鐘を鳴らして隣人と祝った。あちこちの核兵器基地にいる友人を訪ねて共に祝った人もいるが、コロナ禍の都市封鎖が続くウェールズから出向くことは私にはできなかった。こんなよい知らせを祝う機会は、滅多にない。

二〇一七年の非武器化合宿の一環で、いつまでも続く違法の核兵器貯蔵に光をあてるため私たち五人はクールポート基地の正門を封鎖した。当然ながら全員が逮捕された。合宿に戻らないという保釈条件の受け入れを拒否し、ブライアンと私は収監された。核禁条約の状況を考えれば筋が通らないように見えた。保釈条件は取り下げられ、ほんの二週間で釈放された。やっと開かれた裁判では説教されただけであった。だがこの短期収容期間は刑務所環境の改善の有無を確認する絶好の機会だった。

刑務所は変貌を遂げていた。全般的に以前よりも格段に清潔になっていた。一番大きな変化は各雑居房に水洗トイレが備え付けられていたことであった。それだけではなく、スポーツジムではヨーグルトと新鮮な果物とシリアルが提供される「朝食時の運動」が奨励されて、以前よりも多くの収監者が参加していることに気がついた。拘留の一時期をエジンバラで過ごしたが、「交流」の時間［218］が面会や作業や教育時間ではなく、運動の時間に変更されていた。収監者の多くは麻薬の問題を抱え、運動や新鮮な空気とは無縁だった。時間を変更したことで、収監者は一時間の運動のために屋外に出て、自由にタバコを吸い、おしゃべりを楽しみ、時には実際に中庭を散歩するようにもなった。教育にも充分な人数の職員が配置され、週に一回、図書館も利用できた。もし社会が収監者の更生や健全な生活を目指したいのであれば、これらは非常に重要である。目を見張るような改善だった。当局にそのことを手紙で報告すると、とても興味深く読ませてもらった、と「お礼の手紙」が来た。「スコットランド刑務所事業は全収監者、特に女性収監者にとって意義深い活動機会の提供を充実させるため、大変努力しました」［219］と書かれていた。

私はさらに、本人弁護で法廷に臨む収監者のコンピュータや、ワープロの利用制限についても言及した。インターネットの利用が日常生活の一部となってきた現在、電子機器の利用機会の拡大は必要だと、当局と意見が一致した。そして私の情報は「コーントン・ヴェールとエジンバラ、さらに広くスコットランド内の刑務所における監視検問活動に提供される」と言われた。

刑務所の話から離れる前に、外の世界との接触を維持し視覚的刺激となる絵葉書や手紙がどれほど重要か強調しておきたい。刑務所を経験してからアムネスティ・インターナショナルが組織する政治犯の釈放要求の手紙のみならず、時には長期間収容されている政治犯にも定期的に手紙を書くようになった［220］。

第十一章　みんなの地球、みんなの闘争

時と共に地元、国内、海外で運動に参加する大勢の人々との交流も増えてきた。地球市民という考え方も広く浸透してきた。「地球規模で考えて、地元で行動しよう」は、コーヒーカップやTシャツのキャッチフレーズ以上のものとなりつつある。思いつく限りの問題が、世界全体と同時に特定地域に影響を及ぼす。多くの人々と同様に、私もできる限り点と点とを結びつけようとしてきた。

だからサラワク、フィンランド、カナダ、そしてブラジルで原生林の保護活動をする時には、ノーフォーク〔221〕であれ、スコットランド〔222〕であれ、ウェールズ〔223〕であれ、必ずその時に住んでいる地域で地元の植林や森林地帯の創造や森林管理に関わるようにしてきた。また、環境保護団体の一員として、森林管理評議会が英国基準を打ち立てる手助けもした〔224〕。軍事占領下のヨルダン川西岸パレスチナ自治区や東エルサレム、終わりの見えないガザの包囲に抗議する時には、英国内の抗議団体と連携して講演するなど、啓発活動に努めた〔225〕。

二〇〇九年にナイトンに引っ越してほんの数カ月後には、私は連れ合いと共に中心街で最初のデモを組織した。ガザ支援船団プロジェクトの一環でパレスチナに救援物資を届けるために公海を航行していたマヴィ・マルマラ号上でイスラエル軍に殺害された活動家を追悼するためだった。後に

フリーダム船団ガザ支援船団プロジェクト［226］の寄付金募集を手伝った。私たちは今でもラドナー・パレスチナ連絡会と関わっている。英国が関わっている武力衝突、軍事介入による環境破壊、制御不能な大企業による天然資源の搾取に起因すると私が考える難民の惨憺たる状況には深憂している。だから地元の難民支援グループ［227］にも所属している。

さらに土壌協会で働いて以来、国全体と地方が食料と農業に及ぼす影響に興味を持った。必要な食料はできるだけ市民菜園で自分たちの手で育てるだけではなく、連れ合いも私も当然ながら地元の小作有機農家を支援している。今、地元ではポーイス集約養鶏場の一時停止期間獲得のための闘争が行なわれている。ポーイスはヨーロッパの養鶏中心地で、長い間に蓄積された地元環境への影響はひどい［228］。私たちの「持続可能なナイトン」という団体はウェールズ政府相手に、ナイトンとカーディフでデモを組織してきた。さらに今度はナイトン郊外に建設が予定されている新規集約養鶏場の建築許可の取り消しを求めて司法審査を要求している。国内外の問題には数多く、地方との接点がある。気候変動が真剣に受け止められ始めてから、世界中の人々がそれら接点を密接に関連付けるようになった。

グレタ・トゥーンベリと「学校ストライキ」［229］、壊滅的な種の絶滅に警鐘を鳴らすデビッド・アッテンボロー［230］、そして言うまでもなく絶滅への叛逆［231］は数十年前に既に最重要課題となっていなければならなかったはずの気候変動を今、政治課題の最重要事項へと押し上げた。地球上の生命が生き残るためには、政府や大企業そしてあらゆる組織に圧力をかけて、搾取的、収奪的、経済成長最優先の社会から、平等主義で思いやりのある社会という枠組みの中で持続可能な安定経済を追求する社会へ大きく舵を切らなければならないということは、もはや万人の目に明らかである。当時、反核と気候変動運動に重点を置いていたグリーンハウス〔232〕で一九八〇年代の初めにノーウィッチのボランティアと関わって以来ずっと、気候変動による大混乱を逆転させるためには自分たち一人ひとりが変わらなければならないと、人々に気付いてもらうのはどれほど難しいだろうかと心配していた。

当時の風刺漫画で今でも印象に残っているものがある。遠くに見える巨大瀑布の存在に明らかに気付かず、ボートに乗った人が川の中をその滝に向かって嬉しそうに漕いでいるというものであった。川岸には人がいて、注意を喚起しようと必死で手を振り、叫んでいるのに、聞こえずにはしゃぎ続けている。強い水流に巻き込まれるまでもう、時間はない。一度、そこに到達してしまえば何をやっても、もう遅すぎる。私たちは、川岸にいる人々のような気持ちだった。殆どの人と、明らかに大企業と政府は来るべき大異変を黙殺してきたのである。

気温の急上昇と海面の上昇に伴うロンドンと東アングリアの浸水予想地図をグリーンハウスが作成した。ほぼ四十年前、一九八〇年代初頭のことである。「リフォーレスト・ジ・アース」活動の一環でフランキーは個人でできる二酸化炭素排出量削減の101の方法を記載した非常に使い勝手の良いパンフレットを数百部、印刷した〔233〕。太陽光パネルの設置、電球の交換、レジ袋の代わりに長持ちする自然繊維素材の買い物袋の使用、肉食の制限、公共交通機関の利用、自家用車の放棄もしくは共用、地元産物の購入を心がけた買い物、消費の削減。もちろん、一個人が気候変動を止めたり、その進行を巻き戻すことはできない。組織、政府、大企業と中小企業も変わらなくてはならない。

四十年後の現在、事態は既にほぼ手遅れになっている。予想していた通り、低地の国々は既に前例のない海面上昇に直面し、洪水、干ばつ、火災、ハリケーン等の異常気象が地球上の至る所で発生している。問題意識の浸透はあまりに緩慢である。ノーフォーク北部に住んでいた頃、数多くの非暴力トレーニングを開催したバレー・ファームハウスの家畜小屋に「目を覚ませ、世界は死に瀕している」という横断幕を掲げていた。気候変動の大混乱を止め、それを逆転させるのに必要な変化が要求できるのは私たち一人ひとりなのだ。

二〇〇九年四月にロンドンを訪れた時から、絶滅への叛逆に関わるようになった。ロンドンの中心部にあるいくつもの広場、ウォータールー橋、またしてもやって来た国会議事堂前広場で、感動的でワクワクさせられる平和的占拠に加わった〔234〕。私も含めて大勢の活動家がオクスフォード・サーカスのど真ん中に設置されたピンク色のボートに交替でロックオンをした。集会を目の当たりにして私は驚嘆した。通りがかった普通の人が気候変動や私たちができることに関する深い議論に加わった。まさに民主主義の実践であった。私は二回逮捕され、これら四月のアクションで最初に裁判にかけられた。裁判官は注意深く私の弁護と証拠に耳を傾けていたが、無罪判決を言い渡す勇気は持っていなかった〔235〕。

数週間後にゲイルが来て、平和運動と絶滅への叛逆で共闘しないかと聞かれた〔236〕。もちろんイエスと応え、平和団体に声をかけるとジェーンを説得して共同代表になってもらい、二〇一九年十月にロンドンで予定されていた次の絶滅への叛逆イベントに向けて仕組みを作り、準備を始めた。私が何十年も関わってきた様々な問題を全てつなげ、もっと大勢の人々が動員できる機会だったので、大いにやる気になった。「絶滅への叛逆と平和」と呼ぶこの共闘体について、以下のように説明した。

絶滅への叛逆の全般的な目標を支持し、気候危機における軍国主義と戦争の役割に関する問題意識を高め、軍事活動資源を気候非常事態の対処に転用するよう要求することを目的として、同団体の元に集まった平和団体の連合体である。

マークがウェブサイトのデザインと更新をボランティアで引き受けてくれた。絶滅への叛逆と平和について重要なポイントとなるメッセージ〔237〕をはっきりさせるため、絶滅への叛逆と平和とは「……軍事的に引き起こされる問題と気候変動の混乱による影響に特に焦点を当て、絶滅への叛逆の枠組み内で平和、軍縮、人権、実質的な安全保障そして気候正義のために行動する」団体であると説明を加えた。

気候不正義と戦争が、構造的不平等、人種差別、女性に対する暴力の根本的原因であり、それは維持不可能な発展、利益、侵略、搾取という軍事産業体制の結果である。武装闘争と武器は貧困を引き起こし、耐えがたい苦難と死の原因となる。難民は故郷を捨て、気候の混乱がそれに拍車をかける。異変が起これば、最も弱い者が最大の危険に晒される。女性と子供が必然的に高い代償を支払わされる〔238〕。

二〇一九年十月のアクションに向けた準備は酷で、ストレスは大きかった。主な原因は絶滅への叛逆の全体的な計画に合わせなければならなかったことと、携帯電話を常時オンにしておかなければならないオンライン通信の使用だった。私のいつものやり方とは違う。間断なく入ってくるメッセージに中断されることなく静かな環境で仕事する方が性に合っている。それでも、聡明で情熱的な、主に若い仲間の活動家との作業は存分に堪能した。ロンドン中心部十二カ所を占拠する計画で、絶滅への叛逆と平和は、ビクトリア・エンバンクメントの国防省がある一区画を担当することに決めて準備を始めた。ロンドン警視庁のすぐ隣だったので、私たちは他の団体よりも早く場所取りを始めた。十日程度の行動期間中、絶滅への叛逆と平和の五十七人を含めて一千人以上の活動家が逮捕された［239］。

封鎖行動やダイインが大部分であったが、国防省舎の前、トラファルガー広場、エアロスペース本社内外、そして最高裁判所の前で、様々なアクションをした［240］。その時に撮られた何本かの素晴らしい映像は、絶滅への叛逆と平和のウェブサイト［241］に上げられた。私は五回逮捕された［242］。五回目の逮捕時、私は封鎖行動のためにオクスフォード・サーカスの真ん中に設置された竹製の障害物にロックオンしていた。だが十月十四日に警察が突然トラファルガー広場に押し寄せた時は大いに動揺させられた。その一週間前にトラファルガー広場ならば「安全に」抗議行動ができるから移動しろと警察に言われていたからだ。そこでは伝統的に抗議行動や集会が開かれる。それなのに警察は突然、広場に侵入して来ると見張り小屋やテントと一般市民への啓発活動の一環として設置した展示物全てを、たった一時間で撤去して退去するように要求した。活動家の多くが従わず、私たち四人はロックオンの筒が強引に切断されて逮捕されるまで、絶滅への叛逆と平和の見張り小屋の中に踏み留まった。警察はテント、横断幕、チラシ、食料などデモ参加者の所持品全てを没収して廃棄した。窃盗罪に等しい蛮行は現在、法廷で争われている。治安維持のやり方は大きく変化し、険悪化している。

そして、新型コロナウイルスが出現した。感染爆発で世界中の社会活動が混乱をきたし、抗議行動にも影響が及んだ。前回、二〇二〇年九月に行われた絶滅への叛逆と平和の抗議行動に参加できた活動家はほんの一握りであった。活動家には高齢者が多く、人通りの多い都市部でコロナに感染したり、他人に感染させたりする危険は冒せなかった。絶滅への叛逆と平和のメンバーで都市部やその周辺に住む活動家は、地元の地域グループに加わった。新型コロナ感染症で大勢が自宅待機状態に置かれたため、気候変動の張本人に対峙し、その活動を中断させる機会が奪われた。自分自身や他人を危険にさらす逮捕や留置が予想されるアクションをするべきか、熱い議論が続いた。私たち自身がいくら十分な対人距離を保ち、マスクをつけ、全ての予防策を講じても、警察が常に同じ様に予防策を講じているとは限らなかった。本当の社会混乱を引き起こす直接行動を行う意志を持ち、実際に行動ができる活動家の人数は大きく制限されてしまった。

武器の販売、軍隊や警備会社への供給、伐木、採鉱、農薬の製造と販売［243］、大製薬会社、言い換えれば軍事産業という巨大機械がこの地球を破壊し続けているのだ。病的な環境で飼育される家畜の罹患が急増し、それが人の健康に与える影響と疫病との関連がゆっくりと広まり、高度に工業化された飼育集約工場の家畜については、やっといくらか世間に知られる様になってきた。

だが、気候変動と核兵器という二つの存続の危機拡大が未だ解消されていない切迫した状況の中では、間髪を入れずに社会機能を停止させる大規模で継続可能な行動に立ち戻らなければならない。機能不全の民主主義の下では効果的に圧力をかける必要がある。即ち私たちを絶滅に駆り立てる大企業の利益に打撃を与えることである。

もちろん、オンライン上では様々な活動が行われている。絶滅への叛逆と平和は電子配信用の素晴らしいチラシ［244］を作成した。「気候大混乱と新型コロナの感染爆発：警告の黙殺による安全への脅威」と題されたチラシは特に時事性がある。皮肉なことに新型コロナの世界的流行は、以前は想像すらできなかったやり方で人々を強く結びつけた。団体や個人は情報を共有し、戦略を立て、直面している状況の深刻さを以前よりももっと明確に認識するようになった。コロナ禍はこの世界の不平等や、大企業とそれを経営する富豪が大災害からですらも、かつてなかったような莫大な利益を上げるという現実を暴露した。誰がワクチンの利益を得るのか、誰が検査と追跡サービス提供契約を取るのかという子供の喧嘩のような争いを見るがよい。そんなことにかまけている間に、特に公共医療サービスの運営維持や飲料水の確保、道路の清掃、子供たちの教育など、基本的な労働に携わる市井の人々の生活は苦しくなる一方なのだ。

現状はどうなのだろうか。現代の重大問題は今、地球上の生命を守るための闘争としてつながった。もっと強力に世界的体制に挑戦し、その転換を促すために、できるならば路上に出よう。確かに新型コロナの大流行による社会的距離やマスクの着用はまだ続いている。それでも手をこまねいて気候変動の首謀者に好き勝手をさせておくわけにはいかない。大多数である私たちには彼らを止める力があるのだ。破壊を食い止める前代未聞の創造的なやり方は必ず見つかる。そしてこの社会を、私たちにふさわしい社会に変えていこうではないか。

理想郷よ、私たちはここまでやって来た！

学んだこと、伝えたいこと

これまで実践してきた非暴力直接行動から、活動家として私が学んだこと、伝えたいことをここに書き留めたいと思います。

最初に。決して諦めないこと。

アクションの道徳上及び法律上の根拠を裁判官や陪審員に理解してもらうために、必要な予備知識及び裁判での弁護に有効だと思われる材料は事前に準備します。裁判ではできる限り本人弁護を試みます。グループなら、訴訟手続きを忠実に検事に履行させ、法的困難を乗り越え、必要があれば控訴準備をするために、最低でもメンバーの一人に腕の良い弁護士をつけます。どうしても訴訟手続きを中断しなければならない個人的な理由でもない限り、当然ながら有罪は認めません。

訴訟手続きは泥沼化することがあります。それでも諦めてはいけません。思いもしない訴訟で勝訴することもあります。検事は頻繁に情報を紛失したり、訴訟手続きを間違えたりします。そうすると告訴が取り下げられるか、時には完全勝訴になります！

異議申し立てや抗議行動、本人弁護に「正しい」方法はありません。一人ひとりが自分の声を見つけるしかないのです。皆が違うから、強くなれるのです。

後続の活動家の不安を払拭するために、裁判や刑務所での経験は必ず共有して下さい。

ネットワークを広げ、自分たちにはない特技を持つ人々の参加を促し、資源を共有し、さまざまな運動と連帯し、できるだけ連合や同盟を形成してください。意見が完全に一致しなくても構いません。異なる取り組み方や優先順位を妨げることなく、一致点を見つけ出して共同作業をします。できるだけ仲間グループの一員として行動することを勧めます。仲間グループには長期のものもあれば、短期間、特定のアクションのために結成されるものもあります。

行動の当初から、後々のために報告書、書簡、写真、報道記事、記録のコピーを保存し、自分のアクションとキャンペーンを説明する本を出版したり記事や資料を書き記して記録を残して、他の活動家が学べるように手引書やアドバイスを公表して下さい。

危険で違法な活動を阻止する最後の手段として直接行動に訴える前に、手紙を書いたり、陳情活動をしたり、デモに参加するなどできることは全てやることが重要です。

アクションに際しては、あらゆる不測の事態を想定した計画を立て、終了時期を同意しておくこと。予行演習とロールプレイは各々の役割を明確にし、事前に解決すべき実務的な問題点を洗い出します。

実効性のあるアクションをするために、実行まで計画を内密にしなければならないならば、暗号化やその他電子メディアの通信方法には頼らないこと。顔をあわせる会合が最善の連絡方法です。どうしても電話やメールを使うのであれば日付、時間、場所には決して言及しないこと。

警察やその他当局に対して使う偽名は記録されて、一生付いて回るので、慎重に選んで下さい。

達成不可能な目標を設定して物事をわざわざ難しくしないこと。人生は決まり通りに進むゲームではありません。あり合わせのものを使い、間違いは認め、適応し、目標の変更が避けられなければ方法を変えて運動を継続します。

継続は力なり。効果的な運動に必要なのは一般人の啓発活動、陳情活動、交渉と組み合わさった持続可能な非暴力直接行動です。中でも、運動の対象となる人々や組織が実行できる要請と要求を明確に伝達することは大事です。

どんな時でも率直に行動し、説明責任を持つように努めて下さい。人々の意識を高めることに役立つ上、自分の行動に説明責任が課されるため、道徳的枠組みを踏み外さない行動が維持できます。

何があっても非暴力を貫き、常に安全対策を意識すること。自分の命を危険に晒しながら、地上の生命を護ると言っても説得力はありません。

自分に忠実であること。他人受けを狙うのではなく、アクションの本当の価値について考えて下さい。

能率的に、思いやりを持って機能できなくなる段階に達する前に燃え尽き症候群の兆候に気づくこと。

あなたは一人ではありません。自分を支えてもらうため、そして行動を継続するために家族や友人に支援を求めて下さい。大勢の人に運動への参加を促し、協力を求めて下さい。そして、各自がそれぞれのやり方で自主的に行動を始めて、責任を持って運動を前進させられる十分な機会を準備して下さい。

創造的に活動を楽しむこと。何年間も行動を継続する意欲を維持するためには極めて重要です。自然発生的な行動は大事だし、独創性を伸ばすのは楽しいことですが、責任を持って行動するためには素早く考え、きちんとした総意による意思決定のために十分な時間を取る必要があります。

読書の幅を広げ、普段あまり接点のない様々な人と交流するなど責任を持って自己啓発に取り組むこと。支配的な文化を含めてあらゆることに疑問を持つこと。代替教育法に目を向けること。

安心できる家族や友人の輪の中で、創造的で生を肯う実用的な作業に携わること。

支援者の重要性を認識して、感謝の気持ちを持つこと。アクションの準備に必要不可欠な援助、法的及び法廷支援、マスコミ対策、受刑者支援等など幅広い活動をする支援者は、非暴力直接行動にとって欠かせない重要なパートナーです。

国際的なアクションの必要性が生じた際には支援と参加の可能性を検討すること。

難民と行動する場合には、彼らの経歴を知り、どのような苦難を経験してきたのかを理解し、トラウマが再発するような潜在的葛藤状況に彼らを置かないようにすること。

全ての問題は根っこで繋がっています。異なる問題や運動について学ぶことで活性化され、英気が養えます。数多くの問題や課題をつなげることで理解が深まり、気分転換ができます。

最後にもう一度。決して、決して諦めないこと。

若い活動家の質問に答える

レイチェスター出身のジャスミン・マスレン　十七才
アンジー・ゼルター　六十九才

ジャスミン：絶滅への叛逆の今の非暴力直接行動の奮闘についてどう思いますか？　最近のアクションでは期待された結果が出ているでしょうか？

アンジー：絶滅への叛逆は丁度、今、必要とされている大規模な非暴力直接行動で、私も心から応援しています。独創的で効果的な行動で、コロナ禍ですら路上に数百人を集結させて大きな影響を及ぼしました。全国的なニュース報道は、最初の年、特に二〇一九年の三月や十月と比べると全体的に随分と減りましたが、それは想定内でした。逮捕や裁判の危険まで冒して行動する理由を活動家が家族や友人に説明し、討論することで、影響は大きく広がるでしょう。

遠洋を航行する船舶を気候論争の議題に載せたという意味で、非常に効果的な海を舞台としたアクションが二〇二〇年八月二十一日にありました。二百人ほどの富裕層の乗客が住み、「一・六キロにつき、一人がジャンボジェットよりも十倍も多くの温室効果ガスを排出」する居住型超大型客船を的にしたアクションでした。船体に映写されたメッセージは人目を引き、地方で実行されたアクションは見事なものでした。

国会議事堂の外で胸を出して、気温上昇の影響を説明した二〇二〇年九月十日の「真実が暴けない」という女性のアクションも気に入っています。

ジャスミン：活動家としての個人的な経験から、目的達成に最も効果的だった非暴力直接行動はどれでしたか？　それは何故でしょうか？

アンジー：最も効果が出るのは持続・継続している運動に私のアクションが加わった時です。例えば、一九八〇年代のグリーナムコモン英国空軍基地では、そこに配備されていた核装備巡航ミサイルの廃棄を目指した十年闘争があり、数千人の女性に加わって私も参加しました。グリーナムコモン女性平和村は基地を取り囲むように、反対の意思を表明する多数の小屋などを設営し、フェンスの切断と基地の重警備地区や兵士の居住区、核兵器貯蔵庫への侵入などを含めた数百ものアクションが継続できる場を提供しました。アクションの結果としての裁判、実刑判決、ひっきりなしの報道。年齢も境遇も異なる大勢の女性たちが平和村を支援し、基地を取り囲む大規模なデモに単発で参加するだけでなく、リピーターとなって何度も戻ってきたという事実がこの運動を成功に導きました。

トライデント原子力潜水艦の違法性を暴くという私の目標に大きな効果を発揮したもう一つのアクションは、ゴイル湖でのトライデント・プラウシェアズでした。私たち三人はトライデント潜水艦システムに欠くことができない一段階、原子力潜水艦が発するレーダー、音波、磁気の雑音を最小限に抑える研究をしているゴイル湖の浮体複合研究所内にあったものを全てゴイル湖に投げ入れて研究所を空にしました。国際人権法に照らし合わせればトライデント核ミサイルの配置は違法である、と納得した判事は陪審員に無罪判決を出すよう指揮しました。これは画期的でした。違法な大量虐殺用兵器の英国からの撤廃を目指すこの運動は、今も続いています。単発のアクションで外交と防衛の重要政策を変えることはできませんが、ゴイル湖のアクションは正しい方向に向けた非常に重要な一歩となりました。完全に非暴力で、事前調査に十分な時間をかけて一人の負傷者も出さずにアクションが完遂できることを証明し、トライデント・システムの重要な一つの設備を破壊しました。その上、五カ月間の勾留期間中には面会を手配するなど、すでに面識があったTPのメンバーがしっかりと支援し、専門家証人の手配までしてくれたため、効果的なアクションとなりました。ドイツのムートランゲン基地で米国の核兵器に反対する行動に参加したドイツの判事は、行動した理由と核兵器の違法性を証人として証言してくれました。

ジャスミン：非暴力直接行動で好戦的な警察官と対峙したことはありますか？　何故暴力は多発するのでしょうか。また、どうすればいいのでしょうか？

アンジー：警察、武装部隊、警備員など当局には様々な組織がありますが、抗議行動の制御が困難だと感じた場合、また手段を選ばずに活動家を鎮圧しろと上から指揮された場合、暴力行為が発生しやすくなります。二〇二〇年九月の気候変動への抗議行動「絶滅への叛逆」を厳しく取り締まれと最近、ロンドン警視庁警視総監クレシダ・ディックが指揮したせいで、現場の雰囲気は二〇一九年十月と比べて、ガラッと変わりしました。

トップから下される命令によって、攻撃的な気質を持つ人のくびきが外れることがあります。どんな機関や組織であっても、特定の状況下で暴力的に行動する問題児は必ず存在します。平和活動家や環境活動家も残念ながら例外ではありません。私生活や職場でも、乱暴で弱い者いじめをする嫌われ者はいます。そういう人たちは往々にして、その性向を誇示するために権力が持てる職業に就きます。醜悪な権威主義と暴力が頭をもたげるのにあまり時間はかかりません。公共機関や当局に責任の所在を明確に説明するよう要求し、暴力的傾向を持つ個人の台頭を阻止するかしないかは、私たち市民に委ねられています。暴力を行使される可能性は、私たちの対応で減らすことができます。

常に平常心を保ち、理論的に考えられる状態であることは重要です。私が参加する非暴力直接行動で、活動中のアルコール飲料と薬物使用が一切禁止となっている理由の一つです。平和活動団体の一員として軍事基地に侵入した時、酔っ払っていた仲間の一人が警察犬にひどく噛みつかれました。飲酒する人などいないと信じていたので、事前に彼が酔っ払っていたことに気づきませんでした。警察犬が来た時、他のメンバーは直ちに地面に座り込み、手と腕を体に引き寄せ、静止しました。私は頭を抱えて丸くなりました。英国の警察犬はきちんと訓練されているので、普通、命令されない限り攻撃してくることはありません。警察犬の任務はハンドラーが到着するまで、私たちを拘束しておくことです。犬の目を見ないようにして、立ったまま、もしくは座り込んで身じろぎせずにいれば身は守れます。他にも軍事基地に侵入した時に捜索や追跡に同様に警備犬が使われたことがありますが、怪我したことは一度もありません。警察犬が近づいてきたら、私たち対象物が制圧下にあると犬が認識するように、必ず静止して服従の姿勢をとります。そしてハンドラーの到着を待ちます。

個人的に経験した暴力についていくつか例をあげましょう。在欧米軍が運営し、米軍の核兵器が置かれていたノーフォークの軍事基地レイクンヒース空軍基地の重警備区域で市民による戦争犯罪監査をしていた時のことです。ライフルを持った米兵が止まれ、と怒鳴りながら近づいてくると、銃口を私の胸に突きつけました。まだ年若いその兵士はぶるぶると震え、トリガーに触れている指が小刻みに揺れていました。心底怯えて極度に緊張していた兵士は三回警告した、と無線に怒鳴りつけました。撃つ気なのだろうか、と思いました。最も危険な状況です。撃ちたくはないけれども、命令には従わなければならない。彼は葛藤していました。私は直ちに座り込むと兵士に向かって、あなたには身の危険はない、私はどこにもいかない、撃つ必要はない、と冷静に話しかけました。彼は数歩下がると、私に銃を突きつけたまま、英国国防省付警察官が到着して引き継ぎ、私を逮捕するまで無線に向かって怒鳴り続けていました。

このような暴力に遭遇した時に何ができるのか、という質問でしたね。一つにはこのような危険な状況には身を置かないことです。誰にでも対処できる状況ではありません。軍事施設内の重警備区域への侵入が一〇〇パーセント安全なことはあり得ません。それでも、時にはこのような市民による非暴力直接行動によってのみ、変化をもたらすことができるのです。ジレンマです。私たちが何度もレイクンヒースに侵入した結果、米国の核兵器は全て基地から、つまり英国から撤去されました。警護と治安維持に厖大な費用がかかることが証明されたからです。危険が予想される状況に行くのであれば、非暴力は当然ですが、目前で進行している状況を判断して緊張緩和を試みるため、徹頭徹尾、冷静でなければなりません。

もう一つ、例をあげましょう。国際連帯行動の一環で、ガザに封鎖されているパレスチナ人を支援するために、五十人ほどの活動家と共にエレツ検問所でイスラエルからガザへの入境を試みました。向こう側では、私たちの到着を知らされたパレスチナ人が行き止まりになっている長い道の突き当たりで待っていました。彼らの姿は見えませんでしたが、入境してから道に沿って歩けば会えることになっていました。私たちはバスや車で境界まで来ましたが、そこからは徒歩でフェンスに向かい、そのまま越境しようとしました。足の速い人たちはずっと先に進んでいました。突然、大勢の武装国境警察官が走ってくると、止まれと怒鳴りながら二つに分かれたグループの間に入ってきました。凶暴な警察官が実弾を発砲し始めました。私は走って戻るとみんなに座って静かにするように、そして、警察官には発砲をやめるようにと叫びました。その警察官はかなり異様でした。叫び、怒鳴りながら私たちの頭上に向けて無差別に発砲を続け、弾丸が頭上をかすめていきました。手のつけようがありませんでした。そばにいた他の警察官に近づいて、私たちは皆、静かに座っているので、その警察官を何とかしてくれと頼みました。まともでないその警察官が連れ去られてから、私たちは全員が逮捕されて連行されました。怖かったです。運良く国際人全員が分別を持って、すぐに座り込んだため、負傷者は出ませんでした。

私たちに向けられる暴力行為を止める手立てが殆どないことがあると認識する必要があります。ブリュッセルで反NATOデモに参加した時には年配で心臓疾患を持つ活動家を含めて放水されました。圧倒的な水圧で削ぎ落とされるように路上から排除され、何人かはひどく負傷しました。ロンドン港に荷揚げされた、原生林から伐採した木材の輸入に抗議して、クレーン車上の高いハシゴに登っていた時、警備員に掴まれて振り落とされそうになったこともあります。警察官がその警備員を排除しなかったら、そして私がその間、しっかりと掴まっていられなかったなら、きっと落下して死んでいたでしょう。

時間がかかり徒労に終わることが多いかもしれませんが、このような場合、どこの国であっても、受けた暴力に対する提起と法的救済の追求は重要です。正義の獲得、法的不処罰の阻止、長期活動のための自己温存の間に妥協点を見出さなければなりません。

英国であれば、深刻で露骨な人権侵害に直面することはそうそうありません。また、日々武装した男性や女性や警察官、そして戦車と対峙することもありません。でも、もし今以上に市民的自由が取り上げられて、より独裁的で大衆迎合主義の政府が出現したならば、このような状況は一変します。

暴力行為を事前に回避する必要が生じる場合もあります。文民警察官や武装国防警察官と対峙した時には、姿勢と態度で非暴力であることをはっきりと示し、また言葉で「完全に非暴力です」と表明することで、身を守ることができます。行動を組織する団体が十分に時間をとって、事前に現場に来る可能性が高い警察当局と打ち合わせをして、アクションも団体も完全に非暴力であることと抗議行動の理由が説明できればそれに越したことはありません。どのような行動を取るのか、いつ行動するのかという詳細を警察に報告するということではありません。非暴力への固い決意を警察に理解させ、信じてもらい、警察官に危険は及ばないことを知ってもらうためです。

トライデント・プラウシェアズ、ファスレーン365、AWE行動がその例です。準備では警察との連絡作業に真っ先に着手しました。この連絡作業と、役割、職業、身分に関係なく誰でも尊重するという基本的な非暴力と平和の哲学とは切り離せません。どれほど深く官僚意識に埋もれているかは別として、各々の人間性を尊重し、人間的に取るに足らないと切り捨てるのではなく、その人の振る舞いや従事する方針にのみ言及します。どんなに暴虐であろうと、彼らを人間として認められなくなったら、私たち自身が人間性を喪失することになりかねません。相手を同じ人間として尊重することで、緊迫した状況が確実に緩和されるようにします。警察に「協力」していると思われることもあるため、非常に異論が多いやり方です。それでも警察は社会の一部であり、どの警察官も誰かの息子であり、娘であり、兄弟であり、姉妹であり、母親であり父親です。警察の仕事とは全ての人の安全を守るための取り締まりなのだと、時には警察官に再認識させる必要があります。

活動家と警察との手紙のやり取りを読んでみるのもいいかもしれません（付録1D参照。TP運営委員会がバークシャー州ニューベリー町テムズバレー警察署のデビッド・ベルチャー警視宛に出した二〇〇〇年五月九日付の手紙［245］）。二〇一九年九月と十月、私は絶滅への叛逆と共に警察との連絡作業に関わりました。大した成果は見えませんでしたが、やってよかったと思います。ロンドン警視庁は警察当局の中でも特に容赦がありません。それでも私たちが非暴力であることや、ロンドンの中心街で社会秩序の混乱を招く行動をしなければならない理由を活動家から警察が直接、説明を受けることには意義があります〔２４６〕。他のことはさておき、裁判の弁護で警察に説明したという事実は有利に働くでしょう。抵抗と抗議には危険が伴うことも少なくありません。ガンジーが言ったように、自分たちに向けられた暴力行為は受け止めながらも、暴力で応酬しない準備が必要です。エクナット・イーシュワランの「非暴力を貫くイスラム兵士：パドシャ・カーン山脈にふさわしい男」（未邦訳　訳注）は面白く読めると思います。何千というアフガン兵士に、銃を置いて非暴力で英国と「戦う」訓練をしたバドシャ・カーンの話です。

一年間の基地封鎖行動「ファスレーン３６５」を準備していた時、ヨークシャーを拠点とする札付きの精鋭部隊〔２４７〕を国防省がファスレーンに派遣すると聞きました。この部隊はロックオンの解除に圧点を使っていました。ストラスクライド警察と国防省警察と話し合って圧点の不使用を約束させ、精鋭部隊を戻させることができました。この交渉が特に重要だったのは、圧点の使用は非常に危険で、活動家が不治の障害を負うことがあるからです。ストラスクライド警察は非常に職業意識が高く、スコットランドでは警察署との連絡会議はとてもうまくいきました。ファスレーンで私たちが大規模な行動を組織した時に、支援のためにロンドン警視庁が機動部を派遣してきたことがありました。その機動部は警察食堂で待機させられ、要請があるまで外出を禁じられていたとストラスクライド警察から聞きました。ストラスクライド警察は私たちと同様に、機動隊が出動すれば現場が緊迫し、暴力行為が発生しやすくなることをよく理解していました。私たちには権力側からの挑発に対処する「紛争処理要員」がいます。英国の他地域とはかなり異なります。常に警察から差別的に扱われている地域の状況とも全く違います。例えば、黒人の若い男性や女性が見えないところでひどく迫害され、死に至る事例は少なくありません。

運動の拡大を抑えるために活動家の参加を困難にしようと、時に警察はあらゆる手段を講じます。例えば、二〇一九年十月のロンドンでの絶滅への叛逆行動の準備期間中のことです。警察は車椅子用のスロープ、車椅子、多機能トイレを没収し、それらの設備を提供した人たちをも逮捕しました[248]。このような場合、どうしたらよいのでしょうか？

最初に、私たちが完全に非暴力であることを警察と当局に確実に伝えます。これは非暴力ガイドラインを見せたり、全活動家が非暴力講習会を受講していると説明したりすることで達成できます。

次に、アクションを映像や写真で記録する立会人を立てることです。例えば隠しマイクや隠しカメラを使い、警察官のボディカメラがデータをクラウドに送信するように、現場からデータを送信します。警察官が観察されていることを意識するように、何人かは一目瞭然で立会人であることがわかるようにします。同時に何人かは内密に行動して証拠を収集します。

三番目ですが、活動家全員に支援者をつけます。人種差別的なこの社会には攻撃の的にされやすい人とそうでない人がいます。目標にされやすい活動家と目標にされにくい様々な特権を持つ活動家を組み合わせることで、安全を確保します。例えば若い黒人男性の活動家と年配の白人女性活動家、身体障害を持つ活動家とそうでない活動家などです。アクションによっては自分たちのやり方で動きたいグループも出てきます。それでも近くに支援者がいれば何かと役に立ちます。

最後になりますが、思いがけないところから支援の手を差し伸べられる可能性は常にあります。

そのような支援に気付いて受け入れる心構えを持つことです。どの組織にも公正で、勇気があり、よりよい世界を望む人は必ずいます。機会が与えられれば手を差し伸べてくれるかもしれません。警察官、看守、兵士から思いもかけない支援を受けたことがあります。決して希望を失ってはいけないのです。

ウェールズのナイトンでピンクの平和スカーフを編む。2013 年。

ウェールズ、ナイトンのブロードストリートでのナイトンの平和スカーフお披露目。2014 年 7 月 5 日。

バーグフィールド封鎖に参加する国際活動家たち。2015 年 3 月。

ウェールズ、マーサー・ティドビルでの「脱石炭ナウ」占拠。2016 年 5 月。

フランスでのインターナショナル・ヒロシマ・ナガサキ断食、2016 年 8 月 8 日。

クールポートでロックオンを解除されるアンジー、2017 年 7 月。

絶滅への叛逆のピンク色のボートにロックオンしたアンジー、オックスフォード・サーカス、ロンドン、2019 年 4 月 15 日。

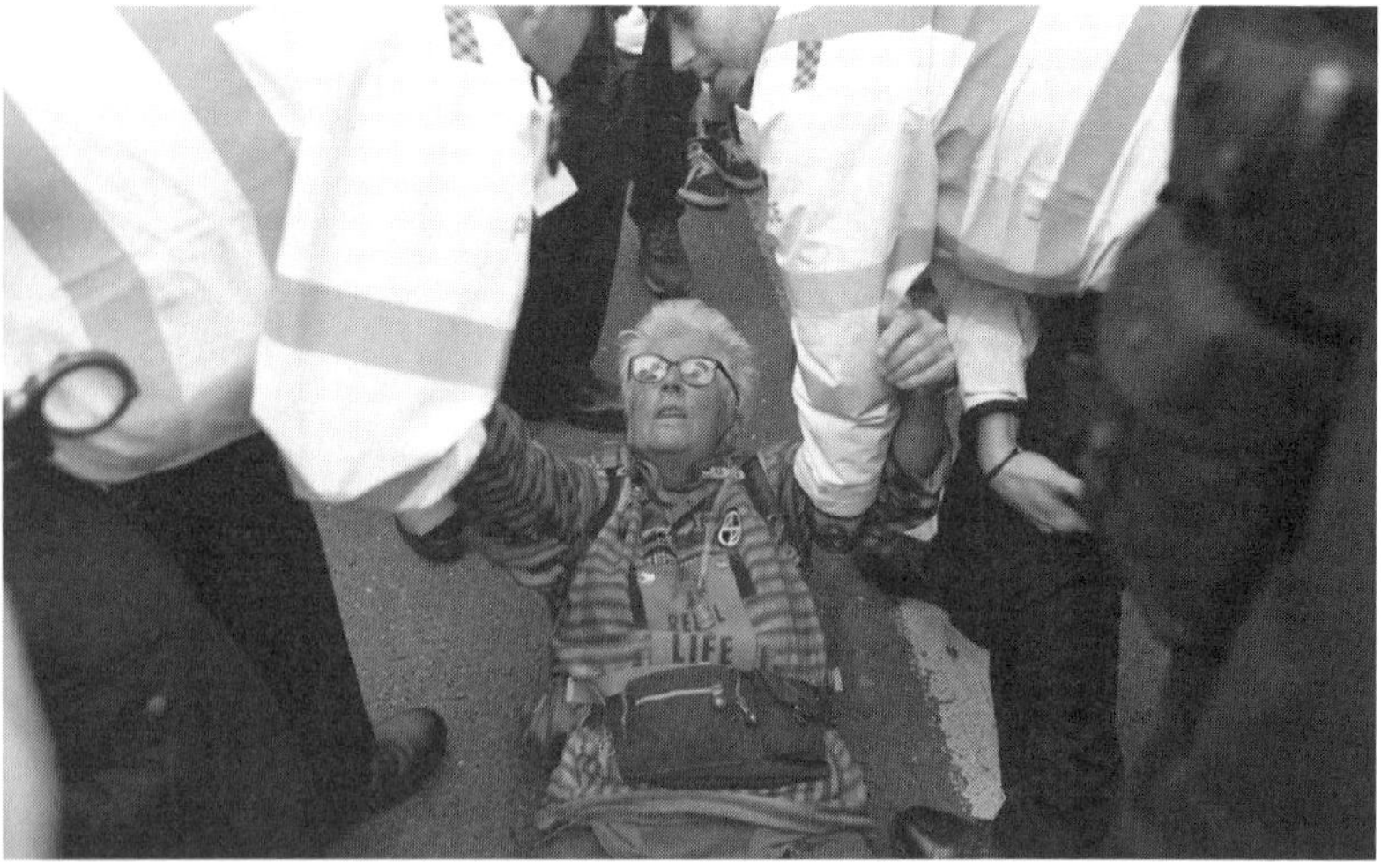

パーラメント・スクエアの絶滅への叛逆行動で逮捕されるアンジー、2019 年 4 月 17 日。

内務省前のアンジーとカミーラ、2019 年 7 月 29 日。

オックスフォード・サーカスで竹の障害物にロックオンをするアンジーとトリッシュ。
2019 年 10 月 18 日。

2021 年の核兵器禁止条約発効を
祝うアンジー。

付録１　非暴力

付録１Ａ　非暴力運動

私たち自身が平和でなければ、平和のための何事をもなし得ない。
ティク・ナット・ハン

私が関わってきた全ての行動の根本原則は非暴力です。抗議活動を始めた当初から、多くの非暴力活動家の経験とその生き方からそのことを学びました。主にガンジー、バドシャー・カーン、マーティン・ルーサー・キングの生き方に影響を受けましたが、ブラッドフォード大学の平和研究学科で平和研究の修士課程を履修したことで私の視野は大きく広がりました。たとえば、ジーン・シャープの著作や彼の非暴力行動の一九八の方法を学んだことです。非暴力主義に対する私の理解は、社会をより思いやりと愛に満ち、誰も取り残さないようなものに変えようとする市民運動に参加する中で、長年にわたって発展し、進化を続けています。活動家が安全かつ効果的なアクションができるようにするための非暴力ワークショップを開発し、進行役を務めたことで、私の非暴力行動への理解は一層明確になりました。

平和運動では nonviolence（非暴力）をハイフンなしの一語で表記します。非暴力とは単に暴力に反対であるという否定的なものではなく、暴力に非ずという方向に向かう強さ、という肯定的な概念であり、これ自体が哲学であるという私たちの信念を表します。これは受け身ではなく能動的なものです。非暴力行動が目指すのは変化を引き起こすための対話と抵抗です。つまり、権力を乱用する、もしくはそれを主導する人々との対話、そしてこの暴力的な強権を支える構造への抵抗です。これまで育み、関与したキャンペーンにはこれらの要素全てを取り入れるように心がけて来ました。

グリーナムコモンの女性平和村には大きく影響されました。様々な経歴を持つ女性や出身国が異なる女性たちとキャンプファイアを囲んで長い話をする中で、個人的な経験を共有し、家庭内さらに社会一般で女性たちがどのように暴力の矢面に立たされるのかを参加者全員が学びました。一般的に男性と比べて身体的に力が弱く、幼い子供や高齢者の世話をすることの多い女性は、面倒を見ている人や自分自身が傷つけられるリスクを減らせるような方法で虐待行為に立ち向かい、抵抗する方法を身につけなければなりませんでした。

英国で私が始めたキャンペーンが非暴力に徹することができるように、手引書を書き、講習会を開くよう度々主張しました。そこで得られた使い勝手のよい非暴力の指針は多くの場面で活用されてきました。とても簡潔なものです。

・遭遇する人には誠実に、敬意を持って接する。
・いかなる個人に対しても、身体的あるいは言葉による暴力を行使しない。
・武器を持たない。
・医療目的以外のアルコールや薬物は持ちこまない。

封鎖やアクションで用具を使う場合には、消防車や救急車の迅速な通過を可能にしながら、警察車両の通過を阻む手段を確保します。私たちの指針と非暴力への決意、そして市民的抵抗を行う理由を理解してもらうよう警察や消防・救急隊と連絡を取り合います。効果的なアクションの実行のために詳細は教えませんが、対話と相互理解を深める余地は残します。関係者全員に非暴力を遵守させる試みに、対話は不可欠だと考えています。

非暴力ワークショップには、人や動物や環境を危険に晒さないために、自らの行動の結果を慎重に考えるための多くの活動が含まれます。行動の手段が目的と矛盾しないように努力します。

付録1B　ガンジーの人類に対する「七つの大罪」

道義なき政治
労働なき富裕
良心なき快楽
品性なき学識
倫理なき商取り引き
人間性なき科学
哀れみなき宗教

ガンジーの死後、三項目が加えられた。

責任なき権利
説明責任なき権力
持続性なき開発

付録1C　キャンペーンの技術を共有する（二〇一〇年五月）

私たちがキャンペーンを行う場合、状況と問題を分析し、目的と目標を明確に考え、私たちが持っている、または調達が可能な資源を把握し、実行可能な方針を持つ必要があります。燃え尽きないように自分のペースを守り、キャンペーン活動を創造的で楽しいものにしていかなければなりません。

運動の目的は何か

目的を明確にする。究極の目標を一つまたは二つの文で分かりやすく。例えば「平和な世界と理想主義」

到達目標を明確にする

何をどうしたいのか？　交渉の余地はあるのか。最低限、何を解決したいのか。戦略目標は達成可能であること（例えば具体的なＮＡＴＯの政策変更は可能か）。戦術的な目標は、数少ない特定の行動で達成される限定的な成果。その短期間に利用できる資源は調達可能か。例えば平和合宿、封鎖行動。

現在の状況の分析

あなたの目標実現を助ける要素、阻害する要素は何か？　フォース・フィールド（力関係）分析をする。フリップチャートに書いた目標を利点と欠点に分け、それぞれに目標達成に適当または不適当なものを一覧表にする。

個人／団体と組織／一般人の集団／イデオロギーと信条／社会的慣習と思い込み／地理的条件／自分自身の能力と資源

上記から最強の長所を選び、強く不利に働く要素にどう対抗し、強く有利に働く要素が使えるのか考察する。また、どの敵対勢力が目標を阻み、どの友好勢力がキャンペーンに加勢してくれそうか。

キャンペーンに対して「強硬に反対／反対／非友好的／中立的／友好的／非常に友好的」の分類を作り、その問題に関連する様々な人や団体を相当する欄に書き込む。反対する側に、目標達成を阻む力を持つ者は何人いるのか？　どうすれば人々を一歩でも非常に友好的な側に近づけられるか。敵対する人々を中立にするだけで十分なのか？

戦略

全ての人に心遣いと敬意を持つ。苦しみを押し付けるのではなく自ら進んで受け入れる意思を持つ。すべての真実を知っている人はいないという認識を持つ。このような非暴力の精神の範囲内において以下について考察する。

通信連絡：誰に対してどんなメッセージ発し、情報を交換する必要があるのか？　通信手段は何か？

説得：望む変化を起こすために、どうすれば相手を説得できるのか？　彼らは誰の意見に耳を傾け、誰の意志を真剣に受け止めるか？　直接または間接的に相手と意思疎通する方法は？

強制：相手が説得されない場合、どのような圧力、アクションが態度を変えさせるか？　どのように達成するのか？　直接行動を起こす必要があるのか。

目的は何か？　なぜ？　どのようにして？　いつ？

コミュニケーション

主催者間（主催者は誰か？）／一般市民／態度を変えてもらいたい人／メディア／行動計画／情報・打合せ用資料一式／法律・裁判支援／動員／トレーニング・準備のための講習会／資金／警察との連絡

これまでに経験してきたキャンペーンを成功させるために必要なパターンをいくつか要約する。

・社会が直面している問題についての知識と分析、関連する争点の理解、そして必要な変化を引き起こすための意欲と情熱。
・達成可能な具体的目標を持つ。特定の非暴力キャンペーンのアイデア。
・課題とキャンペーンの概要を作成し、これをもとに人々に働きかけ、自発的に運営グループを組織してくれる人を見つける。
・日程、資源、行動計画の策定。
・基本的な費用を賄う資金を用意する。主にボランティアと熱意に頼る。
・活動家の動員のために、キャンペーン用チラシやウェブサイトを制作し、記事を執筆し、会議で発言する。
・トレーニング用の資料と打ち合わせ用プリントを準備し、活動家が各自、最新のアドバイスや知識を容易に入手できるように情報、組織構成、手順はできるだけ公開して共有する。
・直接行動キャンペーンは、あらゆるつながりが存在する社会変革運動の中で行われるものであり、活動家ではない多くの人々に依存していることを心に留め、他の個人や団体のロビー活動、教育活動、対話と交渉の活動を尊重する。
・国内外の団体や個人と連携し、地域で行動するにしても、世界全体を意識して考える。
・より良い公平な世界を実現する気概を保ち、変革を起こすために全ての面で自発的に行動するため、可能な限り多くの創造的な方法を動員する。例えば確実に、弁護士代理人を立てずに本人弁護ができ、法廷用語の説明を受けるようにする。獄中でも争うことができる権利があることを忘れないようにする。被害者意識に押しつぶされない。選択肢や機会が思いがけないところにあることは多い。

付録1D　トライデント・プラウシェアズの運営委員会から警察への連絡用の手紙例（二〇〇〇年五月九日）

ベルチャー様

オルダーマストンでの五月十八日から二十五日までのイベントについての、二〇〇〇年四月十九日付のファクスありがとうございます。あなた方と連絡を取り合う機会が広がってうれしく思っています。ヘレン・ハリスとサラ・ラセンビーがこれまで連絡の実務を担っていましたが、このやり方で連絡を取り合いたいと思います。

私たちのウェブサイトとハンドブックに書きましたように、私たちは従来の意味での組織ではなく、それぞれ自立したアフィニティー・グループ（五章の「仲間チーム」に同じ／訳注）と個人で行うキャンペーンで、それぞれが核による犯罪を、平和的に、非暴力で、安全でかつ説明責任を負うやり方で防止することを誓約しています。オルダーマストンのAWE（核兵器機関）それ自体が示しているように、従来の組織形態は、個人が自分の行動に責任を持つことを回避する手段となりやすいのです。これに対し、「核犯罪防止誓約書」に署名した百六十人の「地球市民」は、それぞれが自分の行動と自他の安全に責任を負い、公式な組織の枠組みの陰に隠れることはしません。「オーガナイザー」も「リーダー」もいません。それぞれが様々のケースに個別に責任を持ちますが、最低限の基準は個人責任と自律性、そして他者を尊重することです。一六〇名の誓約者（近日中に別のトレーニングが行われるため、五月十八日までにさらに増える可能性があります）は、熟考の末に誓いを立て、非暴力と安全に関する問題に向き合って解決するための二日間のトレーニングを受けています。トライデント・プラウシェアズ非武器化活動合宿の参加者は全員、半日の非暴力と安全のための講習会に参加し、非暴力と安全のガイドラインを遵守する誓約書に署名するよう求められます。ご参考のために、その誓約書（表題は「非暴力と安全の個人参加者誓約書」）を添付致します。

また私たちは、戦争犯罪の準備に従事している産業複合体があなた方の所轄地域内に存在することに対して、法の執行機関としてどのように対応するかという問題も提起したいと思います。トライデント核兵器関連施設で働く人たちに配る小冊子（「戦争犯罪人になることを拒んで下さい」）を同封します。これに問題点のいくつかをわかりやすく説明しています。AWEオルダーマストンは、トライデントの核弾頭の主要部品を製造しているところであることはご存じでしょう。英国のトライデント核兵器システムは、戦争の遂行を規制する国際人道法の基本原則に明白に違反しています。トライデント・システムは何百万人もの罪のない市民を脅かし、自然環境には長期的かつ深刻な脅威となっています。この緊急かつ非常に深刻な問題に対して、テムズヴァレー警察署（所轄の警察）はどんな措置を執ろうとしているのでしょうか？　ハーグの国連旧ユーゴスラビア国際戦犯法廷に出廷した地元警察の職員は、地元法令の自分たちの解釈ではなく、国際人道法によって全面的に責任を問われたことはご存知のことと思います。

私たちは、警察にとって、権力者、何らかの機関、「公認」組織が行う違法・犯罪行為を取り締まることは困難であり、まして自国の政府と対峙することはさらに困難であることを理解しています。私たちは、「公認」の考え方があまりにも定着しているため、人や組織によってはトライデント・システムの犯罪性を認識することが難しいことも知っています。オルダーマストンの役割や合法性に関して、お互いの認識は大きく異なるかもしれませんが、オルダーマストンで公然と抗議行動をする私たちの権利と、誓約者たちが非武器化行動を行う権利を保証していただけるよう、お願いします。トライデント・プラウシェアズは、オープンで責任ある対話を積極的に行い、非武器化行動を民主主義プロセス全体の一部とみなしています。国家や軍隊による犯罪やモラルに反する行為に対する非暴力抵抗と抗議行動は、民主主義のプロセスの不可欠な要素であり、基本的人権に基づくものです。

トライデント・プラウシェアズは二年以上前に発足し、首相をはじめとする主要な政治指導者、軍関係者、法務長官（Advocate General）、法務総裁（Lord Advocate）は、私たちの目的と目標、積極的な非武器化行動に取り組むという誓約を承知しています。私たちの目的と方法論は「トライ・デンティング・イット・ハンドブック」で紹介しており、このキャンペーンの構造を非常に率直、明確に記しています。私たちは三カ月毎に誓約者全員の名簿を公開し、首相に送付しています。このあと数週間以内に送付される予定の首相宛ての最新の手紙には、誓約者全員の最新名簿が載っていますので、ご希望であればお申し出ください。もっとも、この名簿はおそらく私たちの公開ウェブサイトですでにご覧になっていることと思います。

百六十四名の誓約者は、違法行為の陰謀で告発されたことはこれまで全くありません。女性の誓約者三人は最近、トライデント・システムの重要コンポーネントに八万ポンド相当のダメージを与えたことを公然と認めた上で、グリーノック地方裁判所のギムブレット判事によって無罪判決を受けました。無罪判決の根拠について、判事は以下のように述べました。

彼女ら三人は、核兵器の恐るべき本質に照らせば、核兵器の配備と使用を止めるためには、たとえどのような些細なことであれ、国際法が求める義務に従って行動しなければならないと考えた。

私たちは、関係する諸々の公務員や国家機関が、彼らが負うべき公共的な義務を怠っているため、不本意ながら、そして悲しい気持ちでオルダーマストンの非武器化を安全な方法で試みようとするものであり、私たち自身は礼儀正しく思いやりのあるグループなので、ご安心いただきたいと思います。私たちはあなた方と建設的かつ協力して仕事ができるのを当然のことと思っています。

私たちはスコットランドで大規模なイベントを七回実施しました。これまでに五百人以上が逮捕されています。ファスレーンとクールポートの周りの道路と、私たちのキャンプへの狭い進入路は難題でした。しかし私たちと警察との相互連絡は、ストラスクライド警察との非公式のチャンネルで機能し、相互尊重に基づく厚い信頼、気取らない友好関係、協力関係が確保されました。これまで暴力的な事件や交通事故は一度も起きていません。ストラスクライド警察は、介入を最小限に抑える技術を持っている点でも、また、市民の平和的な抗議行動の権利を守ることを公言している点でも、相互の協力関係の模範です。私たちは、あなたが当該警察と連絡を取り情報交換されると有益だろうと提案するつもりでした。適切な連絡先は、ダンバートン、スターリングロードにある管区本部L課のアラン・デイヴィス警視でしょう。しかし、私たちの活動に関連して、ストラスクライド警察と連絡を取り合い、最近訪問もされたとのことで、私たちと同警察の良好な関係をすでにご存知であることを嬉しく思います。

私たちは、オルダーマストン周辺の交通安全についてのあなたの懸念を尊重いたします。各自が安全確保の責任を負うのはもちろんですが、私たちの警察連絡担当と連携され、道路に適切な警告標識を設置し、また双方が予測する問題に対して賢明な解決策を講じられることを要望します。

最後に、個人としてのあなたに直接訴えます。トライデント原潜に使用可能な状態で搭載された核兵器は、抽象的な政治問題ではなく、現に存在する危険な現実です。トライデント潜水艦の弾頭は、その一つひとつが何百万人もの罪のない人々を殺すことができます。このシステムは週七日、毎日二十四時間、常に発射可能な状態で展開しています。民間人であれ、軍人であれ、警察官であれ、全ての国民が責任を負っているのです。あなたは、オルダーマストンが刑事犯罪に該当するトライデント・システムの重要部分を製造し続けるのを阻止する方法について、法執行官としてアドバイスを受けることが適切かも知れません。たとえこの点で意見の相違があったとしても、スコットランドと同様に、オルダーマストンのキャンプと行進は平和的で安全に行われるよう協力・連携できることと思います。私たちの警察連絡担当から再度必ず連絡を入れます。

敬具

トライデント・プラウシェアズ運営委員会を代表してアンジー・ゼルター

付録2　核兵器と国際人権法

付録2A　ベジャウィ判事の声明（二〇〇九年）

ベジャウィ氏は一九九四年から九七年のあいだ国際司法裁判所の所長を務め、「トライデントと国際法・スコットランドの義務」という国際会議の議事録に基づく書籍に、以下の文章を寄稿した。この会議は二〇〇九年二月三日にエジンバラで開催された。この文章はその後、レベッカ・ジョンソンとアンジー・ゼルターが編集した同名の書籍にまとめられ、二〇一一年にルアース出版から出版された。

国際人道法の完全遵守を望むスコットランドのすべての人々のために、一九九六年七月八日の勧告的意見において、国際司法裁判所は、特定の核兵器システムが武力紛争で適用される法の原則と規則に反するかどうかを確実に結論づけるための十分な事実関係を把握していないことを強調したい。法廷は、核兵器の使用と使用の威嚇の一般的な問題について判断を求められた。もし法廷が特定の核兵器システムや核政策の合法性について判決を求められたのであれば、私たちが下した判決ははるかに明確なものになったかもしれない。

私は、一個あたり約百キロトンの威力の核弾頭を百個以上も配備することの合法性について、個人的な意見を求められたことがある。この規模の核弾頭が、一九四五年に広島を破壊した爆弾のおよそ八倍も強力であることを考えれば、いかなる状況下においても、第一撃の使用であれ、反撃としてであれ、また住民か軍事目標を標的にするかを問わず、このような弾頭のただの一発でも使用すれば、不可避的に、不必要な苦痛の付与と無差別の被害の禁止に、さらに環境影響に関する比例原則に違反するといえるだろう。私の意見では、そのようなシステムを配備したり使用可能状態に置いたりすることは違法である。この法廷で証言された事実によれば、百キロトンの弾頭のたった一個の爆発も、強力かつ長期にわたって電離放射線を放出し、それは空間的にも時間的にも閉じ込めることは不可能で、戦闘員のみならず民間人にも、また中立国と交戦国とを問わず、そして現在標的にされた人々だけでなく未来の世代にも有害な影響を及ぼすことは明らかである。このような尋常ならざる強力な性質と効果に鑑みれば、このような弾頭のいかなる使用も国際人道法とその原則に抵触する。言い換えれば、国家の存亡にかかわるような極端な自衛の場合であっても、百キロトンの核弾頭の使用は——それが軍事目標に正確に着弾するか、あるいはその上空を通ったかにかかわらず——制御能力や識別能力、民間人の安全、中立国の権利という諸基準を満たすことは常に不可能であり、従って違法である。

私の考えでは、百キロトンかそれに匹敵する破壊力を持つ核弾頭の配備や維持管理において、他国を援助、幇助する国家もまた、同様に違法行為を行うものである。

このような兵器システムの近代化、更新もまた重大な核拡散防止条約の義務違反である。特に、核兵器国に「保有する核兵器の全廃を達成する」との約束、そしてその第六条の、軍拡競争の停止と核軍縮のために誠実に交渉するという基本的な義務——その交渉は誠実にかつ期限を切って行われるべきと理解される——に違反する。

付録2B　二〇〇一年ライト・ライブリフッド賞　アンジー・ゼルターの受賞スピーチ（二〇〇一年十二月七日）

市民による核廃絶

私たちの世界は死につつあります。精神面で、そして物質的にも。恐れ、攻撃と強欲、偏狭な国家利益の追求、他者に対する幼稚な優越意識と支配欲は、ほとんどの国に共通する課題です。しかし、自らを地球市民と定義し、生命は相互に密接に結びついており、他者が苦しみ続けている間は決して完全な人間にはなれないことを知り、愛と正義と非暴力が生命の本質であることを知っている人々がますます増えています。そして、私が希望を持っているのは、一般の人たちが様々な方法で責任を取っていることです。彼らは、戦争や不正、管理と支配を乗り越え、自由で公正な、愛に満ちた多様性の世界を実現するために必要な変化を起こしているのです。

この命のネットワークのほんの一端を紹介し、私たちの「市民による核廃絶」の概要をお話ししたいと思います。

私は核兵器保有国の出身です。その多くの仲間が、戦争を終わらせ非暴力による紛争解決を勢いづける第一歩として、実際的なレベルで、私たち自身が核廃絶のプロセスに関与する必要があると判断しました。私たちは国が核を廃絶するまで待つことはできません。そこで私たちは、国際法を根拠としてイギリスの核兵器の合法性を問う「トライデント・プラウシェアズ」というキャンペーンを始めました。

スコットランドのグラスゴーから数マイルのファスレーンに、イギリスは四隻のトライデント原潜の基地を置いています。それぞれの原潜は百キロトン核弾頭を四十八個装備しており、つまり百九十二個の独立の目標を狙うことができ、そしてその一発だけでヒロシマ原爆の八倍も強力なのです。これらの弾頭の一個だけを使うことも違法です。なぜならその威力があまりにも強力かつ無差別であるため、国際人道法に反しないように使うことはできないためです。想定される武力の行使が違法である場合、そのような武力を行使する用意があると表明することは、禁止されている脅しです。イギリスのトライデント・システムは「使用の用意があることを表明する」という政策の下に配備されています。それが「信頼性のある最小限の抑止力」が意味するところです。

他の七カ国の核兵器保有国もまた国際法システムを損なう平和に対する罪を犯しています。非核兵器国は大国に効果的に対抗できるよう協力できていないように思われ、そのため国際法が目の前で崩壊し、宇宙での新たな軍拡競争に突入しているのです。

私たちは皆、もし核廃絶を望むなら、政府を待っていてはだめだということをもう学んでいます。政府は核兵器をなくすと言う約束の条約や協定に何回も署名しています。最新では昨年の核拡散防止条約再検討会議において。しかし、その一方で、トライデントの後継システムを開発し、アメリカのスターウオーズ計画や「国家ミサイル防衛」システムを後押しし、核抑止力に依存すると言い続けているのです。先の約束はいったい何を意味すると言うのでしょうか?

核兵器を廃棄するという政府の約束は役に立ちません。それは、トライデント・プラウシェアズの活動家がこの前、四月にトライデント原潜の側面にペンキで書いたことと全く同じです。もし私たちが核廃絶を望むなら、私たち国民がその責任を負わなければなりません。これが「市民による核廃絶」の意味するもの全てです。私たちがトライデント・プラウシェアズを始めたのもこのためであり、また、この途方もない殺人マシンを世界から排除しようと五十年も闘って来た幅広い平和運動と連帯するのもこのためです。

一九九八年、トライデント・プラウシェアズは、イギリスのトニー・ブレア首相に対して英国のすべての核兵器を撤去することによって国際法に従うように求め、それがなされなければ彼の代わりに運動のメンバーがそれを実行するだろうと、直接の申し立てを行いました。私たちは、自分たちで核兵器を撤去すると個人的に誓約する人々を組織し、核不拡散条約において政府が世界に約束した完全な核廃絶を履行するまで、この作業を継続することを表明しました。

私たちが身を捧げる核廃絶のための平和的な行動は、国際法と、生きるための基本的人権とに基づくものです。たくさんの国の人々が「地球市民」として集まり、核兵器システムを平和的に撤去する行動を始めました。これは暴力的あるいは犯罪的な損壊でも、また破壊活動でも秩序妨害でもなく、現実的で合法的な「市民による核廃絶」なのです。

もちろんイギリス政府とその政府機関はこのようには考えません。一九九八年にトライデント・プラウシェアズが活動を始めて以来、おもにクールポートとファスレーンでの封鎖・非武器化キャンプを中心に千五百人以上の逮捕者が出ています。これまでに二百二十件以上の裁判が行われ、警察での留置期間を除いた刑務所での延べ拘束日数は千四百日以上になっています。そしてこれまでに科された多額の罰金は原則として支払わないため、執行吏による財産差し押さえが行われ、またさらなる禁固刑を科される恐れがあります。

核廃絶行動に参加した人々は、時代遅れの司法システムに新鮮な空気を吹き込んでいて、核兵器はテロリズムの殺戮マシンだと遠慮会釈なく述べ、もし法律が国家による恐喝や大量破壊を違法としないならば、法は尊重するに価しないものになってしまうと述べています。スコットランドのヘレンズバラ地方裁判所は、核兵器国の悪と対峙する人々の歴史的で感動的な舞台となっています。さらに多くの人々が、自分の信念のために立ち上がり、核兵器には「ノー」、非暴力による紛争解決には「イエス」とはっきりと声を上げる用意があることを自覚するにつれて、英国における変化の可能性は計り知れないものとなっています。

トライデント・プラウシェアズには現在、核による犯罪の防止を誓約し二日間の非暴力ワークショップに参加した十四カ国百五十八人の「地球市民」がいます。他国の市民が私たちと一緒に非武器化活動に参加し、裁判所に出廷し、また刑務所で過ごすことは、当局側にとっては厄介なことです。政府や裁判所は、イギリスの核兵器は純粋にイギリスの国内問題であるかのように装いたがっていますが、外国人が法廷に立ってトライデントをなぜ脅威と感じるか、なぜ他国の「地球市民」と仲間を組んだのか、そしてなぜそれを平和的に非武器化するのかを説明すれば、この立場が成り立たないことが分かります。私がここで言っているのはトライデント・プラウシェアズの正式の誓約者についてです。もちろん数千人のアクティブなサポーターがいますし、アイルランドやベルギー、オランダからも大勢のグループがやってきて、私たちの封鎖に参加してくれています。

私たちは、私たちの計画、動機、組織構造を一般市民、政府、軍に公開することを徹底しています。「トライデンティング・イット・ハンドブック」や政府との手紙のやりとりを含め、私たちのすべての資料を掲載した、自由にアクセスできるウェブサイトを用意しています。私たちは常にイギリス政府に対して次の問いかけをしていますが、彼らは決して答えることができません。その質問は、「どのようにすれば百キロトンの核弾頭が軍事目標と無辜の市民とを分けて使うことができるのか?」と言うものです。

私たちは議員に、私たちを支援するための請願書に署名するよう勧めており、現在約八十名が署名してくれています。彼らは私たちの要請書への回答がなされるよう手助けをし、それぞれの議会で質問をし、今では私たちの非武器化アクションに加わり始めています。私たちが前回十月にファスレーンで行った大規模封鎖では、一千人以上が参加し、平和的に基地を封鎖したスコットランド、英国、欧州議会の議員たちが逮捕されました。また、それ以前に行われた封鎖には三十人以上のスコットランドの教会の聖職者や、スコットランドの著名な上級刑事弁護士も参加しています。彼らは私たちと共に座り込み、「治安妨害」の罪で逮捕されました。スコットランド議会議員のトミー・シェリダンは最近、この罪で無罪となり、またしても裁判に勝利しました。国側は間違いなく控訴するでしょうし、欧州裁判所に提訴される可能性があります。しかしこのような道筋はどのようなキャンペーンにおいても不可欠であり、「核テロリズム」のねじれたロジックに挑戦する機会をより多く与えてくれるものです。

このような支援は、著名な作家や俳優、何百人もの個人からの支援と合わせて、支援者の裾野の広さを示しており、誓約者たちを簡単に無視することができなくなっています。

私たちは、トライデントに反対するための方法が、トライデントの代わりに何を望むかという私たちのビジョンと一致させたいと思っているので、このように安全でオープンかつ説明責任のある方法で行動しています。私たちは、私たちの方法を紛争の良い解決プロセスの一部と見なしています。私たちが行動するのではなく、国が行動するよう説得できることを望んでいます。そのため、国には十分な説明、対話と交渉の窓口を開いています。私たちの軍備撤廃の方法は「抑圧に対する非暴力抵抗」の持続的なネットワークを形成するための実験であると考え、それがやがて世界中で軍事力に取って代わることを期待しているのです。

すべてのトライデント・プラウシェアズの誓約者はアフィニティー・グループに所属し、安全と非暴力の基本ルールに同意する必要がありますが、その後は希望に応じて自律的に活動することができます。様々な非武器化活動の形態が選択されました。封鎖、フェンス切断、原潜に泳ぎ着いての装備破壊、研究施設の装置解体、軍用車両の機能停止、軍用機材への戦争犯罪警告のペインティング、基地従業員への「戦争犯罪人になることを拒否せよ」というビラ配りなど、多岐にわたります。これらの非武器化行動の大半では、基地封鎖とフェンス切断に人々を巻き込み、法廷での混乱を最大化したものの施設には最小限の被害しかもたらしていません。

しかし、この一年半の間に少なくとも九件の、実質的なダメージを与える非武器化の試みが実行されました。そのうち三つのグループは数十万ポンド相当の損害を与え、トライデント関連施設の稼働を遅らせることに成功しました。例えば、二〇〇〇年十一月にスーザンとマーチンはウィッテリング基地の警備フェンスを破って格納庫に侵入し、核兵器輸送車両の一台を破損させて、ファスレーンまでの核弾頭輸送ができないようにしました。私たちはこれらのダメージをすべて「非武器化」、「核犯罪防止」と呼んでいます。

私たちの行動は数百件もの裁判になっています。すべての裁判は重要です。なぜならそのひとつひとつが国の最も脆弱なところ、つまり主要な法と秩序の問題で国と対峙しているためです。だからこそ、私たちのキャンペーンは政治的、法的にも大きな波紋を投げかけているのです。伝統的に法律は、「国家」よりも「国民」に対して、主に貧しい人々や恵まれない人々に対して使われて来ました。しかし今や人々はこれを逆転させ、国家の柱の一つである軍隊の法的基盤全体、つまり、正当性に公然と挑戦しているのです。彼らは、国家や企業中心の法律ではなく、国民中心の法律を要求しているのです。

私たちの実践的な市民による非武器化キャンペーンは、法制度全体に挑戦するいくつかの壮大なアクションにつながりました。二つの例を挙げましょう。一九九九年二月、二人の女性が泳いでバローのドックに入り、原潜「ヴェンジャンス」に上がり、コニングタワー（潜水艦の上部タワー部分）の試験装置を破壊しました。この行動は「ヴェンジャンス」がミサイル積み込みのためにアメリカに出発するのを数カ月遅らせました。二年半の間に三度の再審が行われ、結局、彼女たちの公然たる行為が犯罪なのか、それとも彼女らが申し立てたように正当なものなのか、どの裁判の陪審も判断ができなかったため、起訴は取り下げられました。

同じ年の六月、私たち三人は、海中のトライデントの「不可視化」を維持するための「メイタイム」と呼ばれる実験室バージを非武器化しました。コンピューターや監視・試験装置などをすべてゴイル湖に放り込んで実験室を空っぽにしました。さらに潜水艦模型の制御ボックスを壊し、他のさまざまなトライデント研究装置の電源供給を切りました。五カ月間の拘留ののち、私たちは国際法の下でこれを行う権利があると説明しました。

グリーノック地裁でマーガレット・ギンブレットという勇敢で人間的な判事の指示により私たちが無罪と

なったことは、政界、そして法曹界の騒動となり、法務総裁は、他の裁判官がこのようなケースで今後無罪としないように、トライデントに関する国際法の問題のいくつかを検証するようスコットランド高等法院に要請するに至ったのです。高等法院が、国際法は戦時にのみ適用されると誤って述べ、現在行われているイラクへの空爆は「戦争」ではないとほのめかすひどい意見を出したあと、法的な議論が続いています。

弁護士たちは、ニュルンベルクや東京の戦争犯罪法廷で導き出された人道法の根幹を否定するスコットランドの法制度の是非を論じ続けるに違いありませんし、私たち一般市民の運動は高等法院によって止められるものではありません。私たちは、大量殺人が犯罪であるという単純な事実を認識することに何の困難も感じない普通の人々の常識と単純な道徳観によって、法律を取り戻そうとしているのです。私たちは、欧州人権裁判所に控訴しましたし、すべての専制政治はいずれ破綻し、真実は最終的に勝利するという信念のもとに、非武器化の行動を続けています。

もちろん、このような挑戦はこれまでの五十五年間に及ぶ反核運動中で何度も行われました。核兵器は常に違法であり、六〇年代の東京での下田裁判では、広島と長崎への原爆投下が戦争犯罪であることが明確に示されました。しかし、これほど明確かつ的確に、一貫した方法で法律を利用した市民運動はほとんどありませんでした。トライデント・プラウシェアズは、その運動全体の基盤を国際法に置いています。核兵器を違法化し私たちの行動を合法化するために公然と国際法を主張してきたので、誰も無視することはできません。私たちは、道徳と法律の関連性を強調することで、道徳的な議論も前面に出しています。

私たちの主張の核心は非常に単純明快です。核兵器は大量破壊兵器であり、それゆえ、いかなる精密さでも、また不正をただすとのいかなる口実でも、使用することはできません。その使用は本質的に破滅的な規模での大量殺人であり、数千の核兵器の使用へとエスカレートする可能性があるため、地球上のすべての生命を絶滅させかねないのです。法は倫理的価値に基づいており、人間の一般的な道徳に適合する限りにおいてのみ、尊重されます。政府、兵士、軍隊はその正当性と権力を法律から得ており、したがって法律は彼らにとって非常に重要です。兵士と普通の人殺しを区別する唯一の点は、社会のためにある種の殺人を行う法的許可を与えられているということです。この合法的な殺人は法律によって慎重に管理されることになっています。その法律の中で最も重要なのは、無差別大量殺人を違法とする国際人道法です。グリーノックでの無罪判決、マンチェスターでの二件の判決は、私たちの犯罪的意図を晴らすと同時に、英国の核兵器部隊の犯罪的意図を明確に指摘するものでした。

トライデント・プラウシェアズは、権力を取り戻してそれを人間の基本的なモラルを高めることのできるプロセスに転換することを基本としています。私たちのメッセージが五歳の子供にも理解できることは、恥ずかしいことではなく、誇らしいことなのです。

私たちのメッセージはこうです。殺人は悪です。大量殺人は悪です。大量殺人による脅迫は私たち自身の人間性を否定することであり、自殺行為です。何かが間違っているとき、私たちはそれを止めなければなりません。破壊のためのマシンを解体することは、私たち全員が参加できる現実的な愛の行為なのです。どうぞ参加して下さい。私たちの力を結集すれば、誰も止めることはできないのです。

付録3　武器貿易

二〇一八年一月、防衛・安全保障装備国際見本市（DSEI）二〇一七封鎖の公判におけるアンジー・ゼルターの証人陳述書

私（アンジー・ゼルター）は、マーガレット、ダグラス（すでに有罪を認めているため本日は出廷しない）、

ランデル、バーバラ、ジェニーとともに逮捕されました。私たちは皆、二〇一七年九月六日にトライデント・プラウシェアズ（ＴＰ）が主催した「非核の日」に参加していました。

私はトライデント・プラウシェアズの創設者です。約二十年前に発足したこの団体は、非暴力かつ説明責任を負う手段で英国の核兵器廃絶を目指し、二〇〇一年にはライト・ライブリフッド賞（もう一つのノーベル賞としても知られる）を受賞しました。ＴＰは、国際人道法を基盤にし、トライデント・システムに搭載された百キロトンの核兵器は国際法上違法であり犯罪であるという信念に基づいて設立されました。私の非暴力と説明責任の証拠を示すために、私たちの行動において常にそれに従う二〇一七年九月六日に作成されたトライデント・プラフシェアズの非暴力ガイドラインをお示しします。（証拠書類一――非暴力ガイドラインについて）

私たちのガイドラインにはこうあります。


いかなる個人に対しても、身体的、あるいは言葉による暴力を行使せず、武器も所持しない。

医療目的以外のアルコールや薬物は持ち込まず、使用しない。

本行動に関するすべての合意を尊重する。

常に安全第一で行動し、自分自身を含むいかなる生物にも危害が及ばないよう、責任を持って行動する。

私たちは、緊急車両（警察ではない）が現場に出入りできるように封鎖を解除し、その後封鎖を再開する。


私は理性的に、安全に、平和的に行動し、行動当日に出会ったすべての人に礼儀正しく接しました。

私はマーガレットとチューブでロックオンし、他の四人の隣にいました。私たちは二人一組になり、ＤＩＲロイヤル・ビクトリア駅を出てすぐのシーガルレーンのペイントされた横断歩道の真上（つまり東側）の道路全体を占拠しました。私たちは、車のドライバーや歩行者に私たちがどこにいて何をしているのかを知ってもらい、私たちの非暴力を担保するために、たくさんの要員をつけました。私たちは、防衛・安全保障装備国際見本市（ＤＳＥＩ）を設営するためのエクセル展覧会センターへの通行を意図的に止めようとしていました。これは一部の武器取り引きが違法である可能性があると考えたからであり、さらに、悪名高い人権侵害者を含むいかなる買い手にも無差別に武器を販売することは、全世界に多大な損害を与え、貧困、環境破壊、気候変動の一因となると考えたからです。私はまた、表現の自由を行使していました。

私たちの具体的な行動日は「非核の日」だったので、私は、英国が核不拡散条約に違反する違法な大量破壊兵器に依存し続けていることを特に懸念していました。また、英国が地域外のＮＡＴＯ軍事演習に深く関与していることも深く懸念していました。ＮＡＴＯは核軍事同盟であり、米国はＮＡＴＯの主導国です。私は、兵器の大量生産をもたらした「軍産複合体」について認識していました［２４９］。また、米国が百カ国以上に一千近い軍事基地を持ち、多くの紛争地域とその周辺への介入や継続的な軍事「演習」が紛争の主な原因となっていることも知っていました［２５０］。私が「非核の日」に参加した背景には、このような懸念がありました。

二〇一七年九月六日の私自身の小さな行動は必然的に短時間で終わり、混乱は小さなものでした。しかしそれは、実際の紛争や人権侵害に関与している人々や国々に武器を売りつけることは不道徳であり、違法であると強く感じていた何百人もの市民による、一週間にわたる混乱の一部でした。

防衛・安全保障装備国際見本市は世界最大級の武器見本市であり、ここで売られる武器は、世界中の国境で、世界中の軍隊、警察、民間警備会社（Ｇ４Ｓなど）によって、死、破壊、不正を引き起こしています。英国政府は、民間イベント会社「クラリオン・イベント」とともに、こうした武器見本市の開催を支援しています。これはロンドンのエクセル・センターで隔年に開催されます。私は、英国政府の全面的な支援を受けたＤＳＥＩ二〇一七が、四日間の開催期間に五十四カ国から過去最多となる千六百の出展者を見込んでいることを知っていました。この見本市には三万六千人が訪れ、二千五百人の国際代表団が参加する予定でした。この見本市の宣伝用資料には、「世界をリードする防衛と安全保障の見本市」と書かれていました。私は、かつてのＤＳＥＩで、条約で禁止されているクラスター爆弾や拷問器具が展示可能であると活動家が暴露したことを知っていました。また、ＤＳＥＩが七月にロンドン市長サディク・カーンによって非難されたことも知っていました。市長は、「ロンドンが人権侵害を助長する国々への武器貿易の市場として利用されることに反対する」と述べましたが、それを阻止する権限がないことを認めました［２５１］。

私たちの行動の日、道路を封鎖するまでは自由に通行できました。私は、このような大きな不正行為に対する非暴力的な市民の抵抗が、地域や国、ひいては国際的な政策を変えることができると信じているので、意図的にこの交通を遮断しました。私たちの行動は、武器や戦争の推進に対する支援を終わらせ、非合法化するのに役立ち、その結果、重大な戦争犯罪を防止し、命と地域社会を守るのに役立つと信じています。これが私の行動の動機です。

したがって、私は公共の利益のために行動し、道路の交通を妨害する「合法的な権限と根拠」があると信じていました。

私の行動は、その状況において「合理的」であっただけでなく、表現の自由（第十条）と集会の自由（欧州人権条約第十一条）を行使する権利にも合致していました。

世界平和度指数（Global Peace Index）によると、世界はより危険な場所になりつつあり、紛争がまったくなく平和であるとみなされる国、つまり、国内外での武力紛争に関与していない国は現在わずか十カ国しかありません［２５２］。英国国民として思うに、民主主義国家として機能していると言われている英国は、今日の世界に蔓延する暴力に対して大きな責任を負っています。植民地時代にひどい暴力と混乱をもたらしただけでなく、現在の多くの紛争の原因も作り出しています。そして、歴史家マーク・カーティスの説明によればこうです。

英国の役割は、本質的に帝国主義的なものであることに変わりはない。グローバル・パワーの米国の配下として行動し、世界経済を操って西側企業に利益をもたらす手助けをし、世界における英国の独立した政治的地位を最大化し、「大国」であり続けることである［２５３］。

英国人女性として、私はイギリスが世界で六番目に大きな武器商人であり、女性がいまだに二級市民として扱われているサウジアラビアがイギリスの最大の武器顧客であることを憂慮していますし、これからも憂慮し続けなければなりません。武器貿易反対キャンペーンによれば、

サウジアラビアは世界で最も権威主義的な体制で、国内での抑圧と国外での侵略行為は英国の武器販売によってテコ入れされ、支援されている。自国民を残酷に弾圧しているだけでなく、バーレーンでの民主化デモを鎮圧するために英国製武器を使用している。（そして）現在、英国製の戦闘機がサウジアラビアのイエメン攻撃で中心的な役割を果たしている［２５４］。

サウジアラビアの例は、私が懸念していた問題の多くを物語っており、私が九月六日に道路に横たわった動機につながっています。

二〇一五年三月に始まったサウジアラビアの戦争と封鎖によって、一万人以上が死亡し、その三分の一以上が子どもで、負傷者は四万人以上にのぼります。国連は、学校、保健施設、市場、道路、橋、水源に対す

る数百件の攻撃を確認しており、そのほとんどが空爆によるものです。このような国際人道法および人権法の侵害は、ほとんど不処罰のまま、絶えることなく続いています。イエメンでは、二百二十万人近くの子どもたちが急性栄養失調状態にあり、緊急の治療を必要としています。また、紛争の結果、イエメン国内には三百十万人の国内避難民がいます。人口の三分の二は、ただ生き延びるためだけの人道援助を必要としています。紛争はイエメンをここ何十年もの間、世界が経験したことのない最悪の飢饉に追い込み、史上最悪のコレラ流行を引き起こし、百万人の栄養失調の子どもたちがコレラの危険にさらされています。イエメンでは十人に一人の割合で、栄養失調や下痢といった予防可能な原因で子どもが命を落としています。ユニセフの事務局長は、イエメンの人道的大惨事をなくすにはどうすればよいかと問われ、「戦争をやめること」と答えました［255］。

二〇一六年二月、EU議会はサウジアラビアに対する武器禁輸を決議しましたが、英国は一貫して武器売却の停止を拒否しています。過去十年間で、英国政府はサウジアラビアに対し、総額百十億ポンドを超える武器売却を許可しています。空爆が始まってからも、英国政府はサウジアラビアに対して航空機、ヘリコプター、無人機、手榴弾、爆弾、ミサイルを含む総額四十六億ポンド以上の武器売却を認めています。

私たちはエクセル・センターへの交通を止めるために地面に横たわっていましたが、なぜ英国の政治家たちが、これほど多くの人間の不幸を犠牲にして英国企業が儲けることを正当化できるのか理解できませんでした。私たちは、翌週にはこれらの兵器がすべて展示されることを知っていたし、非暴力を貫きながら、できる限りの抵抗をしなければならないことも理解していました。英国製の精密誘導ミサイルとクラスター爆弾がサウジアラビア空軍で使用されていることも、英国政府が需要増に対応するために精密誘導ミサイルの納入を早めたことも知っていました。英国製のトーネード、ホーク、タイフーン戦闘機がサウジの空爆に多用されていることも知っていました。

また、英国がイラク、シリア、アフガニスタン、ナイジェリア、リビア、イエメン、ソマリアなど、現在の多くの紛争に武器、訓練、情報提供などで深く関与していることも知っていました。紛争が終結しても、武器、特に小型武器は大量に残り、さらなる紛争や犯罪行為を助長する可能性があります。そしてもちろん、シリア、アフガニスタン、ソマリア、スーダン、イラクを出た何百万人もの戦争難民の絶望的な状況も知っています。難民は、最近は（ヨーロッパへはまだ大勢ではないが）南スーダン、ミャンマー、中央アフリカ共和国からも来ています。

私は、国際赤十字による「女性と戦争」報告書を読んで、武力紛争のほとんどが、現在では「国境を越えた」ものではなく、対立する民族、宗教、政治グループ間の「内部」紛争であり、資源、領土、人口の支配をめぐって争っていることを知っていました［256］。国同士または国内に緊張がある場合、武器の購入はこの緊張を高め、現実の紛争をより起こりやすくします。国境をまたぐものか内戦かを問わず、すでに紛争状態にある国に武器を売ることは、紛争をより致命的なものにし、長期化させます。

今日、不幸なことに、直接標的にされたり、銃撃戦に巻き込まれたりするのは多くが民間人です。また、戦争中に殺されたり、拘束されたり、行方不明になったりする人の大半は男性ですが、一般市民として標的にされ、性的暴力にさらされる女性も増えています。また女性は一般的に、家族の日々の生存を保証する責任をすべて負っています。

世界中で何百万人もの人々が、残酷にも故郷や生計の基盤を奪われ、食糧、水、シェルター、医療へのアクセスが不十分なまま生活しています。これは全世界の私たち全員に影響を与えます。国連難民高等弁務官事務所（ＵＮＨＣＲ）によると、二〇一六年十二月現在、避難民は六千七百七十五万人に上ります［257］。このような人的被害と犠牲にもかかわらず武器貿易は戦争と紛争を助長し、長引かせ続けており、イギリスはその中心的役割を担っています。

武器貿易の大半は、国連安全保障理事会の五つの常任理事国によって占められています。中国、フランス、ロシア、イギリス、アメリカ、そしてドイツと、最近ではイスラエルです。常任理事国だけで武器輸出の約四分の三を占めています。武器産業の大手企業は、本社をひとつの国に置きながらも、世界中で兵器を生産しており、それらはロッキード・マーチン（アメリカ）、エアロスペース社（イギリス）、ボーイング（アメリカ）、レイセオン（アメリカ）、エアバス（ヨーロッパ）、フィンメカニカ（イタリア）などです。

この貿易に携わる人々は政治的に多大な影響力を行使しており、その結果、政策決定に歪みが生じています。外交よりも戦争が優位に立つだけでなく、外交政策や経済政策の決定においても、兵器企業の利益に有利に働くようになっています。このような構造の重要な要素は、防衛企業、武器商人、政党の間の結びつきであり、この取り引きは政党の政治資金において重要な役割を果たしています。

「トライデント・プラウシェアズ」の行動は、イギリスの核兵器の生産、運用、保守に世界最大の兵器メーカーが関与していること、そのことが政府の政策に不釣り合いな影響力を与えていること、さらに海外に自社の軍事製品を宣伝するために政府に働きかける能力を有していることを浮き彫りにしました。エアロスペース社、ロッキード・マーチン、バブコック、ロールスロイス、タレスは、会社同士で、また英国政府との間で何百回もの談合を持ち、その結果世界で最も抑圧的な政権にその製品を売り込んでいます。これらの企業はすべてＤＳＥＩ二〇一七に出展していました［２５８］。当時のプレスリリースで述べたように、

私たち納税者の税金は、戦争や弾圧に関与する人々の武装に使われており、武器商人の多くは違法な大量破壊兵器を取り引きし、核兵器に関与しており、私たちはそれが戦争犯罪を犯す進行中の陰謀の一部であると考えています［２５９］。

（証拠書類二―二〇一七年九月四日のＴＰ報道発表）

政府の閣僚や役人が次々と企業に移籍し、そこで人脈や影響力を利用するという回転ドアが存在します。特に衝撃的だったのは、二〇一一年に元駐サウジアラビア英国大使のシェラード・カウパー＝コールズ卿がエアロスペース社に移籍したことです。彼は大使として、ＢＡＥとサウジアラビアの武器取り引きに関する調査を取りやめるよう、重大不正捜査局（ＳＦＯ）に圧力をかけていました。

（証拠書類三 二〇一一年一月一八日付のガーディアンの記事）［２６０］

こうした政治的影響力は、武器輸出への揺るぎない支持を確保するだけでなく、空母、戦闘機、トライデントをはじめとする大型軍事装備品への英国政府の多額の支出につながっています。英国の安全保障を脅かす脅威に対処するためにこれらが有用であるかどうかについては、軍内部からも疑問の声が上がっています［２６１］。中東や南アジア、東アジアが最大の武器購入国です。

戦闘機、ヘリコプター、誘導ミサイルを搭載した軍艦、戦車、装甲車から機関銃やライフル銃に至るまで、販売品目は多岐にわたります。また、部品や監視機器も含まれます。買い手に資金がある限り、彼らが武器をどう使うかは売り手にはほとんど関係ありません。こうして私たちは、売られた武器が人権侵害の実行に直接使われること、政府の軍事的権限とその乱用の能力を高めること、そして武器が売られるということが国際的に受け入れられ承認されたというメッセージを伝えることを知っています。

英国政府の二〇一七年版「人権と民主主義に関する議会報告書」は、深刻な人権侵害や紛争が起きていることを認める懸念国三十カ国を特定しました［２６２］。しかし今年、同政府はサウジアラビアやイスラエルを含む、これらの国の三分の二に対する武器取り引きを許可しました。これらの武器はさらなる紛争と人権侵害を助長する可能性が高いものです。私や他の多くの人々の見方では、政府は世界中で最も残虐な多くの政権を積極的な武器援助で支えています。例え政府が口で何を言おうとも、こうした抑圧的な政権に武器を売りながら人権と民主主義を推進することなどできません。紛争で使用された武器がどこで生産されたものかを特定するのは多分に困難です。しかし紛争地域で英国の武器が使用された事例には、以下のようなものがあります。

フォークランド紛争でのアルゼンチンによる使用
リビアによる反政府勢力に対する使用
イスラエルによるガザ攻撃における使用
インドネシア軍による東ティモール、アチェ、西パプアでの使用
アメリカによるイラク侵攻
ジンバブエによるコンゴ民主共和国への攻撃

武器取り引きは、世界的な取り引きの中で最も腐敗していると広く認識されています。トランスペアレンシー・インターナショナルの上級研究員が実施したある調査によると、武器貿易は世界貿易における汚職の約四〇パーセントを占めています［263］。多くの場合、法的に何の咎めもなく行われているように見えます。国家安全保障の名の下に、武器取り引きやその関係者が政治的・軍事的機関と癒着していることは秘密に包まれています。アンドリュー・ファインスタイン著『影の世界』は、上級政治家、兵器メーカー、悪徳武器商人、軍部の間にあまりにも広く存在する致命的な癒着を明らかにしています［264］。兵器企業の影響力は政府上層部にも及んでいます。マーガレット・サッチャー元首相、トニー・ブレア元首相、デビッド・キャメロン元首相、そしてテレサ・メイ現首相には、いずれも武器売却を推進するグループがついており、その売却先には世界で最も抑圧的な政権も含まれています。

政府高官の出張を支援するために、政府は一九六六年以来武器売却の機関を設置しており、現在それは英国貿易投資防衛安全保障機構（UKTI DSO）です。約百三十人の公務員を擁するこの機関は、舞台裏で働き、交渉や小規模な訪問を手配します。また、国際武器見本市における英国のプレゼンスや、ロンドンのDSEIなど英国内の見本市への公式招待も管理しています。

このような軍事関係のセールスへの支援は、まったくほかと不釣り合いです。英国の輸出に占める武器輸出の割合は一・四パーセントに満たないのに、残りの九八・六パーセントを占める分野では、輸出促進にあたる専属公務員はわずか百七人に過ぎません。

武器見本市は武器の取り引きにおいて重要な役割を果たしています。武器見本市は、世界中の企業と政府、および非公式の軍国主義グループとの間の武器取り引きを促進します。これらの見本市には、世界のすべての兵器メーカーが出展し、政府や軍の代表者、武器商人、代理店、ブローカーが参加します。世界の武器取り引きはこれらの見本市で開始され、進展し、そして契約が結ばれます。

歴史的に見ても、（見本市が開催される国や国際法、条約、規約のいずれかに照らしても）違法な装備品を販売する企業がこれらの見本市への参加を許され、紛争や人権侵害、弾圧に関与する政府や団体の代表者も参加を許されてきました。

政府は武器産業に対し、研究開発資金、外交上の支援（王室メンバーの臨時的な派遣を含む）、英国武器企業の顧客が支払いを怠った場合のコストの吸収、武器見本市の開催を含む英国武器販売の促進など、莫大な国家補助金を提供しています。ストックホルム国際平和研究所（SIPRI）は、こうした英国政府の支援は年間一億四百万ポンドから一億四千二百万ポンドに相当すると推定しています［265］。

武器輸出を積極的に支援することが政府の方針である以上、政府の輸出許可の手続きが武器貿易をほとんど妨げていないことは驚くにはあたりません［252］。人権、紛争、その他の懸念に配慮することになっていますが、例えば、二〇一四年にイスラエルがガザを空爆している間に軍用品がイスラエルに渡っていることを考えると、それは単なる紙の上だけの「配慮」に過ぎないように思えます。武器輸出に対する唯一の意味のある制約は、政治的に厄介なことだと思わせることです。それが、私が今日ここにいる一つの理由で、以上のすべての事実を説明するためです。

紙の上ではどんなに優れたルールであっても、実際に適用されなければその値打ちはほとんどありません。現行のシステムには次のような根本的な欠陥があります。政府は武器売却を規制するのではなく、さらなるビジネスの確保に重点を置いており、武器売却を制限するためにではなく、それを正当化・合法化するために、その規則を利用し、「平常営業」しています。

武器取り引きは、政府の中枢で特権的な地位を占めるビジネスです。つまり、武器企業は納税者の金を巻き上げるのに、また、武器貿易を抑制するのではなくむしろ促進すべきだと政府を説得することに長けているのです。しかし、武器貿易から得られる利益が多国籍企業にもたらされる一方で、そのツケは、その兵器の効果を最終的に被る人々に、そして買い手の国と売り手の国の市民と納税者に、非軍事産業に、そして国と国際的な安全保障に回って来るのです。

私は輸出管理制度は破綻していると考えます。政府は、英国には世界で最も厳格な武器輸出管理制度があると主張し続けています。これらの規則では、その品目が国内弾圧や国際人道法の重大な違反行為に使用される危険性が明らかな場合、あるいは武力紛争を誘発したり長引かせたりするような場合には、販売を許可すべきではないとされています。従って、この規則を常識的に解釈すれば、サウジアラビアや他の多くの国への売却は許されなかったはずです。

私は、武器貿易条約（ＡＴＴ）について承知しており、皆様に説明したいと思います［２６６］。

（証拠書類四―ＡＴＴのテキスト）

武器貿易条約は、通常兵器の国際取り引きに関する共通基準を定め、不正な武器貿易の削減を目指す多国間条約です。二〇一三年六月三日に署名が開始され、二〇一四年十二月二十三日に発効しました。英国は締約国であり、二〇一四年四月二日にATTを批准しています。ATTは二〇一四年十二月二十四日に発効しました。英国はATTの提唱国の一つであり、ATTの創設に向けた努力を主導した責任を負っています。何年か前に初めてこの話を聞いたとき、私は思ったものです。素晴らしい、これで英国はサウジアラビアへの武器売却を止めるだろう、さもなければこの国際条約にいったい何の意味があるのだろうと。英国がまさか自分が主唱した条約に違反することはないだろうと。

条約の核となる義務を定めた第六条と第七条を見れば、「禁止事項」と題された第六条で、武器および関連品目の移転（第二条第二項では「輸出、輸入、通過、積み替え、仲介」と定義されている）が、ATTで禁止される根拠を示していることがわかります。例えば、第六条三項には次のような禁止規定があります。

締約国は、もし審査時に、その武器または物品が、ジェノサイド、人道に対する罪、一九四九年のジュネーブ条約の重大な違反、民間の物または民間人として保護されている人に対する攻撃、またはその締約国である国際協定によって定義されるその他の戦争犯罪の遂行に使用されることを知った場合には、通常兵器のいかなる移転も許可してはならない。

もし政府が主張するように、これらの規則がサウジアラビアへの武器売却を妨げないのであれば（サウジアラビアは世界で最も抑圧的な政権のひとつであり、英国製の飛行機やミサイルを使って何千人もの人々を殺害し、学校や病院を破壊し、葬式や結婚式や食糧倉庫を標的にした爆撃を行っている）いったい全体、何が売却を妨げるのでしょうか？

私が証言で提起した問題や、政府がイエメンで英国製の戦闘機を使って行われている戦争犯罪を防ぐことよりも武器メーカーの金儲けの方を重視しているのではないかという私の懸念は、その後さまざまな形で裏付けられました。一例を挙げますと、二〇一七年十月二十五日付の『ガーディアン』紙と『インディペンデント』紙の記事は、マイケル・ファロン国防長官が国会議員に対し、サウジアラビアへのタイフーン戦闘機売却の確実な契約を期すため、サウジアラビア批判をやめるよう促したと述べています［267］。

（証拠書類五─二〇一七年十月二十五日の『ガーディアン』紙記事）

最後に、もう二十年以上も武器貿易の恐ろしい成り行きに抗議者として関わり、懸念してきたことを申し上げたい。手紙を書き、嘆願書に署名し、国会議員に働きかけ、デモを行ってきました。民主主義国家であること、法律を尊重することを偽善的に語りながら、人権侵害や戦争犯罪に使われることが分かっている武器を売り続ける国の国民であることを恥ずかしく思いながら生きてきました。この恥ずべき武器見本市が、あたかも正常で健全で合法的なビジネスであるかのように進められるのを阻止するために、私が平和的に道路に横たわらざるを得ないと感じた理由を理解していただければ幸いです。

不正行為に対する首尾一貫した非暴力の市民的抵抗が変化をもたらすことは、歴史が証明しています。奴隷貿易の終結、女性の参政権の獲得、ガンジーの塩の行進、マーティン・ルーサー・キングと黒人の公民権運動など、私たちはみな知っています。しかしもっと最近では、一九八八年のエストニアでの「歌う革命」［268］、一九八九年のベルリンの壁崩壊、そして何十万人もの平和的な抗議行動で二〇一七年には韓国の朴槿恵大統領を弾劾に追い込むことに成功しました。私は、私たちが行ったような行動が変化をもたらし、長期的には犯罪を防ぐことができると信じています。また、平和で公正な世界のために非暴力的な行動を続けることは、誠実な地球市民としての義務であると信じています。

付録4　軍国主義

付録4A　済州島カンジョンからの第八報（二〇一二年三月十六日）

このような連帯訪問の喜びと苦難を知ってもらうための最後のものとして、済州島にいる間、私は八枚のイラスト入りレポートを書き、私の訪問に資金援助をしてくれた英国の支援者たちに送った。伝えたいことは山ほどある。警察署でこれを書き始め、その後入国管理センターで書き、そして今、ムーン神父の家に戻って書き終えている。戻って自由になれて本当によかった。

三月十二日（月）

正門での封鎖のため、いつものように早朝五時半に起床。漢拏山《はるらさん》を背景にした美しい晴天。警察が写真を撮ろうとし、それを嫌がる群衆と少し揉めた後、午前十時からカトリックのミサがあった。私は写真を撮ってからすぐにコミュニティーセンターに行ってインターネットに接続し、メールをチェックした。米と野菜の巻き寿司（キンパ）と飲み物が全員に配られ、体操、ダンス、歌、スピーチ……。

午後三時頃、私は友人とバンに乗り、ＳＯＳチーム（水上グループ）がカヤックを港からグロンビ地区に運び出そうとしている港に向かった。私も今、このグループのメンバーなので、カヤックを積んだＳＯＳのバンに乗り換え、カヤックを出す場所を探して港の道路を猛スピードで駆け回った。警察が私たちの後を追ってカヤックの出港を阻止しようとした。

やがて二艘のカヤックが海に投げ込まれ、二人の活動家がそれを追って飛び込んだ。私は彼らにパドルを投げ、彼らはすぐに出発した。司祭と群衆が港に集まりミサを行う間、彼らは注目を浴び続けた。

港には二百人ほどが集まっていただろう。私たちは急に動き出し、入り口を守っている数十人の警察官を圧倒しながら、彼らの横を通り抜け、いくつかの小さなテトラポッド（その位置は開発計画に沿っておらず、裁判で争われている）をくぐった。カミソリワイヤー、岩、そして巨大なコンクリートの栈橋だ。教会の牧師のひとりが、どうにかして栈橋の壁をよじ登り、ロープを下ろしてくれた。私は高所恐怖症だが、快く手伝ってくれた五、六人の屈強な男たちによって、私はすぐに引き上げられた。

その後、とんでもない時間が続いた。約四十人が突然、司祭に変身したのだ。

真っ白なローブに、紫と金のマント。司祭の何人かは、信徒の大部分と修道女たちとともに岩の下にとどまり、PAシステムを備えた即席の祭壇が現れた。修道女の一人が歌を歌い始め、祈りとミサが続いた。

この時、栈橋のふもとに大勢の警察が現れたが、彼らはミサを続行させた。祈りの最中に神父を逮捕することには抵抗があるのだ。

ある司祭は栈橋の端にある灯台に登り、港全体が見渡せる高台からミサを行った。一方、早朝から岩の上にいたSOSチームの何人かは、突然現場に入り、掘削機に登り始めた。セリ（韓国人ミュージシャン）とベンジー（フランス人活動家）が、ケーソンを設置するための発端準備として岩を掘削していたクレーンの作業を、真上に登って阻止したのだ。これはみんなが望んだ見事な行動で、作業を止めた。

後でわかったことだが、この二人はデリム（大林産業）とサムスンの労働者たちによって暴行を受けていた。セリは膝をひどく捻られ、首も痛めつけられていた。

ミサが終わると、カヤックを奪われてからは泳いで栈橋にたどり着いたSOSチームが大勢合流した。私たちは全員、グロンビ岩側の栈橋から降りて、彼らと一緒に聖なる岩に行くことにした。私は突然、（数日前に頼んでおいた）ボルトカッターを渡され、自分も降りなければならないことがはっきりした。しかし、テトラポッドに降りられそうな道は見当たらなかった。何人かに助けてもらいながら恐怖を克服しようとしたが、私はただ固まってしまった。最終的に、三月七日に私とソンヒと一夜を共にし、暗い時間帯に小さなテトラポッドに隠れていた牧師が、私が高所恐怖症だと知っていたため、何人かで私を降ろしてくれた。私は両腕をつかまれ、彼らの肩の上に降ろされた。それから彼らはゆっくりとしゃがみ込み、私は別の人に降ろされ、テトラポッドの下にあるルートを通って岩の上によじ登ることができた。大きな歓声が上がり、二十分ほど手を貸してもらってグロンビにたどり着いた。ほっとした!

カミソリワイヤーの手前の岩の上には三十人ほどがいたが、カッターを持っていたのは私だけだった。フェンスを傷つけた場合の罰則は非常に重く、誰も危険を冒す準備ができていなかった。そこで私がフェンスを切り、何人かが通れるほどの大きな穴を開けた。この最初の切断は警察にとって不意打ちだったので、警察が体を張ってこれ以上の侵入を阻止する前に、何人かが中に入ることができた。

私は他の穴も開けていったが、そのたびに警察が警備に来た。私はフェンスに沿ってゆっくりと下りていき、そのたびにできる限り切断した。

警察はカッターを奪い取ろうとしたが、カミソリワイヤーが邪魔で、簡単に奪えなかった。すぐに警察のカメラマンが現れ、たくさんの映像を撮った。私はやめるように言われたが、フェンスは違法であり、聖なる岩で一般市民が祈る権利を妨げているとだけ述べた。

この頃、私は本当に疲れていたので、助けを求めた。一人の勇敢な神父がカッターを持って私を手伝い始め、交代で作業を行った。暗くなり始めた頃、私たちは少なくとも十個の穴を開けたに違いない。私はカッターを友人に渡し、将来また使えるように隠し、ムーン神父が半分穴の中に、半分穴の外に横たわっているところまで戻った。ムーン神父は、一九八〇年代の軍事独裁政権下の民主化運動抗議デモの際に労働運動と協力して以来、また現在は海軍基地に対する熱烈な抗議活動で、この地では非常に有名な神父である。

夜になり、ムーン神父は結局、破壊現場内に入ることができ、私もすぐに後を追った。そして午後七時、私有財産破壊と不法侵入の容疑で逮捕された。私は岩の上をパトカーまで歩いた。

カンジョン警察署には親切な通訳がいた。私が「グロンビを戦争準備から救え」というと彼は感謝しているような表情で笑った。質問には一切答えず、私はすぐに済州市の警察署に向かった。

三月十三日（火）

その後の二日間、私は他の三人の独房仲間との交流を深めた。最終的に逮捕されたのは十六人で、二人は二十一歳未満だったためすぐに釈放された。私たちのうち四人は女性で、一緒の独房に入っていた。リンゴとイチゴ（今が旬）チョコレート、英語の本、韓国の新聞がサポーターから届き、弁護士や村人が訪ねてきた。セリは英語が堪能だったので、私たちはお互いにこれまでの人生の話をした。

ある女性（五十六歳くらい）は、一九八〇年代に民主化運動に参加し、現在も軍国化に反対し、統一を求める活動を続けていることを話してくれた。

三月十四日（水）

午後二時までに逮捕者のほとんどが釈放され、残ったのは二人の神父とベンジー、セリ、そして私だけだった。弁護士によると、午後七時までに釈放されるか、裁判所に連行され、裁判官がさらに十日間拘留するかどうかを決めるとのことだった。

捜査のために数日、そして裁判まで数カ月。私は裁判の準備をきちんとするためには、釈放される必要があると訴えるための準備を始めた。

午後六時頃、釈放されることを告げられ、所持品を渡され、出口のドアまで連れて行かれた。しかし、入国管理局の十数人の男女が書類を持って私を出迎え、入国管理局の拘置所に連れて行った。かわいそうなほど働きすぎのソンヒと、勇敢なミンヒョン弁護士がそれを目撃し、励ましてくれた。

ベンジーも連行されたが、彼はそのままソウル近郊の拘置所に行き、そこから香港に強制送還された。セリは済州市の警察署に留まったままだったが、三月十五日木曜日の午前十時頃に釈放された。

一方、私は水曜日の深夜、弁護士に会うことができた。弁護士によると、私はあと四十八時間拘束される可能性があり、その後、強制送還されるか、裁判を待つために刑務所に戻されるか、さまざまな選択肢があるとのことだった。

拘置所は警察署よりも快適ではなく、小さな部屋で隔離され、自然光も入らなかった。服は取り上げられ、青と黒のジャンプスーツに着替えさせられた。ジョギングができれば最高だったのだが、残念ながら屋外で運動することはできない。

その夜遅く、私はイギリスの副領事（ジェイミー・ベンド）からの電話を受けた。

彼は、私は健康か、家族には知らされているか、弁護士は必要か、などと聞いてきた。私は彼に感謝し、すべて順調だと言い、問題と状況を説明し、さらに支援が必要なら連絡すると言った。私は午後七時（逮捕から四十八時間後）にハンガーストライキを開始し、釈放されるまで続けると言った。

三月十五日（木）

かなり退屈な、しかし安らかな朝の後、私は面会者がいると告げられた。そこにいたのは村の友人ミギョンで、ハングルを学ぶための本と、たくさんの笑顔とハグをしてくれた。彼女は西帰浦で女性保護施設を運営しており、SOSチームの一員でもある。彼女は私の家族に本当に素晴らしいプレゼントをくれた。

そして、いつか闘いが終わったら、私に夫と一緒に済州島を訪れてぜひ休暇を過ごしてほしいと言ってくれた。彼らの日々の苦労に比べれば、私の苦労など微々たるものなのに、ここにいる多くの人たちの寛大さ、感謝、愛に圧倒される思いだ。

午後三時から六時まで、私はミンビョンの弁護士とレジーナに通訳してもらいながら、入国管理局で面接を受けた。

私は、「破壊」現場に立ち入り、ワイヤーを切断し、村人たちが毎日基地に対してグロンビの発破を止め、基地の建設を中止するよう求めていることに参加したことを認めた。私は国際法を守り、戦争犯罪や平和に対する犯罪の準備を阻止しようとしているのだと言い、約一千の米軍基地が、そしてその多くが中国とロシアを取り囲んでいると説明し、いかなる犯罪も認めなかった。

米韓合意によって、米国は韓国の軍事基地を好きなように使用できるようになり、彼らが核兵器を海軍基地に持ち込むことを示す証拠があること、米軍の核兵器は違法であること、カミソリワイヤーが村人たちの神聖な場所への合法的なアクセスを妨げていること、そして私は彼らを支援していることを説明した。

彼らは、私の行動は観光ビザでは許されないと言った。しかし私は、観光客も一人の人間であり、韓国人の友人を支援し、彼らの日々の闘いに同行する権利があると主張した。また、私の行動はすべて合法であり、フェンスの不法設置、水源の汚染、戦争準備の問題について議論する適切な場所は法廷であること、私に対する容疑を晴らしたいこと、そして、彼らも私も弁護士ではないので、裁判官の前でこれらの点を主張できるよう、私を釈放するよう求めた。

私は、強制送還されるのではなく、予定されているフライトで帰国することを希望し、二度と基地には行かないし、グロンビの岩に乗り込もうともしないと言った。言論の自由が保障され、人々や報道陣と話をする権利を求めたので、私たちは誓約書の条件を交渉した。それから三十分待つように言われた。

突然、私は入国管理局長に呼び出され、激励された後、誓約書にサインし、午後九時に釈放された。ベンジーのようにすぐに強制送還されなかったのは幸運だったが、もし約束を破れば、すぐに強制送還される。私は、自分の言葉が信頼されるよう、どんなときでも約束を守るよう心がけているので、破壊現場には近づかないつもりだ。

私は支援者たちに迎えられ、グロンビの岩の拓本が展示されている画廊に連れて行かれた。そして西帰浦に戻され、町役場に連れて行かれた。町長に会うと、彼は満面の笑みを浮かべ、私を抱きしめて写真を撮ってくれた。

三月十六日（金）

午前中、写真を整理したり、このレポートを書いたりしていると、平和センターで済州司教と司祭たちがミサを開いているところに呼ばれた。ミサには六十人ほどが参加した。私はスピーチを依頼され、彼らが行っているすべてのことに感嘆し、ここ数日の行動でまだ拘留されているイエズス会のキム・ジョンウク神父への同情と連帯を表明した。

私たちは皆、軍事化に反対し権力に逆らうことへの恐れを克服する必要があった。

しかし、私は強制送還されるだけで、最悪の事態に直面する韓国人に比べれば、被害は少ない。私はまた、当局がフェンスを切るのは一人か二人なら対処できるが、何十人もの人がやれば、刑務所はすぐに満杯になり、影響はもっと大きくなるだろうと言った。これには大きな拍手が起こった。私は彼らの行動と連帯に感謝し、彼らの闘いに参加できたことを光栄に思う、私たちは皆、壊れやすい地球上で戦争文化を終わらせるために同じ戦いをしているのだと述べた。ビショップが通訳してくれた。ソウルではもっと多くのインタビューが予定されており、丸一日会議が予定されている。これが済州島からの最後のレポートになるかもしれない。済州島で起きている闘いの一端をお伝えできたなら幸いだ。

二〇一〇年一月以来、済州島では四百人以上の逮捕者が出ている。もし、あなたがこの村で、村人たちを支援するつもりなら、インターネット上では実名やフライトの詳細は明かさないほうがいい。三日前にアクセスを拒否された三人のアメリカ退役軍人のことをご存知かもしれない。一方、このキャンペーンを支援する方法はたくさんある。

Avaazの嘆願書に署名し、友人にも送ってください。

www.avaaz.org/en/save jeju island/ をご覧ください。

付録4B 「済州島ガンジョン村における米国の戦争計画に反対する非暴力抵抗」アンジー・ゼルターによる記事（二〇一二年四月六日）

大韓民国（韓国）済州島の西帰浦村民は五年間、自分たちの土地への海軍基地建設に非暴力で勇敢に抵抗してきた。計画されている韓国海軍基地は、五十ヘクタールの一等地の農地に建設され、アメリカ海軍と陸軍が無制限に使用できるようになり、アメリカの対弾道ミサイル防衛（MD）システムの一部である空母、原子力潜水艦、イージス艦を配備するために使用される。また、この基地は、米国が計画し、公然と準備を進めている中国との紛争でも使用される可能性が高い。米国宇宙司令部は、コンピューター上で中国への先制攻撃（二〇一六年に設定）の演習を繰り返しており、MDシステムは米国の先制攻撃戦略の重要な部分である。MDシステムはまた、有能な対衛星兵器であることが証明されており、ロシアや中国との新たな軍拡競争をあおっている。

ペンタゴンは現在、ロシア（世界最大の天然ガス供給国と石油の重要な供給国）と中国（台頭する経済大国）をMDシステムで包囲している。米国は経済的に中国に太刀打ちできないことを知っているが、中国は石油の六〇パーセント以上を船舶で輸入している。

もし国防総省が、中国のこうした重要資源の輸送能力を封じることができれば、中国の経済の鍵を握ることになる。済州島に計画されている海軍基地は、中国の海岸線からわずか三百マイルのところにあり、イージス駆逐艦やその他の軍艦のための戦略的な港となり、原子力潜水艦も使用することになる。アメリカは世界中に一千以上の軍事基地を持っている（韓国だけでも八十二）が、中国は国境の外に重要な軍事基地を持っていない。西帰浦に海軍基地を建設することは、軍事的緊張を高め、東アジア地域における世界平和の障害となるだけだ。

中国は韓国にとって最大の貿易相手国であるため、基地は解決するよりもはるかに多くの問題を引き起こすだろう。しかし、アメリカはこの現状を変えようとしており、韓国の市民社会からの大きな反対にもかかわらず、韓国と自由貿易協定を結んだばかりだ。

済州島に最後に軍事基地が置かれた一九四八年には、「ササム」として知られる大虐殺で三万人以上（人口の九分の一）が殺された。彼らは軍事政権下の韓国政府によって殺されたのだ。

八十四の村々は焼き払われ、焦土化政策によって何千人もの難民が発生した。二〇〇六年に故盧武鉉大統領が虐殺を公式に謝罪し、済州島を「世界平和の島」に指定するまで、人々はこのトラウマについて公然と語ることさえ許されなかった。そのわずか二年後、大統領が済州島に海軍基地を建設することに同意したとき、裏切られたという感覚がどれほどひどいものであったかは想像に難くない。

海軍基地の建設を懸念しているのは、戦争を止めたいと願う人々だけでない。環境保護論者もそうである。済州島は世界生物圏保護区であり、西帰浦村は三つのユネスコ世界自然遺産と九つのユネスコジオパークに囲まれている。

「新・自然の七不思議」に指定されている西帰浦の前の海は、済州島で最もきれいで美しい海であり、ユネスコが指定した唯一のソフトコーラル生息地であり、絶滅危惧種に指定されているインドカワイルカと韓国指定絶滅危惧種であるアカアシガニの生息地でもある。

西帰浦一帯は「絶対保護区域」に指定されて保護されているが、軍はこうした文化・環境保護をすべて無視している。

海軍基地に対する抗議の多くが行われているグロンビ（九連比）岩は、環境的に敏感であるだけでなく、古代からの祈りの場所でもある。韓国で唯一の滑らかな火山性の岩であり、岩の下に湧く淡水は西帰浦の水源であり、島の南半分の飲料水の七〇パーセントを供給する。環境破壊企業であるサムスンとデリム（大林産業）による最初の岩石爆破は、この水源の汚染につながり、飲料水に深刻な影響が出ることが懸念されている。

何度も逮捕、投獄、重い罰金を科せられながらも、村民とその支援者の抵抗は目覚ましい。基地建設の承認プロセスが民主的な投票によって承認されたという韓国軍の主張は、嘘であることが露呈した。票を投じる機会があったのは、（千八百人の住民のうち）賄賂を受け取った八十七人だけで、実際に投票はせず、拍手だけだった。この村が新しい村長を選出し、全コミュニティーで再投票を行ったところ、全村民の九四パーセントが軍事基地建設に反対した。

この九四パーセントの投票を監督し、民主的に選出された西帰浦村長は、村民の権利のために立ち上がったことで三カ月の獄中生活を余儀なくされ、最近やっと釈放された。

村は記者会見を開き、済州市の議会やソウルの中央政府に陳情し、平和的なデモや抗議行動を組織してきたが、その見返りとして警察による嫌がらせや暴行、コミュニティーを分断させる腐敗した贈収賄、昔からの聖なる岩での祈りと地元の公共港を利用する権利を奪う違法な手段にさらされてきた。

破壊作業が進むにつれ、非暴力的な抵抗は毎日の封鎖行動へと発展し、定期的に約百～二百人が参加するようになった。彼らの抗議活動は平和的で非暴力的なものだが、特に四月十一日の総選挙を目前に控え、彼らに対する武力行使はますます暴力的になっている。李明博政府は、事態が不可逆的なものとなるよう、できるだけ早く破壊を強行しようとしている。

二〇一〇年一月以来、四百人以上が逮捕され、その数は三月七日にグロンビ岩の発破が始まって以来、急速に増えている。不吉なことに、本土から一万五千人以上の機動隊が出動している。これは、一九四八年の大虐殺の時代以来、この島では経験したことのないことだ。

抗議者たちは現在、破壊を妨害するために平和的に現場に入り、フェンスを壊し、カミソリワイヤーを切り裂き、ボートやカヤックで海を越えて聖なる岩に近づいている。警察やデリム、サムスンの警備員による嫌がらせや暴力に直面している抗議者たちの勇気には目を見張るものがある。人々は殴られ、歯を折られ、脳震盪や骨折を負った。

このような暴行に対して起こされた裁判は、どれも裁判所に認められていない。道路の閉鎖、港の閉鎖、海上警察による公共のカヤックの窃盗、環境保護指定の違法な抹消も、司法調査の対象になっていない。

しかし、抵抗は続いている。たとえば四月三日には、五人の牧師が早朝にフェンスを破り、発破を止めようと軍事建設現場に入った後に逮捕された。

この勇敢な抵抗は、平和を愛する世界中の人々の支援を必要としている。五月九日にはロンドンとパリの韓国大使館前でデモが行われる。もしあなたの国でも同じようなデモができるなら、私に知らせてほしい。

参考文献と参考文献

www.youtube.com/watch?
feature=player embedded&v=G-d6IpbFhOA

www.tridentploughshares.org/article1679
マシュー・ホイがSave Jejuのウェブサイトに寄せた記事 www.savejejuisland.org
ブルース・ギャニオンの記事 www.space4peace.org
www.facebook.com/groups/ nonavalbase/10150836007689815/

付録5　パレスチナ

付録5A　アンジー・ゼルターのヨルダン川西岸からのたより「田舎の春」第一便（二〇〇四年三月二十二日）

背の高い優雅なアスフォデル、真っ赤なアネモネ、青いルピナス、淡いラン、オレンジ色のチューリップ、そして無数の白、黄色、ピンク、青の地上の花々が、この岩だらけの丘陵地帯の村々を彩り、鳥たちが巣を作っている。オリーブは休息しているように見え、アーモンドは花を咲かせている。

イスラエルの友人たちが私をガリラヤに招待してくれたので、私たちはショッピングセンターで買い物をし、長い棚に並んだ多種多様な食料品を選び、ティベリウスまでドライブして湖畔で食事をし、ハイキングのためにいろいろな場所までドライブし、この美しい田園地帯を満喫した。牛が野原を歩き回り、小麦や大麦が青々と茂っていた。人々は歩いたり、車で行ったり来たりして、雰囲気は明るかった。生活は順調で、問題があることは間違いないが解決策をなんとか考え出すことができるようなものだった。自爆テロの脅威が背景にあるとはいえ、ここイスラエルでは公共スペースに入るたびに常にセキュリティチェックがある以外は、日常生活に自爆テロの恐れが介入してくることはなかった。私の友人たちは、将来の計画や、最近行った六カ月間の極東旅行のことを話してくれた。彼らは行く先々でイスラエル人の旅行者に出会ったと言っていた［269］［270］。

ユダヤ教のお祭り「プリム祭」が祝われており、若者たちが仮装し、通り過ぎる車から音楽が鳴り響くのを見聞きした。私たちは、野外フェスティバルのためにネゲブ砂漠までドライブするかどうか話し合った。人生は、選択肢と希望と普通の会話に満ちているように思えた。友人たちとは二十年来の付き合いで、他人を気遣う良い人たちだ。彼らは占領を憎み、入植者は退去させられるべきだと考え、隔離壁は忌まわしいものだと考えているが、それに対して何をしているのかと尋ねると、自分たちには政治的すぎると答える。パレスチナ人の多くが置かれた人道的大惨事に心を痛めながらも、彼らができることは、せいぜい私が住んでいる村のオリーブオイルをゼリーの容器に詰めて買うのを手伝うことぐらいだった［271］。

ルースは前年、私が活動していたサルフィート地区の村々でオリーブの収穫を手伝ったことがあった。彼女は友人や家族を何人か連れてきた。彼らはこれ以上関わることを恐れていた。だが、彼らは手伝うことで、パレスチナ人農民が自分たちの土地に入るのを妨げていた入植者の暴力を少しでも和らげようとした［272］［273］。自分たちの生活が大きく変わってしまうかもしれないし、オリーブ畑での単純な人間同士のつながりが、二つの異なる物語による過去の歴史の善悪についてのひどい非難の応酬に発展してしまうかもしれない。彼らの実存的な恐怖のすべての逆恨みや恐ろしい敵意が表面化してしまうかもしれない。いずれにせよ、デモをすることに何の意味があるのか。彼らは政治というものを嫌い、純粋に人道的な活動にしか興味がないと言った。

彼らは私をヨルダン川西岸パレスチナ自治区の私の住む村まで車で連れて行ってくれると言ってくれた。パレスチナの交通機関はすべて止まり、パレスチナの村や町のほとんどはプリム祭のために封鎖された。奇襲テロの恐怖を静めるためと思われるが、実際には、恐怖は簡単には消えるものではない。ヤコブはこの第二次インティファーダが始まって以来、ヨルダン川西岸に入ったことがなかった。ヤコブは、入植者専用道路でイスラエルの車が石を投げつけられたり、銃撃されたりしていたため、恐怖を感じていた〔274〕。

私が住み、活動している村は、テルアビブとヨルダン川西岸最大の入植地アリエルを結ぶ主要な入植者専用道路のすぐそばにあり、大きな石と瓦礫の道路封鎖のために村に車で入ることはできなかったが、入植者専用道路から私の住む家を見ることができた〔275〕。パレスチナ人の友人がオリーブオイルを届けてくれたので、彼らの車に積み込み、私はエルサレムへ向かう彼らを見送った。ルースはアントロポゾフィー（人智学）のセミナーに、ヤコブは頭蓋仙骨治療を必要とする人たち（ヘブロンの入植者も含む）に治療を施すために去った。しかし、ヨルダン川西岸の村の生活は占領の影響を大きく受けており、生活は正常のかけらもなかった〔276〕。

日常的なレベルでは、頻繁な停電のために家の洗濯機が動かなくなった。村には誰も修理できる人はおらず、さらに移動の制限のために適切な部品を持っているわけでもなく、交換部品を見つけるために丘陵地帯を越えて近くの町まで、長くて危険な迂回路の旅を手配する時間もなかった。村の他の人たちと同じように、私は服を手洗いしなければならなかった。郵便もなく、イギリスの家族に手紙を出すのを忘れていた〔277〕。

しかし、もっと重要な心配事があった。いつものように、私たちはさまざまな村から、自分たちが体験している暴力を減らしてくれるかもしれないという期待から、国際人の立会いを求める電話を次々と受けていた。イスラエル兵がマルダに侵入し、通学途中の子どもたちに催涙ガスを浴びせ、家から出てくる者を銃で脅していた。村人たちに言われてそこに行くと兵士たちがまだ村にいて、銃を撃っているのが聞こえた。村人によると、兵士は頻繁に村に侵入し、前日の夕方には、靴を履いたままモスクに入り、モスクのスピーカーから外出禁止令を呼びかけて、モスクを冒涜したという。そして彼らは様々な建物に取り壊しの印を付けていた〔278〕。

私たちは村人たちから、分離壁の建設によって村が真っ二つになることを示す地図を見せてもらった。その後、カラワット・バニ・ジエッドから電話があり、兵士が再び村に侵入し、もっと銃撃するぞと脅したと言う。私たちはこれに本当に驚いた。この村では過去十カ月で六人も射殺されているのだ［279］。村は恒久的な国際人の常駐を求めていた。私たちは、何人かのボランティアが滞在できるよう手配を手伝った。しかし、人数が足りない。さまざまな草の根の国際平和団体が、このような村にボランティアをしているが、保護を必要としている村が多すぎて、ボランティアが少なすぎる。あるいは見方を変えれば、西岸の占領地域では武装兵士と入植者が多すぎる［280］。

その数日後、ボランティアの留守を突いて兵士たちは再び侵入し、今度は通学途中の生徒二人を撃って負傷させた［281］。最近、四人の村人が銃撃されたビドゥの隔離壁に対する非暴力抵抗運動を支援するためにそこを後にしていたボランティアたちは、ひどい気分だった。村にいる間は何も起こらなかったので、他の村に行っても大丈夫だろうと思っていたのだ［282］。

私たちの地域では、兵士の活動がますます活発になっているようだ。壁の建設が間近に迫っているからだろう。ハリスの道路封鎖のすぐそばに住んでいる友人から、ある晩、オリーブの木々の間から兵士が忍び込んでくるのを見聞きしたという電話があった。そして家の外に催涙ガス弾を発砲したと。村の他の人たちに話を聞くと、その週の夜、兵士が何度も忍び込んできたそうだ。彼らはトラブルを避けるため、家の中にとどまり、カーテンを閉めた。三月九日、私たちはキッフルアディックでも兵士が忍び寄って発砲し、数軒の家屋を損壊させ、通りかかった車に発砲し、地元の教師を負傷させたと聞いた［283］。

道路封鎖と検問のせいで、普通の生活はほとんど止まっている。多くの学生は学校や大学に通うことができず、村の生活が一変した。文化的、社会的生活も阻害されている。以前は丘にハーブを採りに出かけたり、ピクニックに出かけたりしていた女性たちも、三年以上前から安心して出かけられなくなっている。人々は主に仕事、学校、医療サービスのためだけに移動する。遊びには危険が大きすぎるし、結婚式でさえ悪夢になりかねない［284］。私が最近聞いた話では、ほとんど隔離壁で囲まれた村では、平時なら数分で行ける隣の村の家族が、壁のゲートがイスラエル兵によって閉鎖されていたため、結婚式場にたどり着くまで六時間以上かかったという。移動の自由の欠如はすべてに影響する。例えば、都市部では公共図書館に行くことができない。

他国の親切な人たちは、できる限りの援助をしようとしてくれる。私たちは最近、英国の学校から親切に寄贈された本（主に百科事典、参考書、数冊の小説）を受け取った［285］。村人たちが簡単に手にできるように、本をどこに置くのが一番いいか話し合っているとき、数人の地元男性を逮捕するためにイスラエル兵がサルフィート市（県庁所在地）に侵入し、、その過程で何人かを射殺し負傷させたという電話が相次いだ。地元の食料雑貨店主が腹を撃たれて数時間後に死亡し、それら男性は数日後に無罪放免となった［286］。

私がこの文章を書いている時、電話でつらいニュースが入った。フワラ検問所で医者に行く途中の女性が身分証明書を提示したところ、兵士が突然その女性を連れて立ち去ったというのだ。何が起こったのか誰も分からない。六時間経っても、彼女の行方はつかめていない。イスラエル当局に拘束された人々の行方を追う人権団体によると、彼女の居場所を突き止めるには二、三日かかるかもしれないという。彼女には二歳から八歳までの四人の子供がいる［287］。

しかし、これらの事件だけでうんざりしないでほしい。このような事件は後を絶たない。ここは法の支配がほとんどない土地であり、兵士や入植者が自分たちの行動を説明するために法廷に立たされることはほとんどないので、悪事は次から次に起きる。このような事件を「普通のこと」として受け止めてしまうとは、なんと恐ろしいことだろう。冒頭の農村の風景に話を戻そう。雨季の終わり、夏の黄色やとげとげしい茶色とはまったく違う緑の季節だ。白やピンクのシクラメンが、点在する岩やその周りに群生している。オリーブの木の下では、エンドウ豆やインゲン豆が白く香りのよい花を咲かせている。パレスチナ人は、イスラエルの農民と同じように、あるいはどこの国の農民と同じように、耕し、植え、草取りをし、恐れや邪魔をされることなく収穫をしたいのだ。生計を立てる他の手段から切り離されたパレスチナの農民にとって、土地へのアクセスは何よりも重要である。それゆえ、この地域の農民たちは、隔離壁によって村に囲い込まれ、土地から隔離されることに大きな苦痛を感じているのである。

イスラエル政府は、隔離壁にはゲートが設けられ、農民は自分の土地に出入りできると発表していた。しかし、マスハの農民たちは許可証があってもなお、ゲートから畑や木立への出入りが拒否されていると。私たちはまた、サンニリヤ、アズン・アトマ、ベイット・アミンの三つの互いに隣接する村の村長にも会った。彼らは土地を共有し、住民の多くが親族で、自分たちをひとつの大きな家族だと考えている。しかし今は壁がお互いどうしを、また土地からも切り離している。

彼らは、自分たちの土地に行くためにゲートを通過する許可を得るために直面した問題について説明した。まず、各農家は地元の村役場に行って登録書をもらい、次にカルキリヤのパレスチナ裁判所に行って裁判所の登録を受け、最後に土地に関する書類が保管されているイスラエルの入植地ケドミンに行かなければならない。ケドミンに着くと、遅延、煩雑さ、金銭負担とは別に、彼らは多くの問題に遭遇する。まず、順番を待つ人の長い列に並ばねばならず、遅延のために何時間も、あるいは何日も対応してもらえないことがある。そのあと役人に会ってみると、問題の土地がイスラエル側の目的（軍事的な必要性、入植地拡大、その他の理由）のために必要とされていることがわかったり、安全保障上の問題としてリストに載っていたりする。そしてまた、土地所有者が死亡し、ケドミンの書類がまだその人の名義になっているため、誰もこの土地の所有権を主張できない場合もある。

ケドミンの担当者は、その場で自分で勝手に決めてしまうようだ。許可証を取得できたのはごく一部である。また、一家に一人しか許可が下りない場合もある。しかし、その土地は家族の多くの手が要るので、意味がないのだ。また、村の外には、農作物を扱う商人がいるが、彼らは許可証を取得できないため、農作物の集荷ができない。そのため、農民たちはロバに乗せたり、背負ったりして農作物を運ぶしかない。場所によっては、兵士たちがロバや動物にも許可証が必要だと要求している。

悔しさと絶望しかない。私たちが出会う人々の多くは、自分たちの基本的人権と土地への権利がじりじりと侵食されていくのを目の当たりにして、できることは何もないと感じ、諦めている。彼らは頭を低くして、何の見込みもないのに自分たちの土地がそのうち、何かによって、何とかして、返ってくるのではないかと期待している。こうした穏やかな田舎の人たちの中には、大都市で見られるような暴力に傾く者もいれば、非暴力で抵抗することを決心した者もいる。

この数週間、私たちは非暴力で壁と占領に抵抗し、成功を収めているいくつかの村を支援してきた。ブドルス、マスハ、ディア・バルート、ビドゥの話は勇気づけられる例だ［288］。隔離壁の影響がまだ及んでいない村は、すでに壁の影響を受けている村々と会合を持ち始めており、さらに多くのデモが計画されている。女性たちはさまざまな場所で集まり、占領に抵抗するために女性として何ができるかを話し合っている。彼女たちがひとつ確信しているのは、政治的な派閥に関係なく、すべての女性を参加させ、狭い政治的目的のためではなく、壁に反対する女性として活動する必要があるということだ。ＩＷＰＳが定期的に支援しているある地域の壁に反対する女性グループの三月二十日に行われたデモは成功裏に終わった。成功したというのは、誰も銃撃を受けず、少なくとも女性たちが壁に近づくのを阻止した兵士たちは催涙ガス弾を投げつけず、発砲もしなかったということだ。ヨルダン川西岸一帯で起きている多くの隔離壁に反対するデモとは違って。

人々の営みは続く。私たちは占領への抵抗、壁への抵抗を目撃し、支援し続け、公正で永続的な平和への架け橋を築こうとする。希望を失わないために。

付録5B　アンジー・ゼルター講演「IWPSパレスチナから学んだこと」於ロンドン（二〇〇八年八月八日）

国際女性平和事業（ＩＷＰＳ）パレスチナは二〇〇二年に設立され、軍事占領下のパレスチナ自治区サルフィート県の農村で駐在する準備の活動を始めました。私はＩＷＰＳを立ち上げましたが、パレスチナへの入国が許可されなくなったため、現在はＩＷＰＳとは疎遠になっています。最新の情報はウェブサイトを参照して下さい。ＩＷＰＳは以下の目的で設立されました。

・パレスチナ人とイスラエル人による非暴力の市民的抵抗を支援し、より多くの人々が抵抗に参加できるような場を作る。
・人権侵害を監視し、付添活動を提供し、人権侵害を防止するために非暴力で介入する。
・サルフィート県における人権侵害について、国際社会に警告を発し、占領に関する世論を変える流れを作る。
・他の地域で国際女性平和チームを結成する際に参考になる実験的モデルを提供する。

私たちが学んだ教訓は次のとおりです。

非暴力的な抵抗を組織することができ、その意思を持つパレスチナ人は、これまでのところ相対的に少数です。闘わなければならないと感じて暴力的な抵抗に訴える者も少数で、大多数は頭を低くして生き延びています。

　サルフィートの村に住む私の友人モハメドは、イスラエルがヨルダン川西岸地区でパレスチナ人とユダヤ人入植者を分断するために建設している隔離壁から最も豊穣な土地を守るために、非暴力の抗議行動を起こしている隣村を自分の村が支援しない理由を次のように説明しました。「ここは人口数千人の小さな村だよ。これ以上、人が殺されるリスクは負えないんだ」。しかし、パレスチナ人が非暴力行動を起こしているところであれば、国際人は支援できるし、実際に支援も行われています。ここに私たちが支援に入れる余地があり、それは非暴力抵抗の量と質、そして地域の要因によって大きくも小さくもなります。

　イスラエル軍による暴力と統制は、非暴力の市民的抵抗を組織し、維持することを困難にしています。イスラエル軍は、催涙ガス、閃光手榴弾、ゴム弾、実弾などを使って壁へのデモの鎮圧に長けています（彼らは、壁に反対するデモ隊を止めさせるために村人に汚水を浴びせさえもする）。村や町を襲撃し、デモを組織している人物を逮捕し、軍事封鎖区域を作り、行政拘禁を行い、逮捕された人たちを起訴も裁判もせず、拷問の危険にさらしながら何年も牢獄に閉じ込めておきます。外国人は国外追放されるだけです。どんな形の抵抗であれ、その結果に耐えなければならないのはパレスチナ人です。

　イスラエルとパレスチナに来る何千人もの国際ボランティアの強制送還と入国拒否はイスラエル当局による意図的な政策です。国際人の支援がパレスチナ人にとっていかに重要かをイスラエル当局が理解しているからです。この政策は継続性を阻害し、人間関係を構築・維持して現地の状況を深く理解し、知識を得ることを困難にします。建物、コンピューター、図書館、資料など、インフラが頻繁に破壊されていることを考えれば、組織的な抵抗がいかに難しいかは明らかです。

　貧困は手法を狭めます。イスラエルによるパレスチナ経済の締め付けは、比較的自給自足が可能なコミュニティを、栄養失調による食糧援助に依存させ、絶望的に貧しいコミュニティへと変えてしまいました。生存と家族を養うための苦闘に人々はエネルギーを消耗しています。「国際社会」には、開発のための資金や資源の要求が殺到しています。そのために彼らの関係は歪み、腐敗し、非暴力的な抵抗のエネルギーを削ぐだけでなく、内輪もめや汚職、詐欺を助長します。

公正な法制度が存在しません。パレスチナ人は司法に訴える手段もありません。イスラエルの法制度で犯罪に対処しようとする国際人ボランティアは裁判を受ける際、脅迫、高額な訴訟費用を含め、様々な障害に直面します。たとえば、訴訟費用と裁判所に行くための障害。私は、英国領事館の助けを借りて、ヘブロンに住む札付きの暴力的入植者が私に暴行を加え、カメラを壊したとして裁判に持ち込むことができました。そのカメラには、彼を崇拝する十代の子供たちが、パレスチナ人老人を襲っている写真のフィルムが収められていました。老人はこのときの傷がもとで亡くなりました。しかし、まず私は証人として出廷する前にイスラエルに入国することを拒否されました。入植者が私のカメラを壊したという些細な罪を認めた後、私は投獄され、軍事占領下のパレスチナから追放されました。彼は、なぜ殺人の証拠を消したのかについて問われることはありません。

ＩＷＰＳは、自分たちが目撃した暴力事件に対して証拠を押さえ、法的手続きを取ろうとしてきました。暴力的なイスラエル人入植者によるパレスチナ人村民の射殺や負傷について、写真や目撃者の署名入りの証言をイスラエル警察に提出したこともあります。しかしイスラエルの人権団体が協力しても、こうした事件が起訴はされても法廷まで到達することはありません。

派閥化は全国的な非暴力運動の可能性を損ないます。頻繁な夜間外出禁止令、道路封鎖、投獄、そして現在の隔離壁によるパレスチナ住民の抑圧が村や町を緊迫させます。内部抗争も多く、異なる氏族間や異なる政治的派閥間でしばしば暴力的な対立が起きています。村によっては、協力者と疑われる者を殺してきた歴史があります。パレスチナ人による非暴力抵抗の経験は豊富で事例も豊富ですが、全国的な非暴力闘争を求める効果的な呼びかけはなく、全国的なリーダーシップもほとんどありません。いくつかの例外では、たとえば、ラマッラ地区ブドルスのアブ・アフマッドは、隔離壁に反対するブドルス民衆委員会として、家族やさまざまな派閥を団結させることに成功しました。ビリンでの強力な非暴力抵抗もまた、持続的な非暴力抵抗の好例です。この強力な非暴力抵抗は、イスラエル軍による数人のパレスチナ人の子供の殺害という結果をもたらしました。

それでも、遅れは生じさせましたが壁は建設されました。

文化的鈍感さ、アラビア語を話す人の不足、国際人による地元政治への介入傾向など、すべての問題が顕在化し、緊張に拍車をかけています。パレスチナの非暴力抵抗運動を率いるある有名なパレスチナ人クリスチャンは、国際人の活動や連帯には感謝していますが、彼らが来るのは数カ月だけにしてほしいと言います。「長く滞在する人はすべてを理解したつもりになって、現地の政治に干渉し始め、事態をより悪化させるのです」。国際連帯運動のような団体は、自分たちはパレスチナ人に主導されていると思いたいのかもしれませんが、彼らなりの方針があり、自分たちで非暴力キャンペーンを始める傾向があります。

＊　＊　＊

非暴力が機能するためには、私は次のことが必要だと考えています。

イスラエルが犯している罪を明らかにすること。イスラエルによる軍事占領の現実は政府高官（特に米国と英国）や西側メディアによって絶えず歪曲されています。ホロコーストに対するヨーロッパの罪悪感と、イスラエルによる反ユダヤ主義のレッテルの使用という複雑な要因が加わり、人々はイスラエルの犯罪について声を上げることを恐れています。イスラエルを批判する者は反ユダヤ主義者だという「組織的」な嫌がらせは、対処がとても難しいのです。

私は、イギリスのイースト・アングリアにある小さな町、アイルシャムの地元雑誌に、パレスチナで見たあらゆることが、もしアイルシャムで起こっていたらどうなるかを生々しく説明する記事を書きました。その結果、この小さな雑誌社には、怒ったユダヤ人たちから何百通もの手紙が殺到し、私や雑誌を反ユダヤ主義だと非難し、大騒動になりました。編集者は二度と「政治的」なものは掲載しないと決めてしまいました。

抗議の根拠となる強力な外部の国際的な道徳的権威を味方に付けること。これがあれば、イスラエルに対して、彼らの戦争犯罪や人権侵害、あからさまな民族浄化、パレスチナの土地や水資源の窃盗や植民地化を止めるよう圧力をかけることができます。しかし、イスラエルの主要な資金提供者・支援者はアメリカであり、彼らはイスラエルを支援する強力な地政学的理由を持っています。残念なことに、イスラエルに対して何らかの影響力を持ちうる主要な国家はすべて、戦略的関心のあるさまざまな領域で独自の戦争犯罪を犯しています。

パレスチナ国内の非暴力運動への国際支援。ＩＷＰＳが活動を開始した当時、私たちはパレスチナの農村を拠点とする唯一の国際連帯・非暴力ＮＧＯでした（ほとんどの国際ＮＧＯは町を拠点とし、村には短期間しか足を運ばなかった）。私たちは一連の村のプロフィールを作成し、どんな人権侵害が犯されたのか記録してきました。非暴力のための持続的な支援をし、非暴力抵抗への女性の参加を促し、隔離壁に反対する抗議キャンプを立ち上げることで、イスラエルとパレスチナの平和運動を結びつける重要な役割を私たちは担いました。

イスラエルの内部の運動と連携すること。兵役拒否者、グーシュ・シャローム（平和ブロック）、家屋取り壊しに反対するイスラエル委員会など、イスラエルの平和運動は拡大しています。とはいえ、軍事占領下で暮らすパレスチナ人の生活の実態を実際に知り、理解し、気にかけているイスラエル人はあまりにも少数です。イスラエルの非暴力行動の良い例は、マクソム・ウォッチというイスラエルに拠点を置く組織で、主要な検問所のいくつかを、監視しています。ＩＷＰＳは以前、検問所の監視をかなり行っていましたが、今ではこの仕事をイスラエルのグループに任せることができます。この監視はイスラエル人にとって良い学習経験となり、イスラエル国内に戻ってこの実情を共有することで、無知を打破し、共感を促すことができました。

＊　＊　＊

では、パレスチナとイスラエルに関連する国際平和・非暴力運動の役割とは何でしょうか？

(a) 自国での教育と政治的ロビー活動

おそらく私たちの最も重要な役割は、現実を目撃し、報告書、記事を書き、プレゼンテーションし、拡散して、アメリカやイギリスのメディアの歪曲を打ち消すことでしょう。より多くの国際人が、何が起きているのかを体験し、自分の目で確かめ、帰国後、それについて発言し、イスラエル人がテロの犠牲者であるという現在主流の見方が、占領による国家的なテロリズムという正確な情報によって打ち消されるようにすることです。

直接体験は嘘や歪曲に立ち向かうのに役立っています。IWPSの帰国ボランティアのグループは現在、英国外務省への定期的なロビー活動や、マスコミや国会議員への手紙の執筆、イスラエル大使館への行動に従事しています。イギリス、ヨーロッパ、アメリカにおける知識レベルは、数年前よりもはるかに高くなっており、これはある程度、パレスチナに渡り、帰国後、地元の小さな集会で講演した多くのボランティアのおかげです。

(b) パレスチナ人とイスラエル人活動家への支援（監視と保護同行以外）

あまり注目されていませんが、国際ボランティアの重要な役割は、共感し、耳を傾けることです。そこにいることだけでパレスチナ人は、外の世界から切り離されたと感じなくなり、希望を持ちます。同様に、イスラエルの活動家たちとの交流も、彼らの孤立感を和らげ、彼らの重要な活動を支援することになります。そして、非暴力による抵抗を支援する役割もあります。冷静で安定した存在となり、国際的なメディアとのコンタクトを手助けし、アイデアや戦略を議論し、世界中の闘いの豊富な経験をもたらします。IWPSがパレスチナに呼び寄せた女性たちは、南アフリカ、フィリピン、コロンビア、インドの出身でした。彼女たちはサルフィートの女性たちに有益な洞察を与えてくれました。

(c) イスラエル人とパレスチナ人の対話のための安全な空間の創造

確かに、私たちがサルフィートに到着した当初は、一人で村に入ることができるイスラエル人はほとんどいませんでした。私たちは、両者がより容易に出会える安全な空間を提供する手助けをしましたが、今では嬉しいことに、私たちが必要とされないこともあります。

付録6　森林

一九九一年八月十五日付『ボルネオ・ポスト』掲載記事「環境保護論者によるマレーシアへの世界戦争宣言」への返答　アンジー・C・ゼルター　於サラワクのミリ刑務所（一九九一年八月二十日）

この二カ月間、地元紙は外国人「環境保護主義者」に対する暴言で溢れていた。『ボルネオ・ポスト』紙の九一年九月十五日付の記事は、「エグゼクティブ・インテリジェンス・レビュー」から抜粋されたもので、恐怖とパラノイアが露呈した最新の表現である。

まず、この記事で使われている言葉を検証してみよう。この記事には、「世界戦争」の宣言、「非常に正確に実行される攻撃」「作戦基地から空輸される人々」「標的」「兵站」について語られている。

これらの言葉はすべて、読者の心に影響を与え、マレーシアを不安定にすることを主目的とする、よく組織された軍の部隊というイメージを作り上げるために、注意深く選ばれたものである。他の報道記事と合わせると、マレーシアの安全がどのように脅かされているかを見せるために、執拗な準備がなされていることがわかる。

この「世界戦争」の目的は、「環境保護を口実に、第三世界の主権政府を攻撃し、転覆させる」ことらしい。そして、「マレーシアは小さくて孤立し」「脆弱である」ため、最初の標的として選ばれた。一方、「究極の標的」であるブラジルとインドは、「まだ挑戦するには強大すぎる」。

これは奇妙に歪曲され、ねじ曲げられた図式である。もし戦争が起こっているとすれば、それは不公平なグローバル経済の中で、無秩序な工業化が容赦なく広がり、私たちの生命維持システムを破壊し、汚染し、第三世界も先進国も含めた地球全体の生命を脅かしているということだ。

私はいわゆる「サラワク八人組」の一人で、現在ミリ刑務所で八十七日間の刑期を服役している。私は記録を確認し、できるだけ明確に私の行動について話をしたいと思う。私たちのこの行動によって提起された問題や課題を真摯かつ客観的に分析するのではなく、このような危険なプロパガンダが発表されてしまうのは不穏で恐ろしいことだと思う。

まず説明させてほしいのは、私たちは第三世界の国々を征服しようとする環境保護軍の精鋭部隊ではなく、多くの問題について信頼できる知識を持ち、この壊れやすい地球上のあらゆる生命体を深く慈しむ、むしろ理想主義的な環境保護主義者の混成集団であるということだ。私たちはみな非暴力主義者であり、武力は信じない。しかし、私たちは立ち上がり、私たちの真実の声が聞こえるようにはっきりと発言すること、そして人々や環境を傷つけ、損傷する政策や行動に対する平和的な抵抗の力を信じる。
サラワクでの伐採に抗議するため、さまざまな経歴の持ち主が先進五カ国から集まった。私たちはそれまで一度も会ったことがなく、何をしてよいのかもわからなかった。私たちは友人や親戚、さまざまな環境保護団体の助けを借りながら、自分たちで航空券の費用を捻出し、六月末にそれぞれの国から到着した。私たちが連絡を取り合ったのは、サラワクが全世界で最も急速に伐採が進んでいることに危機感を抱いていたからだ。

生存可能な熱帯雨林の生態系を存続させ、残された数百人のペナン族が自分たちの知識、独特の文化、生活様式を守れるのは、あと数年しかない（今となってはあと数カ月しかない！）。私たちは、これらの人々が国際的な助けを求めていることを知っていた。

壊れやすい生態系の破壊という問題は、第三世界と先進国の両方が引き起こしているものだとわかっていた。買い手と売り手がいなければならない。私たちはこの問題の両端に取り組みたかったのだ。一次熱帯雨林の伐採をやめるようサラワク政府を説得し、第三世界の天然資源を搾取し続けないよう各国政府を説得するためだ。ある地域が荒廃すれば、多国籍企業は次の地域に進出し、人間、動物、植物、土地、水、空気がどうなろうと、利益さえ転がり込んでくれば気にしない。

もちろん、多国籍企業は各国の小金持ちエリートとも手を携えており、こうしたエリートには政治家も含まれていることが多い（これは、これらの国の真の利益にとってはさらに危険なことだ）。このようなエリートたちは、しばしば報道機関やマスメディアを支配し、その結果、このような問題に関する国民的議論の質も支配している。

サラワクでは、伐採の問題が政治全体の中心となっているため、問題はさらに複雑になっている。木材伐採権として与えられた土地の半分以上が、その過程で大金持ちになった首席大臣（ダトゥク・パッティング・

アブドゥル・タイブ・マフムド）と前首席大臣（トゥン・アブドゥル・ラーマン・ヤコブ）の親族や友人に渡ったことは、公知の事実である。

また、伐採（または林業）が州全体の歳入の約五〇パーセントを占めていることもよく知られた事実だ。つまり、巨大な既得権益が絡んでいるのだ。しかし、これらの既得権益は、サラワク州民の大多数の長期的な利益や安全保障とは異なることを忘れてはならない。

客観的に見れば、サラワクの経済は、比較的少ない人口に公平に分配されれば、非常に健全なものになる。例えば、石油産業からの収入はサラワクを助けるために向けられるかもしれない。現在、サラワクからの石油収入の九五パーセントは連邦政府に支払われ、サラワクに還元されるのはわずか五パーセントである。

伐採の環境問題全体は、動植物やペナンのための生物圏を作ること以上に複雑だ。この記事では、バラム地区の生物圏が提案されていることに触れ、あたかもそれで問題が解決するかのように言っている。この段階ではっきりと指摘しておかなければならないのは、いわゆる生物圏の大部分はすでに伐採され、いわゆる生物圏はまだ境界線さえ引かれておらず、遺伝的プールはすでに回復不能なほど損傷しているという事実である。ペナン族は相談すら受けておらず、一網打尽にごく狭い地域に閉じ込められることはおそらく望んでいない。

伐採は、何万、何千という他のダヤック族の生活を破壊し、彼らの封鎖と抗議は、伐採で利益を得る者たちの常にとげとなってきた。カヤン族、ケニヤ族、イバン族、ケラビット族、ビダユ族などの伝統的な自給自足の生活は困窮し、破壊され、彼ら自身の慣習地に対する権利は奪われた。

これらの人々と話をすると、かつては川には魚がたくさん泳ぎ、果樹もたくさんあり、食べるためのサゴや米もたくさんあり、家や船を建てるための材料もたくさんあったという。今は、栄養失調と汚染された環境のために、貧しくなり、病気に苦しんでいる。

焼畑農業に対する今や時代遅れの偏見がいまだに広まっているのは、予測できることではあるが、それにしても残念なことだ。伝統文化に従って慣習地全体を利用すれば、この農業システムが熱帯雨林にとっても理想的なことを証明する科学的証拠は、今やいくらでもある。その代わりに、現代の集約農業は解決策よりも多くの問題を提示している。汚染された危険な化学物質や肥料に依存する農業は、先進国のアグリビジネスへの第三世界の依存度を高めることになる。

この新聞記事は、「環境保護主義者は、人々を養うためにどのような選択肢があるのだろうか」と問いかけている。真実を知らず、あるいはおそらく飢餓をもたらすのは伐採とプランテーションであるという真実を隠すためだろうか。これらの人々は、常に自分たちで食料を調達することができた。彼らは自立しており、自分たちの土地、森林、河川の富を自分たちの間で共有していた。

彼らの貧困と飢餓を作り出したのは植民地主義者たちであり、そして今では伐採業者、プランテーションの所有者、政治家たちで、今彼らが依存しなければならなくなった責任を引き受けなければならない。金持ちのエリートがさらに金持ちになり、かつては自立し、強く、健康だった人々が、プランテーションで奴隷に近い状態で働かされたり、町のはずれで悲惨な状況で不法に住みついたり、文化を失ったり、貧困に喘ぐよりも売春を選んだりする状況のいったいどこが発展なのだろうか？

しかし、質問されたので答えよう。私たちが提案する代替案は以下の通りである。

先住民の慣習的土地所有権を真摯に認め、土地を適切に調査し、保護することで、ダヤック族がもう一度自給自足できるようにすることだ。彼らは自分たちの問題に対する答えを持っており、誰に言われるまでもなく、ただ耳を傾けられ、尊重され、自分たちの問題を解決するために平穏に生活できなければならない。自分たちの土地は自分たちの命だと言っているのだから、土地と暮らしを返して、自分たち自身で開発に専念できるようにしたらどうだろう。

伐採は、残存する原生林地域から離れた特定の二次生長地域に限定すべきであり（そうすることで、これらの原生林地域が徐々に周辺地域を豊かにする機会を得ることができる）、未解決の土地所有権の主張がない場所でなければならない。持続可能な林業をすでに伐採された地域で立ち上げ、熱帯地方でそれが本当に可能かどうかを確かめるべきである。

石油収入の大部分はサラワクで使われるべきである。またそれは村や町レベルのバイオガスや太陽エネルギー生産のインフラに投資され、経済の多様化を助けるべきである。

マレーシア全体としては、遺伝物質の盗用に対する補償と国境を越えた園芸・農業産業によって、植物原料が持ち去られたことへの補償を求めるべきである。

しかし、それが外国人である私たちと何の関係があるのか、とあなたは尋ねるかもしれない。確かに私たちは自国で差し迫った環境問題を抱えている。その通りである。そして読者には、私たち全員が自国の国民や政府に対して、車の使用量を減らし、温室効果ガスの発生を減らし、消費量を減らし、世界の環境を汚染する工場や産業をやめるよう、ライフスタイルを変えようと非常に積極的に取り組んでいることを理解してもらわなければならない。私たちの大半の時間は、より良い政策や慣行を求める自国での活動に費やされている。私たちの多くは、公害や環境破壊、核兵器や原子力エネルギー生産などに反対して立ち上がり、自国で投獄された経験がある。しかし、私たちは母国での長年の活動で、多国籍企業が世界中を移動していることを学んだ。私たちが自国により大きな汚染規制を課すと、企業は警戒心が薄かったり、政府や国民が貧しかったり、抵抗する力が弱かったりする第三世界へと移動し、そこで企業は汚染を続け、利益を上げることができるのだ。先天性欠損症、呼吸器疾患、長期にわたる中毒、土地や水への被害など、私たちが得た知識は、世界の他の地域に住む私たちの兄弟姉妹には隠されている。このことが、私たちが他の影響を受けている国々の人と直接つながる動機となっている。私たちは皆、ひとつの地球に住んでいるのだから、知識や専門技術を共有し、互いに助け合い、援助し合う必要がある。さもないと利益を追求する世界の多国籍企業は、私たちの壊れやすい地球上の多様な生命と文化の多くを破壊してしまうだろう。

私が反論している新聞記事には、工業化のこうした問題に対する理解はない。それどころか、この記事は私たちに次のように言う。「第三世界を工業化し、原子力や水力発電のような近代的なエネルギー技術を導入するためのクラッシュ・プログラムを支援すべきだ」。しかし、この記事は、原子力エネルギーが呪いであり、ガンや遺伝子異常をもたらし、いまだに未解決の危険な廃棄物問題を引き起こしていることを読者に伝えていない。先進国中の地域社会が、この高価で危険な技術に抗議して立ち上がっている。水力発電については、小規模なものは有用だが、大きなダムは世界中で壊滅的な被害をもたらしている。原生地域や先住民の土地の破壊、もともと享受していた環境よりもはるかに悪い条件での再定住に伴うひどい人的コスト、流域の破壊や沈泥の問題は、生産されるエネルギーから得られるいかなる利益も相殺している。マレーシアが本当に安価で、安全で、環境に優しいエネルギー生産に関心があるのなら、バイオマス発電と太陽光発電に集中すべきだ。

そして、私たち環境保護主義者は、自国や第三世界におけるこれらの代替エネルギーの開発を、資金と教育プログラムによって支援している。

森林再生に関しては、私はイギリス出身だが、恥ずかしいことに国土の九パーセントしか木に覆われていない。イギリスには何世紀にもわたって木がない。私たちは世界で最も人口密度が高い国のひとつであり（一平方マイルあたりの人口数で計算）、その上、森林は何百年も前に、農業や町のために伐採された。しかし、私たちは残された森林を保護し、今後十年間で少なくとも二〇パーセントまで樹木を増やそうと躍起になっている。このような国から来て豊かで豊富な森林が、プランテーションと呼ばれる緑の砂漠に取って代わられようとしているのを見ると、とても悲しくなる。小規模なプランテーションは問題ないが、大規模なプランテーションは、温帯単作農業と同じ環境問題（害虫や土壌肥沃度の問題）に直面する。先進工業国が、より実行可能な有機農業や多様な農業へと新たなページを開きつつある矢先に、第三世界が自国の多様な農業のノウハウの息の根を止めようとしているのは皮肉なことだ。実行可能で独立した強力な先住民コミュニティーが管理する、再成長した二次林を利用した穏やかで持続可能な多様な農業の経済的価値は、マーケティングと価格を支配する先進国が主導する世界市場で販売される、少数の脆弱な換金作物の気まぐれをはるかに凌ぐだろう。

最後に、この記事に見られるパラノイアと恐怖について述べたい。ひどい人種差別と、それに伴う自国の文化の自信の低下を被った植民地化された国々は、必然的にまだ回復途上にある。外国人が自分たちの土地にやってきて、自分たちに何を考え、何をすべきかを指図するのはもうたくさんだと、経済的・文化的帝国主義の傲慢さと暗黙の優越性を拒否するのは当然だ。そして、用心するのも正しい。先進工業国とその多国籍企業は、自らが作り上げた搾取的な世界経済システムを簡単には手放さないだろう。彼らは、第三世界から天然資源を収奪し、その安価な資源を利用し、安い労働力を使い、危険物や廃棄物をそれらの国の土地に投棄し、「食うか食われるか」の世界で主導権を握り続けようとしているのだ。第三世界の国は警戒すべきである。

しかし、より洗練された態度が今求められている。西側にも仲間がいる。他の人々のことを本当に心配し、知識、技術、資源を共有することで皆が利益を得るような協力的な世界に住みたいと願っている人々だ。彼らは第三世界の貧しい人々の涙と血を代償にしていることを知りながら、自分たちのライフスタイルや贅沢を楽しむことはできない。私たちの友好の手を取り、実りあるアイデアと愛の交換をしませんか？

（アンジーは、一九九一年七月五日午前七時十五分から午後二時三十分まで、シミン・ビン・アワン・カシムを困らせる目的で、不法にバージ船のタエ・ハーバー・ワークスに留まり、不法侵入を犯した罪で起訴された。彼女はミリ刑務所で合計三カ月を過ごした。彼女は英国に戻り、世界中の原生林の伐採に反対するキャンペーンを続けた。）

付録7　気候変動

絶滅への叛逆公判　証人席からの声明　於ヘンドン治安判事裁判所（二〇一九年六月二十五日）

個人的な背景

私は今六十八歳ですが、二十一歳の大学最終年次の時に『エコロジスト』誌一月号の「生存のための青写真」を読んだ。当時、世界が直面していた戦争、貧困、酸性雨、オゾン層破壊、砂漠化、森林破壊、生物種の減少、原子力の民生・軍事面での乱用、公害、人口増加、消費至上主義、気候変動といった大きな問題が紹介されていて、大きな衝撃を受けた。

私は、大学教育の中でこれらの重大な問題に気付くことがなかった。私は自分自身を教育し、これらの問題の解決に助力することに一生を捧げる決心した。カメルーンで三年間を過ごし、英国の植民地主義と人種差別が長期にわたってもたらした影響、木材やアブラヤシなどの換金作物のための森林伐採、アフリカの豊かな資源の搾取が現地の人々に不利益をもたらし、企業や西欧社会を豊かにしていることを学んだ後、私は帰国したが、その母国は核兵器による冷戦の危機の中にあった。

私はグリーナムコモン抗議運動に参加し、雪だるま式市民的不服従運動を立ち上げ、のち二〇〇一年にライト・ライブリフッド賞を受賞したトライデント・プラウシェアズを設立した。現在もなお私たちを悩ませている核の危機と並行して、私は気候変動に関する活動にも参加するようになった。イースト・アングリア大学の気候科学の講師たちは、核兵器に反対する私の非暴力直接行動を弁護する際、専門家証人として陳述書を提出してくれた。これで私は、ごく少数の核弾頭が使用された場合でも起きる「核の冬」を初めて知った。私は、すべてのものはつながっていて、そのすべてが気候や生物多様性、そして地球上の生命の持続可能性に影響を与えていることを学んだ。私は、化石燃料への依存が温室効果を引き起こしていることをさらに詳しく知り、やがて気候科学者や地元の環境保護活動家たちとともに、温室効果ガスと気候変動について一般の人を対象とする啓蒙活動のグループをノリッチで立ち上げた。気温が上昇し、海面が上昇するにつれて、イースト・アングリアとロンドンのどの程度の地域が水没するかという地図があった。これは八〇年代初頭のことで、ほぼ四十年前のことだ。私たちは、ソーラーパネルの設置、電球のLED化、リサイクルと再利用、肉食を減らす、自家用車をやめて公共交通機関を利用する、地元で丁寧に買い物をする、消費量を減らすことなど、二酸化炭素排出量を減らすために個人ができることに集中した。

英国の木材輸入が原生林とその生物多様性の喪失に与えている影響を知ってからは、炭素吸収源と持続可能な森林管理にも関わるようになった。私は英国森林ネットワークの一員であり、英国の大手木材輸入業者と協力して、南米やアジアの原生保護区から盗まれた原生林の輸入を止めるよう説得し、森林管理評議会の英国基準を設定するプロセスにも参加した。

しかしもちろん、これだけでは十分ではなかった。政府に関与し、システム全体の変化を起こさなければならなかった。個々人がライフスタイルを変えるだけでは不十分だったのである。しかし、私たちの意見に耳を傾ける人々や政府はほとんどいなかった。私たちは凶事の預言者（カサンドラ）、終末論者、ニヒリスト、気違いと見なされた。しかし、もし政府がその時に行動を起こしていれば今のような危機的状況にはならなかっただろう。過去四十年にわたる私の個人的な活動についての詳細は省くが、今年四月十五日から二十日までの一週間における私の行動は、突発的なものでも軽はずみなものでもなく、生涯にわたる懸念から生じたものであること、そして気候変動と闘い、破局的な崩壊を防ぐための必要な変化を生み出すために考えられるあらゆることを試みてきたということを示すものとなるよう願っている。

気候が緊急事態にあると考える根拠

ここで、私に最も大きな衝撃と影響を与え、私が行動を起こす前に知っていた根拠と基本的な情報について、私の手元にあるいくつかの資料によって手短に紹介したい。これらは、この社会における緊急かつ全体的な変化なしには、地球規模の生態系とともに文明そのものが崩壊する可能性が高いと私が考える理由を示すものである。また、四月十七日に抗議行動のエリアを離れることを拒否した私の動機の説明でもある。

私たちはすでに他の生物種の大量絶滅を経験しており、それが人間の活動によるものであることも今や明白である。もし私たち自身が変わらなければ、私たちの種も同じ運命をたどるだろう。

ごく短期的には、英国では世界の他の地域よりもリスクは小さい。しかしすでに多くの人々、特に年少者や高齢者がその影響を感じている。研究者たちによって気候変動が原因とされた二〇〇三年の熱波は、英国を含むヨーロッパ全土で七万人の命を奪った［289］。カーライルやマンチェスターなど英国の一部では、洪水リスクのために住宅がすでに保険に加入できない状態になっている［290］。化石燃料に起因する大気汚染によって、イギリスでは毎年何万人もの命が失われており、子どもたちの肺にも大きな影響を与えている［291］。

気候変動の主な原因である二酸化炭素は大気中に何百年も留まり続け、私たちが経験している変化の多くは現在すでに「固定化」(locked in) されている［292］。

私たちは気候変動の暴走と「温室化した地球」に向かって加速しており、その行き着く先が、もはや人類の生命を維持できない状態であるという証拠が増えている。

一九八八年十月、世界気象機関（WMO）、国際科学会議（ICSU）、国連環境計画温室効果ガス諮問グループ（AGGG）は、ストックホルム環境研究所（Stockholm Environment Institute）の協力を得て、研究プロジェクトに基づく報告書を発表した。この報告書は、地球温暖化の適切な限界値を設定するためのもので、次のような結論を出している。

一度を超える気温上昇は、急速で、予測不可能で、非線形な反応を引き起こす可能性があり、それは生態系への大規模な被害をもたらすことになりかねない［293］。

二〇一八年までに一度の限界はすでに破られている。

「非線形反応」の概念を明確にしよう。ある時点で、気候システムにおけるフィードバック効果によって「臨界点」（ティッピング・ポイント）に達し、それを超えると、たとえ人間による温室効果ガスの排出が完全に止まったとしても、世界は急速に温暖化し続ける。たとえば、氷は地球の表面から熱を反射する。世界が温暖化すると、海氷が溶けて黒っぽい水面に変わり、地球の表面から熱を反射する代わりに熱を吸収し、氷が溶けるプロセスを加速させ、さらに温暖化が進むという悪循環に陥る。気温の上昇に伴い、森林火災の頻度も深刻さも増大している。大気中のCO_2を吸収していた樹木は、逆にCO_2を放出し、温暖化のプロセスをさらに悪化させる［294］。

デベン卿（現在の気候変動委員会委員長）は、「臨界点」を次のように表現している（二〇〇七年、シャドウ・キャビネットのための報告書）。

臨界点。これは、気候システムにおけるこれらの変化が、地球温暖化の暴走につながる時点を指す。この段階では、気候システムに対してわれわれが及ぼしてきたわずかな影響力も、もはや結果に影響を与えることはないだろう。地球温暖化の暴走は、大量絶滅につながる可能性がある［295］。

二〇〇八年、英国の気候変動法が制定された際に、同法案に関する下院環境委員会のレビューで指摘されたように、二度という「絶対的気温限界」が英国の目標値として用いられた。

環境・食糧・農村問題担当国務長官は、政府が依然として地球温暖化を二度の上昇に抑えることに完全にコミットしていることを確認した。このレベルの温暖化でさえも危険であることを強調することで、彼は英国とEUが気温上昇を二度以下に抑えることを約束した理由を明確にした。「平均気温が二度上昇すれば、今世紀半ばにはベルリンで五〇度になることも珍しくないと告げられた。……五〇度というのは我々が経験したことがなく、全く考え込んでしまうほどの動かぬ証拠だ……気候変動は他の政治的課題とはスケールが違う。その影響は、物理的にも経済的にも壊滅的なものとなる可能性がある。この難題が突きつけるのは、その規模だけでなく、それが起きるタイミングである」［296］。

しかし、二〇一〇年頃から二度という上限は不十分で危険だという認識が広まった。
二〇一一年、クリスティアナ・フィゲレス国連気候変動枠組条約事務局長は次のように警告した。「二度では不十分だ。一・五度を考慮すべきだ。一・五度に向かわなければ、私たちは大きな問題に直面することになる」［297］。
二〇一三年、二〇〇七年のレビューで二〇五〇年目標の設定に影響を与えたスターン卿は、ダボスで開催された世界経済フォーラムでプレゼンテーションを行い、次のように述べた。

今思えば、私はリスクを過小評価していた。地球と大気圏の炭素吸収量は予想より少なく、排出量はかなり速く増加している。いくつかの影響は、私たちが考えていたよりも早く現れている……。これは非常に危険である可能性があり、我々は強力に行動しなければならない。私たちは、二発の弾丸で、それとも一発の弾丸でロシアンルーレットをしたいのか？　多くの人々にとって、これらのリスクは実存するものなのだ［298］。

二〇一五年五月、二〇一二年の国連気候変動枠組条約締約国会議が委託した「組織的専門家協議」が最終報告書を発表し、こう結論づけた。

二度までの温暖化が安全とされる「ガードレール」の概念は不十分である……。専門家は、極端な事象やティッピング・ポイントにまつわるリスクのレベルに関して、一・五度と二度の温暖化の間に意味のある違いが生じる可能性が高いことを強調した［299］。

二〇一五年十二月、国連気候変動枠組条約の締約国である百九十七カ国の政府は、気候変動に関するパリ協定を採択することで、二度の上限を危険かつ不十分なものとして拒否することで一致した。

世界の平均気温の上昇を産業革命以前の水準から二度よりも十分低く抑え、気温上昇を産業革命以前の水準から一・五度に抑える努力を追求する［300］。

主要な研究は、パリ協定の限界を超えると、気候変動の暴走と「温室化した地球」に向かう臨界点（ティッピング・ポイント）を超える可能性があると結論づけている。

　この分析は、パリ協定の目標である一・五度から二度の気温上昇が達成されたとしても、フィードバックの連鎖によって、地球システムが不可逆的に「温室地球」経路に移行するリスクを排除できないことを示唆している……。温室地球は恐らく制御不能で危険で……健康、経済、政治的安定……そして究極的には人類が地球で生活することに深刻なリスクをもたらす……。そのような閾値がどこにあるのかははっきりしないが、ほんの数十年先のことかもしれない……［３０１］。

英国政府自身を含む多くの権威ある情報源から、私たちが急速にパリ協定の気温制限を超え、全人類と地球上の他の生命にとって極めて危険な領域に向かっていることは明らかである。

気候変動に関する政府間パネルは、気候変動に関するすべての査読済み科学論文を最終的に統合したものである。二〇一四年の最終報告書では次のように結論付けられている。追加的な緩和の努力がなければ、ほとんどのシナリオにおいて……温暖化は二一〇〇年までに産業革命以前の水準より四度を上回る可能性が高い［３０２］。

二〇一六年十一月、国連環境計画は「排出ギャップ報告書」を発表し、「大惨事を回避する」ためには「緊急の行動」が必要であると主張した。

この報告書では、実際に三・四度まで地球温暖化が進むと見積もっている。現在の取り組みでは、大惨事の回避のために二〇三〇年までに必要なレベルの三分の一以下しか排出量を削減するに過ぎない。それ故、私たちは緊急に行動を起こさなければならない［303］。

二〇一七年十月、政府は「クリーン成長戦略」を発表した。

排出量の大幅な削減がなければ、今世紀末までに世界の平均気温は産業革命以前の水準から二度以上、最も高い排出シナリオでは五度も上昇する可能性がある……。科学的な証拠によれば、温暖化の規模が大きくなればなるほど、人間と生態系に深刻で広範かつ不可逆的な影響を及ぼす可能性が高まる。このような気候変動リスクは、二度を超えると急速に増大するが、一部のリスクは二度以下でも相当なものがある［304］。

科学的根拠は明白で疑いの余地はない。パリ協定の気温の限界を遵守し、大災害を回避するには、緊急かつ抜本的な変革が必要である。

二〇一七年六月、著名な科学者、外交官、政策立案者の連合体は、一流科学誌『ネイチャー』に「気候を守るための三年間」という見出しの意見記事を発表した。これは、パリ協定の気温制限を満たすためには、世界の二酸化炭素排出量を二〇二〇年までに峠を越えさせて、かつ二十年以内に「正味ゼロ」を達成する必要があることを示したもので、次のように説明している。

二〇二〇年という年が決定的に重要なのは、政治的な理由よりも物理学的な理由によるところが大きい。気候に関しては、タイミングがすべてである……排出量が二〇二〇年以降も増え続けるか、あるいは横ばいのままであれば、パリ協定で設定された気温目標はほとんど達成できなくなる［305］。

二〇一八年、外務・英連邦・開発省は気候変動を「実在する脅威」と述べた［３０６］。

二〇一八年十月九日、気候変動に関する政府間パネルは、一・五度の気温限界を超えることの影響に関する最終報告書を発表し、次のように結論づけた。

一・五度の閾値を超えることが人類に与える影響は、現在の排出率では極めて深刻であり、その閾値は二〇三〇年以降のある時点で超える可能性が高い。このような結果を避けるためには、温室効果ガス排出削減のための緊急かつ抜本的な行動が必要である［３０７］。

ＢＢＣは、気候変動に関する政府間パネルの結論について、「『気候カタストロフィー』から世界を救うための最後の呼びかけ」という見出しで報じた［３０８］。

このような切実な科学的警告を前にして、英国政府は直ちにその危険性を国民に伝え、必要な緊急かつ抜本的な行動のための民主的な権限確立に着手するべきである。このことが「エクスティンクション・レベリオン」（ＸＲ、絶滅への叛逆）の要求の一部であったし、現在もそうである理由である。政府は、気候崩壊と温室化した地球の尋常でないリスクについて国民に伝えていないだけでなく、実際、なにごともないように従来通りを続けている。排出量削減のための緊急行動をとるどころか、例えば次のようなことを行っている。

●最も汚染度の高い輸送手段のひとつである航空輸送の拡大。クリス・グレイリング運輸相は、ヒースロー空港の拡張計画とパリ協定は「無関係」だと主張。

●一流の気候科学者のアドバイスに反して、シェールガスの「水圧破砕」を奨励。

●ヨーロッパのどの国よりも高い化石燃料補助金［309］［310］。

政府の法定アドバイザーを含む一流の専門家で構成される気候変動委員会は、政府の気候対策の義務とその行動との間の矛盾を指摘している。

二〇一八年十月のガーディアン紙は次のように書いている。

世界の一流気候科学者の一人は政府の採掘計画に対して痛烈な非難を始めた。閣僚はドナルド・トランプの真似をしていて、科学的根拠を無視していると告発した。気候科学の父として知られるジェームズ・ハンセンは、英国のシェールガス掘削産業を支援する決定は未来の世代から厳しい評価を受けるだろうと警告した。科学的結論は非常に明白で、最も有害なタールサンドやシェールガス掘削のような「非従来型」の化石燃料から段階的に廃止していく必要がある［311］。

行動のもととなる信念

私が皆さんに紹介した情報は、私の手元に届いた情報のごく一部をそのまま要約したものである。これらに接して、私は苛立ち、落ち込み、時には絶望的な気持ちになった。「権力者」たちがなぜ行動を起こそうとしないのか、私には理解できない。なぜなら、それは彼らの住む世界でもあるのだから。政治家が化石燃料産業や採掘産業から執拗な働きかけを受けていることや、政治家、公務員から石油産業や航空産業のCEO（最高経営責任者）まで「回転ドア」になっていることは私も知っている。しかし、私たちの社会と生態系が崩壊すれば、私たちの誰もが、食べることも、飲むことも、お金を使うこともできなくなる。

私たちは、気候変動を食い止めるために何をなすべきかの知識を共有しているが、それが実行されていない。しかし、気落ちしたり希望をなくしたりすることは、問題をさらに悪化させるだけだ。私は、自分自身、家族、そしてこの壊れやすい地球上のすべての生き物の将来を心配している。私たちすべての生命に現実の、しかも重大な脅威が存在し、その危険を軽減するために、科学に基づき、緊急かつ体系的な社会の変革が今すぐなされなければならないと信じている。だからこそ私は、四月十七日、「絶滅への叛逆」（XR）とともに行動を起こしたのである。

それまでも、数え切れないほどの科学的報告書、懸念する科学者たちからの手紙、デモ行進、嘆願書、そして約束があった。しかし、政府は責任ある行動をとらず、気候変動という緊急事態に対処するために必要な政策を実施してこなかった。そこで私は、最後の手段として非暴力直接行動を行なった。

二〇一八年十二月、デビッド・アッテンボロー卿は国連で次のように述べた。

今、私たちは地球規模の人災に直面している。この数千年で最大の脅威である気候変動……。私たちが行動を起こさなければ、文明の崩壊と自然界の生物種の絶滅が目前に迫っている。世界の人々が声を上げた。時間がない。彼らは、意思決定者であるあなた方がいま行動を起こすことを求めている。世界の指導者たちよ、あなた方が先導しなければならない［312］。

四月十五日に始まったロンドンでの一連のアクションの後、行動の必要性と、それが警鐘を鳴らすことにつながると広く認知されるようになったと思う。このことは、政治色の異なる主要メディアの以下の記事に反映している。

「〝絶滅への叛逆〟による抗議は功を奏し、国会議員は変化を求める声に抗えなかった」（『デイリー・エクスプレス』二〇一九年四月二十五日号）［313］。

「政治的不作為に対する〝絶滅への叛逆〟の抗議を受けて、ジェレミー・コービンは気候緊急事態宣言の採択を国会議員に迫る」(『デイリー・メール』二〇一九年四月二十八日付)〔314〕。

ほとんどの人と同じように、私は逮捕されることを好まない。抗議活動に戻ることを禁止する不合理と思われる保釈の条件を拒否して、警察の独房で三日間も過ごしたくはなかった。裁判所で過ごすのも好まないし、ウェールズからロンドンまで審理のために移動するのに貴重な時間とお金を費やすのも嫌だ。

もし政府が、脅威の規模と緊急性について国民にありのままの情報を提供することで公共の利益のための仕事をし、また、脅威をさらに悪化させるのではなく脅威に対処していたならば、私は非暴力直接行動に出る必要はなかっただろう。

最後に、数十年にわたる私の平和・環境保護活動はすべて、熟慮の上での活動であり、説明責任を果たし、非暴力的な方法で行われてきたこと、そして最新の絶滅への叛逆(XR)行動も同様に、非暴力的かつ責任ある方法で行われたことを裁判所に保証したい。

XRの行動のルールは、当初から現在まで、参加者が受ける非暴力トレーニングに盛り込まれていて、XRのウェブサイトだけでなく、ロンドンの五つの運動拠点のサイトすべてに掲載されている。そこには次のように記載されている。

> 私たちは、お互いに、一般の人々に、そして政府職員や警察官も含め全ての人に敬意を払います。私たちは、個人ではなくシステムに反対します。
> 私たちは、身体的であれ言葉によるものであれ、いかなる暴力も行使せず、武器も携帯しません。私たちは覆面を着けず、自らの行動に説明責任を持ちます。
> アルコールや違法薬物は持ち込みません。

私たちは自分自身の行動に責任を持ちます。私たちは全員、一つのチームのメンバーです。

XRはまた、首都警察との間で広範な連絡調整を行なった。XRのパオロ・エノックとXRのオフィスで会ったとき、XRは四月十五日に向けてロンドン警視庁の上級警察渉外官や他の幹部と何度も会合を持ったと聞いた。例えば、道路封鎖の場所は事前に警察に知らされ、封鎖箇所を迂回や経路変更ができて道路利用者の面倒を最小限にするようになされていた。私は、非暴力のガイドライン（抗議者の行動規範）が明示されているだけでなく、これに救急車や消防車の移動のことも含まれていると確信した。例えば、二〇一九年四月五日、上級の「シルバー・コマンダー」同席で開催された警視庁との（同オフィスでの）会議では、計画されている非暴力的な抗議行動の概要が示され、XRのプレゼンテーションには、整理要員の配置、非暴力的なコミュニケーションや衝突に備えた仲裁チームなどが含まれ、占拠された場所を警察官が巡回する際には受け入れ、これを妨害しないという合意がなされた。暴力的なセクトがXRの抗議活動に入り込むのではないかという懸念が共有され、XRから、青色灯を点灯した車両（テロ攻撃への対処の際の警察車両を含む）が道路封鎖箇所に近づいた場合、その車両を直ちに通過させるという確約書が渡された。

あとで彼から聞いた話だが、抗議行動の期間中、XRには五つの占拠場所すべてで、シフト制の対警察連絡班があったという。これらの連絡員は、日中は警察渉外チームと、夕方から夜にかけては当直巡査部長と常に連絡を取り合っていた。パオロ自身、抗議行動の期間中、警察との連絡調整部局と分刻みで電話連絡を取り合っていた。

パオロによれば、XRの警備ポリシーは警察車両も含むものだったという。パオロは、ウォータールー橋で起きた二つの救急事案を目撃したが、いずれもXRの参加者が救急隊が現場に到着できるよう積極的に支援した。これらのうち二番目の件は、歩道で通行人が心臓発作を起こし、医療スタッフによる長時間の治療が必要だったのだ。XRの整理要員と対警察連絡班は、警察に緊急事態を知らせただけでなく、救急車が両方向に行き来できるよう、緊急事態の間中、緊急車線を空けておくことで警察と協力した。

パオロは今回の公判期日には不在だと言っていたので、私は彼を証人として呼んでいない。

逮捕される前の最初の数日間、私が訪れた五つの現場すべてで、美しく思いやりに満ちた雰囲気を目撃したことを証言できる。地域の商店主やビジネスマンは、私たちの中心的な封鎖地点を歩いて出勤し、人々の集会や音楽、カーニバルの雰囲気を祝福してくれた。大気汚染も減るし静かだから、毎日車の通行が止まってくれればいいのに、と言っていた。地元の商店やカフェの多くは好調な売れ行きを示し、連帯を示す方法として施設の無料利用を申し出たところもあった。

私は、四月十七日に警官に移動するよう求められた際にこれを拒否したにもかかわらず、無罪を主張する。私が無罪を主張するのは、気候カオスの緊急事態に対する合理的かつ適切な対応であると考え、抗議行動をし続けることが正当であると信じたからである。私は、その週にロンドンに集まった何千人もの人々とともに、私の行動は災害の回避と変革につながると信じていた。そしてこれが正しいことが証明された。気候変動についての、そしてどのような実際的な行動をとることができるのかについての真の討論の場が開かれたのだ。四月二十九日のロンドンでの絶滅への叛逆行動のわずか数日後、ウェールズは正式に気候緊急事態を宣言した最初の国となった［315］。その数日後の五月一日には、英国政府が気候・環境緊急事態を宣言した［316］。

私は、英国中の何千もの人々と同様、ナイトンにある自分の町議会を説得し、気候緊急事態宣言を発表させ、どのような実際的な行動が可能かを決定するための公開のミーティングを開催することに関与してきた。私たちがロンドン中心部で引き起こした創造的な混乱がなければ、このようなことは起こり得なかったと私は信じている。

私たちの壊れやすい地球が大規模な気候変動にさらされており、それは間もなく、おそらく十一年以内に、大規模な人命損失につながる壊滅的な気候カオスに至るであろうことを考えると、私はこの大惨事を防ぐのに必要な変化をもたらすべく、全力を尽くさなければならなかった。私が行ったことは、私たちが置かれている緊急事態に対する、合理的かつ適切で相応な対応であったということに同意していただくことを希望する。

裁判所が私に無罪判決を下すことを強く望む。ありがとうございました。

付録8　女性

女性、平和、安全、国際連帯　世界正義祭でのアンジー・ゼルターの手短な発表　於FMHエジンバラ（二〇一七年十月）

紛争を主に収めるのはしばしば女性で、女性は子どもを育て、高齢者の世話をし、家族をまとめながら、平和の創造に深く関わっています。争いは人間社会にはつきものですが、建設的かつ平和的に処理しさえすれば、私たち全員が健全な方向に向かい、成長することができるのです。これに対して武力紛争は健全な紛争解決とは対極にあり、平和と安全保障とはほとんど無縁です。また、「防衛」という言葉は、「防衛」軍が石油、ガス、鉱物などの資源略奪を支援するための攻撃に頻繁に関与し、地元の人々や環境に損害を与えていることを考えると、ひどく誤用されていることがわかります。

赤十字の報告書「女性と戦争」［317］は、多くの武力紛争が「国境をまたぐ」ものではなく、資源、支配地域、または住民の支配をめぐる対立する民族、宗教、あるいは政治集団の間での「内部の」ものであるという情報を含む有用な手引きとなっています。また残念なことに、一般市民が直接標的にされたり、銃撃戦に巻き込まれたりすることがあまりにも多いのです。戦争では、殺されたり捕らえられたり行方不明になる者の大多数が男性ですが、女性は一般市民として標的にされ性的暴行にさらされるようになってきています。また、一般的に女性は、家族の日々の生活を支えるための義務を一手に背負ってもいるのです。

世界中で何百万人もの人々が残酷にも家や生計手段を奪われ、食糧、水、避難所、医療を満足に得られず困難な状況で生活しています。難民となった女性たちは、しばしば一人でなんとかしなければならず、また余分な責任を負わなければならないため、健康を害したり、性的暴力や虐待のリスクも高くなります。

世界はより危険な場所になりつつあり、現在、平和で全く紛争がない、つまり、内外で武力紛争が起きていないと考えられる国はわずか十カ国しかないのです［318］。

イギリスは、今日これほど世界に蔓延している暴力に対して非常に大きな責任があります。植民地時代はひどい暴力と混乱の時代であっただけでなく、現在の多くの紛争の原因ともなっているのです。歴史家マルク・カーティスは次のように述べています。

> イギリスの役割は本質的に帝国主義的なものに変わりはない。アメリカのグローバル・パワーの配下として行動し、欧米企業の利益になるように世界経済を操作し、世界政治の中の英国の独立した地位を最大限に高め、その結果「大国」であり続けることである［319］。

イギリスが世界で六番目の武器商人であり、その最大の顧客が、今なお女性が二級市民として扱われているサウジアラビアであることは、女性として憂慮すべきことなのです。サウジは、世界中で最も独裁的な体制の国で、国内での抑圧と対外侵略はイギリスの武器セールスによって梃子入れされ、支えられています。自国民を残酷に弾圧するだけでなく、バーレーンの民主化デモの鎮圧にもイギリスの武器が使われていました。現在では英国製の戦闘機がサウジアラビアのイエメン攻撃で中心的な役割を担っています〔320〕。

イギリスは、例えばイラク、シリア、アフガニスタン、ナイジェリア、リビア、イエメン、ソマリアなど現在の紛争の多くに、武器、軍事訓練、情報を提供し、深く関わっています。またNATO域外での軍事演習に深く関与していることも、同様に非常に挑発的で、国際平和と安全保障の障害となっています。

つまり、今ここにいる私たちに求められる課題に行き当たります。国際平和と安全保障を強化するためには、英国の私たち一般の女性には何ができるのでしょうか?

明らかなことは、私たちは武器取り引きに反対する運動に参加しなければならないし、その他にもできることがたくさんあります。ここで、私自身が関わったことについてお話しし、これからの議論に役立てていただきたいと思います。

第一に、イギリス国内での核兵器反対の市民的抵抗運動についてです。私はこれまで二十年にわたって、トライデント・プラウシェアズの活動に深く関わって来ました。これは、オルダーマストン、バーグフィールド、デヴォンポート、ファスレーン、クールポートを含めた、英国のトライデント・システムに対する非暴力抵抗を訓練し、組織することでした。

また、一年を通じて基地を封鎖する「ファスレーン365」〔321〕を提唱し実行しました。これらの非暴力行動は、核戦争準備の「予定された計画」を効果的に中断させただけでなく、多くの一般市民に警告を発して運動への参加を促し、反核の姿勢をとる現在のスコットランド政府を支えたと私は考えています。もっとたくさんの人々が活動に参加するようになれば、トライデントを廃棄できるかもしれません。ファスレーンで私たち一千人が基地に立ち向かい、道路に座り込んで占拠すれば、警察はそれだけの人数に対応できないので、その日は基地は閉鎖されるでしょう。もし何日もそこに留まるなら、私たちの力はすぐにわかるでしょう。でもそのためには、私たち全員が友だちや家族を連れていく必要があるのです。

核兵器禁止条約が発効の段階を迎えようとするこの一年は極めて重要なので（同条約は二〇二一年一月二十二日に発効）、皆さんもぜひ封鎖行動と抵抗に参加してください。そして最も重要なことは、スコットランドの道路を通る核弾頭輸送車列を阻止し、核兵器禁止条約を支持する強力な宣言に署名するよう、スコットランド政府に圧力をかけ続けることです。

また、国際的な場では、紛争に苦しむコミュニティーに連帯し、紛争地の人々の声を伝え、現地での物理的プレゼンスで国際的に支援することが重要です。

私はパレスチナの連帯ネットワークに加わることにし、ヨルダン川西岸でイスラエルの占領に苦しむパレスチナ人を支援するため、サルフィート村に拠点を置く国際女性平和事業パレスチナ［322］の設立に助力しました。

私たちは女性ボランティアのグループを立ち上げ、脅威にさらされているパレスチナ人に同伴者を付け、占領と「アパルトヘイトの壁」建設に反対する平和的なデモに私たち国際市民が立ち会うことで彼らを支援することにしました。

私たちは、家屋破壊、子どもの逮捕、さらに、武装したイスラエル人入植者がパレスチナ人の土地や水源を盗んでいる平和な村へのイスラエル軍の侵入に関する人権状況報告書を書きました。

私たちは、これらの人権侵害のほとんどを止めさせることはできませんでしたが、それでもそれらの事実を公にし、関係する国際機関、国連の機関に何が起こっているかを知らせることができました。また、イスラエルの武装検問所で移動が妨げられ、多くの村人が抱えていた孤立感や見捨てられてるという感覚を和らげることができました。

私たちはなんでもできるわけではありませんが、もし平和を望むのであれば、そのために努力しなければなりません。

Nicolson, 1996.
Sahabat Alam Malaysia, *Solving Sarawak's Forest and Native Problem: Proposals by Sahabat Alam Malaysia,* Sahabat Alam Malaysia, 1990

Zelter, Angie, *Tri-Denting It Handbook: An Open Guide to Trident Ploughshares,* thirdedition, 2001.
邦訳『トライ・デンティング・イット　ハンドブック』, 東京 YWCA 国際語学ボランティアグループ訳, 豊島耕一編集, 2004.
http://ad9.org/pegasus/peace/tp2000/handbook/tdihb0.html

【経済】

Mellor, Mary, *The Future of Money: From Financial Crisis to Public Resource,* Pluto Press, 2010.
F・エルンスト・シューマッハー『スモールイズビューティフル再論』, 酒井懋訳, 講談社 , 2000.

【農業】

Balfour, EB, *The Living Soil,* Faber and Faber, 1943; later published as The Living Soil and the Haughley Experiment, Palgrave Macmillan, 1975.
福岡正信（著）『自然農法 わら一本の革命』, 春秋社, 2004.
Hills, Lawrence D, *Grow Your Own Fruit and Vegetables,* Faber and Faber, 1971.
Howard, Sir Albert, *An Agricultural Testament,* Oxford University Press, 1940.
F・H・キング『東アジア四千年の永続農業：中国、朝鮮、日本』, 杉本俊朗訳, 農山漁村文化協会 , 2009.

【森林保護】

Chin, SC, Devaraj, Jeykumar and Jin, Khoo Khay, *Logging Against the Natives of Sarawak,* insan, Malaysia, 1989.
Colchester, Marcus, *Pirates, Squatters and Poachers: The Political Ecology of Dispossession of the Native Peoples of Sarawak,* a report from Survival International published in association with insan, Malaysia, 1989.
Environmental Investigation Agency, *Corporate Power, Corruption and the Destruction of the World's Forests: The Case for a New Global Forest Agreement,* Environmental Investigation Agency, 1996.
Lang, Chris, *Genetically Modified Trees: The Ultimate Threat to Forests,* World Rainforest Movement and Friends of the Earth, 2004.
Mendez, Chico, *Fight for the Forest: Chico Mendes in his Own Words,* Latin America Bureau, 1989.
Pakenham, Thomas, *Meetings with Remarkable Trees,* Weidenfeld and

Match His Mountains, Nilgiri Press for the Blue Mountain Center of Meditation, 1984.
Galeano, Eduardo, *Mirrors: Stories of Almost Everyone,* Portobello Books, 2009.
Galeano, Eduardo, *Open Veins of Latin America: Five Centuries of the Pillage of a Continent,* Monthly Review Press, New York, 1973.
ジョン・ハーシー『ヒロシマ』（増補版・新装版），石川欣一／谷本清／明田川融訳，法政大学出版局，2014.
Lasse, Udtja, *Bury My Heart at Udtjajaure,* Emma Publishing, Sweden, 2007.
スヴェン・リンドクヴィスト『すべての野蛮人を根絶やしにせよ』，ヘレンハルメ美穂訳，青土社，2023.
Lindqvist, Sven, *A History of Bombing,* Granta, 2001.
Morris, Donald R, *The Washing of the Spears,* Sphere, 1973.
Paik Sunoo, Brenda with Han, Youngsook, *Moon Tides: Jeju Island Grannies of the Sea,* Seoul Selection, 2011.
Sang Soo, Hur (ed), *For the Truth and Reparations: Cheju April 3rd of 1948 Massacre Not Forsaken,* Backsan Publisher Co, Seoul, 2001.
Werfel, Franz, *The Forty Days of Musa Dagh,* Penguin Classics, 2018.

【核】
Green, Commander Robert, Royal Navy (Ret'd), *Security without Nuclear Deterrence,* Spokesman, 2018.
Forsyth, Commander Robert, Royal Navy (Ret'd), *Why Trident?,* Spokesman, 2020.
Manson, Robert, *The Pax Legalis Papers: Nuclear Conspiracy and the Law,* Jon Carpenter Publishing in association with the Institute for Law and Peace, 1995.
Yaroshinskaya, Alla, *Chernobyl: The Forbidden Truth,* Jon Carpenter Publishing, 1994.
Zelter, Angie (ed), *Faslane 365: A Year of Anti-nuclear Blockades,* Luath Press, 2008.
Zelter, Angie and Bernard, Oliver (eds), *Snowball: The Story of a Nonviolent Civil Disobedience Campaign in Britain* compiled and edited by and published by Arya Bhushan Bhardwaj of GANDHI-IN-ACTION, New Delhi, India, 1990.
Zelter, Angie, *Trident on Trial: The Case for People's Disarmament,* Luath Press, 2001.

参考文献

【全般】

ジャレド・ダイアモンド『文明崩壊 滅亡と存続の命運を分けるもの』(上・下), 楡井浩一訳草思社, 2005.

Earnshaw, Helena and Penrhyn Jones, Angharad (eds), *Here We Stand: Women Changing the World,* Honno Welsh Women's Press, 2014.

Goldsmith, Edward, et al., *A Blueprint for Survival,* Tom Stacey, 1972.

Seager, Joni, *Earth Follies: Feminism, Politics and the Environment,* Earthscan Publications, 1993.

Sharp, Gene, *The Politics of Nonviolent Action,* Porter Sargent, 1973.

リチャード・ウィルキンソン, ケイト・ピケット,『平等社会 : 経済成長に代わる、次の目標』, 酒井泰介訳, 東洋経済新報社 , 2010.

【服従】

ハンナ・アーレント『エルサレムのアイヒマン　悪の陳腐さについての報告』, 大久保和郎訳, みすず書房, 新版 2017.

スタンレー・ミルグラム『服従の心理』, 山形浩生訳, 河出書房新社, 2012.

【企業支配】

ジョエル・ベイカン『ザ・コーポレーション―わたしたちの社会は「企業」に支配されている』, 酒井泰介訳, 早川書房, 2004

アンドルー・ファインスタイン『武器ビジネス : マネーと戦争の『最前線』』上・下, 村上和久訳, 原書房 2015

デビッド・C・コーテン『グローバル経済という怪物 : 人間不在の世界から市民社会の復権へ』, 桜井文訳, シュプリンガー・フェアラーク東京, 1997.

【外交政策／植民地主義／歴史】

ヒュー・ブロディ『エデンの彼方 : 狩猟採集民・農耕民・人類の歴史』, 池央耿訳, 草思社 , 2004.

Curtis, Mark, *Web of Deceit: Britain's Real Role in the World,* Vintage, 2003.

バズル・デヴィドソン『ブラック・マザー : アフリカ / 試練の時代』, 内山敏訳, 理論社 , 1978.

Dunn, James, Timor: *A People Betrayed,* ABC Books for the Australian Broadcasting Corporation, 2001.

Easwaran, Eknath, *Nonviolent Soldier of Islam: Badshah Khan, A Man to*

原注

1　www.disarmsecure.org
2　Edward Goldsmith 他 , *A Blueprint for Survival*, Tom Stacey, 1972.
3　これは次の本の第二章「私のハンマーで」のアンガラッドが行った私へのインタビューで部分的に取り上げられている。Helena Earnshaw and Angharad Penrhyn Jones, "Here We Stand:Women Changing the World", Honno, 2014 年。
4　夫も南ローデシアの生まれで、ホワイトアフリカン 2 世と呼ばれていた。
5　現在のハラレ。
6　Basil Davidson, "Black Mother: The Years of the African Slave Trade", Little, Brown and Co, 1961.
7　EB Balfour, "The Living Soil", Faber and Faber, 1943. 後に次のタイトルで出版："The Living Soil and the Haughley Experiment", Palgrave Macmillan, 1976.
8　www.gardenorganic.org.uk
9　www.soilassociation.org
10　FH King, "Farmers of Forty Centuries, or Permanent Agriculture in China, Korea and Japan", Democrat Printing Co, Madison, Wis, 1911. 邦訳：杉本俊朗訳「東アジア四千年の永続農業：中国・朝鮮・日本」農山漁村文化協会, 2009
11　私が 16 歳のとき、父がウィーンで仕事をすることになったので、継母と異母兄弟は全員ウィーンに移り、私は英国に残って学業を終えた。私は両親の友人の家に住み、年に 1、2 回両親を訪ねた。
12　EF Schumacher, "Small Is Beautiful: A Study of Economics as if People Mattered", Sphere Books Ltd, 1973.
13　Mary Mellor, "The Future of Money: From Financial Crisis to Public Resource", Pluto Press, 2010.
14　positivemoney.org
15　1981 年、巡航ミサイル（誘導式核ミサイル）の英国配備決定に怒った女性グループが、ウェールズのカーディフからバークシャー州ニューベリー近くのグリーナム・コモン空軍基地までの抗議の行進を組織した。ここで彼女たちが立ち上げたものは、後に「グリーナム・コモン女性平和キャンプ」として知られるようになる。何千人もの女性たちが抗議に立ち上がり、ヨーロッパの平和運動を結集させ力付けるのに貢献した。この運動は大規模な政治的圧力となり、最終的に 1987 年、ロナルド・レーガン米大統領とミ

ハエル・ゴルバチョフ・ソ連大統領が中距離核戦力（INF）全廃条約に調印し、グリーナムからの巡航ミサイル撤去への道を開いた。1989年から1991年にかけて、グリーナムに設置されていたすべてのミサイルが撤去された。1992年、基地から米空軍が去り、英空軍もすぐにそれに続いた。平和キャンプは核兵器への抗議を続ける場として残り、最後のグリーナム・ウーマンは、この基地での活動開始から19年後の2000年9月に基地を後にした。グリーナム基地の一部はビジネスパークに、残りは共有地になっている。

16　私の「幼い」弟は私より10歳年下で、とても仲が良い。彼は任期満了で空軍を去り、更新しなかった。

17　周囲のフェンスの周りには少なくとも9つの異なる女性の野営地があり、それぞれの色にちなんだ名前が付けられていた。

18　反アパルトヘイト運動の最中で、夫のネルソン・マンデラが投獄されている間、彼女はその公の顔だったので、この名前を選んだ。彼女は拷問を受け、拘束され、独房に入れられ、大変な苦しみを味わっていた。彼女の警護特殊部隊「マンデラ・ユナイテッド・フットボール・クラブ」が、自ら人権侵害を冒していたことが知られるようになる前のことだった。

19　ノーフォークのスカルソープ空軍基地でフェンスを切断した3人の活動家から始まった雪だるま運動は、3年余り続いた14回の行動で参加者2,796人、対象となった英国の基地は42にのぼる。

20　リズは私の旧友で、長年にわたり、さまざまなキャンペーンで私たちのために一緒にバナーを作ってくれている。彼女は、イースト・ラントンの私の納屋で「希望の種」のバナーのデザインと製作を手伝ってくれ、その後、私たちが今でも使っている「トライデント・プラウシェアズ」のオリジナル・バナーを作ってくれた。

21　1987年の中距離核戦力（INF）全廃条約は、米国とソ連に対し、射程500～5,500キロの核および通常型地上発射弾道ミサイルと巡航ミサイルをすべて廃棄し、永久放棄の誓約を求めた。この条約は、超大国が初めて核兵器の削減、核兵器の全種類の廃絶、検証のための大規模な現地査察に合意した記念すべきものである。INF条約の結果、米国とソ連は、条約の実施期限である1991年6月1日までに、合計2,692発の短距離・準中距離・中距離ミサイルを破壊した。

22　この頃までに、私たちはノリッチのグリーンハウスという素晴らしい地の利のいい集会所に助けられていた。そこは、優秀なティガー、フランキー、シルヴィアが運営し、多くのボランティアに支えられて様々な問題でキャンペーンを展開していた。当時『ガーディアン』紙の漫画家だったスティー

ブ・ベルが、ニュースレターやパンフレット、広報物などのための雪だるまのロゴをデザインしてくれた。グリーンハウスを拠点に、雪だるま運動はますます力強くなっていった。

23　「雪だるま」を始めた女性に懲役の脅威, *Eastern Daily Press*, 1986年2月18日。

24　これらの刑務所での体験は、『雪だるま』の第9章「刑務所の記録」に記されている。アンジー・ゼルター、オリバー・バーナード編『雪だるま：英国における非暴力市民不服従運動の物語』(GANDHI-IN-ACTIONのアーリア・ブッシャン・バードワージ刊、1990年、ニューデリー、インド)

25　『雪だるまマラソン：ワイヤーカットの抗議者により厳しい罰金』"Lynn News", 1986年2月21日。

26　グラナダTVの調査報道番組。

27　*Trident on Trial: The Case for People's Disarmament*, Luath Press, 2001, および *Faslane 365: A Year of Anti-Nuclear Blockades*, Luath Press, 2008.

28　サイズウェル原発閉鎖キャンペーン（www.shutdown-sizewell.org.uk）は30年以上続いており、ノーフォークとサフォークに住む私たち多数が、汚染を引き起こす危険な施設を閉鎖し、新しい発電所の建設を阻止するためにデモやさまざまな行動を行ってきた。今や、風力や太陽光発電がはるかに安価で安全な技術で必要なエネルギーを生産できる. またより多くの雇用も確保できるようになり、これらの原子力発電所は閉鎖に持って行くことができる。しかし、問題は依然として原子力産業の不当な影響力と、民生用と軍事用の原子力産業が密接に結びついていることである。

29　チプコ運動は、インドのヒマラヤ山脈の麓の丘の森林を保護するために始まった。多くの女性が非暴力で樹木の保護に携わり、世界中に影響を与えた。チコ・メンデスは、ブラジルのゴムの樹液採取組合のカリスマ的な創設者. 彼はアマゾンの熱帯雨林を守るために非暴力運動を展開し、森林破壊によって利益を得る大地主や財界にとって脅威であったため1988年12月22日に暗殺者によって殺害された. 私は、1989年にラテンアメリカ・ビューローから出版された『ファイト・フォー・ザ・フォレスト　チコ・メンデスの言葉』を読んでいた。ペナンとは、私たちが連帯していたサラワクのダヤク族のことである。

30　このことはうまく行き、彼女はパスポートを回収するために一日刑務所から出ることができた。まるで休日のようだったと彼女は言う。残りの者はパスポートの保管場所を告げ、ミリ市内のホテルのあちこちから回収された。

31　サバイバル・インターナショナルは世界中の先住民の窮状を訴える素晴らしい組織で、非常に示唆に富む次の報告書を作成した。『海賊、不法占拠者、密猟者：サラワク先住民の土地収奪の政治的生態学』Survival International in association with INSAN, 1989.

32　イバンはサラワクのダヤク族で、過去に首狩りをしたことで有名である。アンニャと一緒に出所したとき、アンタライは私たちを自分の村に連れて行き、私たちはそこにマンゴー、ココナッツ、ドリアンの木を植えた。また、古く乾燥した人の頭がいくつか籠に入れられ、埃っぽい天井から吊るされている特別な小屋にも連れていってくれた。処理をして乾燥させると、こんなに小さくなるとは思いもよらなかった。

33　ボルネオ島のインドネシア側の部分。

34　私たちが刑務所にいたときに、個別に取り調べに来た将校と話していてはっきりしたのは、軍はペナン族が未開の野蛮人で、森の中ではなく家の中で暮らす方法を教える必要があると考えているということだった。それで軍はペナン族を森から追い出して強制的に移住させることが正当だと考えていた。

35　ブルーノ・マンサー財団は、ブルーノ・マンサーの活動を引き継ぎ、ペナン族と熱帯雨林の保護に取り組むスイスの団体である。bmf.ch/en を参照。

36　ビャウォヴィエジャの森は、かつてヨーロッパ平原に広がっていた原生林の最後に残った部分である。この森には、ヨーロッパで最大の体重の陸上動物であるヨーロッパバイソン 800 頭が生息している。オークの巨木もあり、英国が失ったものを思い起こさせる。

37　英国森林ネットワーク（UKFN）の森林覚書は UKFN の全てのグループからの情報を取り入れてナイジェル・ダドリーが執筆・編集し、ノリッジのグリーンハウスから出版された。グローバルな森林危機の課題、原因、影響、その解決策を網羅したものである。

38　私はノース・ウォルシャムの近くの、ノース・ノーフォーク・コミュニティ・ウッドランドの共同設立を支援し、後にウッドランド・トラストにその管理を委ねた。次を参照。www.woodlandtrust.org.uk/visiting-woods/woods/pigneys-wood
ウェールズではナイトン・ツリー・アロットメント・トラストを共同設立し、現在はナイトン・コミュニティ・ウッドランド・グループと呼ばれている。www.woodlandtrust.org.uk/visiting-woods/woods/pigneys-wood
tveg.org.jp/wordpress/what-we-do/woodland-project 参照。

39　サラワク行動のニティヤは当時私の家に住んでいて、この最初の行動にも一緒に来てくれた。

40　『イブニング・スタンダード』紙をはじめとする多くの新聞が、「ハロッズ、森林保護デモ隊に急襲される」という見出しでこの抗議行動を取り上げた。同紙は、ハロッズは「過激派環境保護主義者による周到に計画された二方面からの攻撃の標的」になったと書いた。1993 年 12 月 1 日の『ガーディアン』紙の記事は、「倫理的な万引き犯が一流店で活動の場を開拓」のタイトルを付けた。

41　1994 年 6 月 22 日～ 29 日の『タイム・アウト』誌に掲載された記事。

42　『ブルー・ピーター』は、1958 年から継続して放送されている、世界で最も長い歴史を持つ子供向けテレビ番組である。警察署に出向いたヌハーク族の長は、この番組のニュースの部分で紹介された。

43　「マホガニーは殺人である」『レッド・ペッパー』1995 年 3 月号の記事、「自主協定がただの紙屑に過ぎない」理由を説明している。

44　「エコ万引き団、マホガニーをかっぱらう」『ティンバー・トレーズ誌』1994 年 11 月 26 日の記事。

45　「マホガニーは殺人」インディペンデント、1994 年 11 月 25 日の記事。

46　「万引き擁護派と反対派」『ティンバー・トレーズ誌』1995 年 5 月 6 日の記事。

47　「アンジー・ゼルターに決定権」：ブリティッシュ・コロンビア州の林業に関する環境保護主義者の見解を紹介する記事、『ティンバー・トレーズ誌』1997 年 4 月 26 日。

48　ヘレナ、リカルダ、私の女性 3 人のグループ。

49　ロンドン針葉樹クラブでの 1997 年 10 月 9 日の講演。

50　「マイヤー、ブラジル訪問の後、マホガニーの買い付け策を強化」『ティンバー・トレーズ誌』1995 年 3 月 18 日の記事。

51　www.fsc-uk.org/en-uk

52　ジョエル・ベイカン『ザ・コーポレーション』（原題：'The Corporation: The Pathological Pursuit of Profit and Power', *Constable and Robinson Ltd*, 2004.

53　www.opendemocracy.net/en/odr/corporate-courts-latest-threat-democracy-armenia

54　東ティモールに関する背景事情は次を参照. James Dunn, Timor : *A People Betrayed*, ABC Books for the Australian Broadcasting Corporation, 2001.

55　プラウシェアズ抗議行動については, *Tri-Denting It Handbook*, 1.6 'Background History and Philosophy of the Ploughshares Movement to Date' を 参 照. (tridentploughsharesarchive.org/wp-content/uploads/2013/01/1.pdf)

56　この中には，とても熱心で，私が関わった多くのキャンペーンのために無償で映像制作に協力してくれたZoeもいる．
57　引用文とフィルム映像は，ジョン・ピルガー監督の映画“Death of a Nation: The Timor Conspiracy”から採った．この映画は，「希望の種 東チモール・プラウシェアズ」(p66) のアクションに関わった10人全員に影響を与えた．
58　私のハンマーはローワンが私のために愛情を込めて彫りを施したもので，「剣を鋤に」のマーク，ドングリと葉，苗木を美しくあしらっている．これは私たちのバナーや裁判所での他の「展示物」とともに，無罪判決後に返却された．
59　これは非常に難しい決断だった．言うまでもなく私たち4人ともハンマーを使いたかったのだから．
60　横断幕は，バレー・ファームハウスの私の納屋で，週末のミーティングを何度か重ねてみんなで作ったものである．裁判に勝った後ハンマーと一緒に返却され，今でも持っている．この横断幕は，私の古い紫色のシーツで作ったもので，ノーフォークのアーティストの友人リズの助けを借りてデザインした．この横断幕には巨大なハンマーで打ちつけられるホークジェットが描かれ，その周りには「希望の種」やそれぞれに意味を込めたシンボル，そして私たちのメイン・メッセージ「命と正義のために非武器化を行う女性たち」が描かれていた．
61　私たち10人全員でこの意義深いセレモニーを行い，皆が集中して一つにまとまった．私たちは，ジェノサイドについてどう感じたかを紙に書き，ロウソクで火をつけ，その灰を集めた．私たちは，東ティモールの自由への希望を象徴する種を集め，これを灰に混ぜ，10人に分けてホークジェットに振りかけ，残りを裁判まで取っておいた．
62　警察が踏み込んできたのは私が家を出た直後で，ぎりぎり間に合った．
63　これは，インドネシアへのホーク戦闘機輸出即時中止の緊急国会審議を求めるという宣言を発表すること，貿易産業省に対する司法手続きを開始するよう法務長官に申し入れること，そして国会に，インドネシアへの武器販売に関する国内調査を求めるためであった．
64　ギャレス・ピアース氏はとても謙虚で素晴らしく思いやりのある優秀な事務弁護士で，「ギルフォードの4人組」の弁護に成功したことで知られ，その他多くの人権訴訟でも活躍している．彼女がジョーの弁護を担当し，私たち全員を助けてくれたことは実に幸運であった．
65　アンジー・ゼルター「市民社会とグローバルな責任：武器取引と東ティモール」(Angie Zelter, “Civil Society and Global Responsibility: The

Arms Trade and East Timor"), *International Relations* 18(1), SAGE Publications 2004.（訳注：ほぼ同じ内容の日本語訳「地球市民の責任　東チィモールとプラウシェアの平和運動」が岩波「世界」1999年11月号120頁に掲載）

66　幸運にも私は、驚くほど豪華なこの場に招待された。知り合いのノルウェー人国際弁護士フレデリックが、オスロの彼の家に泊めてくれて、授賞式や祝賀会に同行するよう招待してくれた。

67　1996年12月2日から6日まで.

68　"CAAT Lays Siege to DTI", *Campaign Against Arms Trade News*, 1997年2月。

69　「11人の抗議行動参加者が工場侵入後に警察に拘束される」『インディペンデント』紙, 1997年5月6日.

70　caat.org.uk/news/UK-has-given-1-billion-in-aid-to-yemen-but-has-licensed-6-5-billion-worth-of-arms-to-countries-bombing-it

71　John Vidal, "Industry Terrified at Outbreak of Ethics", *The Guardian*, 7 May 1997.

72　最も新しいのは2019年9月、トライデント・プラウシェアズがエクスティンクション・レベリオンと協力してノー・ニュークリア・デイを開催し、エクセル・センターのすべての入り口を車2台とボート1艘での封鎖である。次を参照。tridentploughshares.org/nine-arrests-as-anti-nuclear-activists-block-entrances-to-london-arms-fair

73　Andrew Feinstein, *The Shadow World: Inside the Global Arms Trade*, Penguin, 2012.

74　1961年1月17日の退任演説.
www.ourdocuments.gov/doc.php?flash=false&doc=9o&page=transcript
（日本語訳：http://ad9.org/pegasus/kb/EisenhowerAddress.html）

75　共同設立者はKeith Mothersson, Robbie Manson, Fred Starkey, Colin Archer, David Head, Edward Stanton, それに私.

76　lenp.org/wcourt のサイト参照. エクアドルにいた時（リオ・マザン雲霧林プロジェクトでの活動), 国連総会が, 国際司法裁判所に核兵器の合法性に関する勧告的意見を審理させることに賛成票を投じるよう, エクアドル政府に働きかけたことを覚えている. 世界法廷プロジェクトについてはケイト・デュースも次に書いている. www.disarmsecure.org/text-resources/the-world-court-project-the-evolution-and-impact-of-an-effective-citizens-movement

77　これは、当初の雪だるま運動に続くもので、当時INLAPで行っていたこ

との一部を統合したものである。

78　トライデント・プラウシェアズの活動の年表は次を参照. tridentploughshares.org/trident-ploughshares-chronology

79　tridentploughshares.org/trident-ploughshares-handbook-tridenting-it

80　その後、ヘリンズバラのCNDグループの多くがTPに参加し，ジェーンは特に法的支援活動の原動力となった。彼女はヘリンズバラでの何百もの裁判に立ち会い，その内容を伝え，出廷するすべての人に必要な支援やアドバイスだけでなく，しばしば寝る場所と食べ物も提供した！　現在はエジンバラに移り住み，TPのコーディネート活動を続けている.

81　彼女は，私たちがグリーナム基地の外でキャンプし抗議行動する権利を守るために闘い，法的なアクションも行なったグリーナム・ウィメンの一人であった. 1990年5月，貴族院でのグリーナム地方条例の判決で彼女たちは勝利した. 結局，1991年に巡航ミサイルが撤去され，平和運動全体が勝利を収めた. 10年以上にわたるグリーナムでの数千人の抗議運動によるものである.

82　現在は，理事の一人である熟練の林業家ジュリーの協力を得て管理している.

83　ピートン・ウッド・ピース・トラストは2002年に設立され，7人の女性理事によって運営されている.

84　地域の住民が長年放棄していた森林を少しずつきれいにし，シダ類を減らし，ポンティックシャクナゲを伐採して古いオークの木が息づけるようにした。森林管理計画を作って定期的な作業を実施し、森林管理の理事ジュリーが監督している.

85　1998年3月18日付トニー・ブレア宛公開書簡：TPハンドブック29ページ参照.（tridentploughshares.org/wp-content/uploads/2013/o1/2_3.pdf 訳注：日本語訳はhttp://ad9.org/pegasus/peace/tp2000/handbook/tdihb3.html）

この書簡は，国際的に出されている要求と一致するようにレベッカが起草した. こののち何年にもわたって数多くの手紙が出され，それぞれの手紙には「核犯罪防止誓約書」署名者のその時々のメンバーの署名がある.

86　「女性のためのトライデント粉砕ガイドブック」『サンデー・テレグラフ』1998年3月15日号，および「ファスレーンの活動家がトライデントに破壊の脅威を及ぼす」『ヘラルド』1998年4月2日号を参照。

87　訓戒は基本的に司法上の警告である. 有罪判決が記録されるが実質的な処罰はなく，釈放される.

88　tridentploughshares.org/newsletter-number-1-speed-the-plough

89 Angie Zelter, *Trident on Trial : The Case for People's Disarmament*, Luath Press, 2001.

90 1998年3月13日.

91 1998年11月13日.

92 防犯アラームは非常に大きなサイレンとアナウンスで，基地内の全員に侵入者の存在を知らせる警報を流す．警官と犬が侵入者を発見し逮捕できるように，誰もが作業を止め，建物の中に戻らなければならない．平和運動家が基地に入り警報が鳴ったことは何度もある．

93 例えば，1999年1月30日，アフィニティー・グループ*「オルダーマストン・トラッシュ・トライデント」のレイチェルとロージーは，バロー＝イン＝ファーネスの造船所に入り，進水前の最終検査中だった，イギリスの4隻目のトライデント原潜「ベンジャンス」によじ登った．彼女らはコニングタワーに上り，電子制御ボックスを開けてハンマーで壊した．彼女らのアクションで潜水艦の進水は数カ月遅れた．この話や他の多くの物語が次の本にある．*Trident on Trial: The Case for People's Disarmament*, Luath Press, 2001.

*（訳注）トライデント・プラウシェアズを構成する数人の小グループのこと．

94 当時ノーフォークに住んでいた私は，恒常的なアフィニティー・グループ「ウッドウォーズ」に属していたが，特別な一回限りの行動のためには，しばしば特別なグループを結成する必要がある．ロッホ・ゴイルの時は「キジ連合」と称した．

95 エレンによる私たちのアクションの説明は次を参照．
tridentploughsharesarchive.org/loch-goil-action-pheasants-union-outing

96 HMP Cornton Vale Prison.

97 tridentploughsharesarchive.org/greenock-1999-case-summary

98 『インディペンデント』，1999年10月22日．

99 『モーニングスター』，1999年10月22日．

100 『ザ・ミラー』，1999年10月22日．

101 『デイリーレコード』，1999年10月22日．

102 Lord Advocate's Reference No.1 of 2,000 [30 March 2001] Misc 11/00 H.C.J. (Scot.) を参照.

103 裁判とLARの文書はすべて次のウェブページで見ることができる．
tridentploughsharesarchive.org/loch-goil-action-and-greenock-1999-trial
tridentploughsharesarchive.org/lord-advocates-reference

104 チャールズ・モクスリー は『軍縮外交』第58号（2001年6月）の意見・分析欄でLARを論駁した．

http://ad9.org/goilsupt/LAR/invalidity-of-the-scottish-high-courts-decision.pdf
Charles J Moxley は "Nuclear Weapons and International Law in the Post-Cold War World"（Austin & Winfield, Lanham, Maryland, 2000）の著者．彼は核政策法律家委員会（Lawyers' Committee on Nuclear Policy, LCNP）の理事であり、世界安全保障法律家同盟（Lawyers' Alliance for World Security, LAWS）の元理事である。

105 アンジー・ゼルター「民衆による核廃絶」『軍縮外交』第58号所収．2001年6月，意見・分析欄．

106 Rebecca Johnson and Angie Zelter (eds), *Trident and International Law：Scotland's Obligations*, Luath Press, 2011.

107 www.icanw.org/the_treaty

108 核兵器禁止条約（TPNW）は2017年7月に国連で122の加盟国の支持を得て採択された．2020年10月24日にTPNWは発効に必要な締約国数の50カ国に達した．2021年1月22日，この条約は批准した50カ国に拘束力を持ち，核兵器が初めて使われてから75年後に核兵器の完全禁止が確固たるものとなった．トライデント・プラウシェアズは2020年11月30日，ボリス・ジョンソン首相に，「法を遵守し英国の核兵器を廃棄せよ」と題する公開書簡送り，英国にこの条約への参加を促した．全文はこちら．tridentploughshares.org/open-letter-to-the-right-honourable-boris-johnson-mp

109 化学兵器，地雷，クラスター爆弾の禁止など．

110 apnews.com/article/nuclear-weapons-disarmament-latin-america-united-nations-gun-politics-4f109626a1cdd6db10560550aa1bb491
および apnews.com/article/nuclear-weapons-disarmament-latin-america-united-nations-gun-politics-4f109626a1cdd6db10560550aa1bb491

111 義母シーラと異母兄弟イアンと私．

112 大虐殺が起こったとき，ブルサは500年以上にわたってアルメニア人の郷里であった．

113 オスマン帝国政府によってトルコとその近隣地域で行われたアルメニア人虐殺は，その組織的な性格から，初めて行われたジェノサイドと見られている．最も興味深く，しかし恐ろしい報告のひとつは，Franz Werfelの "The Forty Days of Musa Dagh"（1933年）で，ペンギン・クラシックスとして2018年に発売されている．

114 ハンナ・アーレントの「エルサレムのアイヒマン　悪の陳腐さについての報告」は，『ニューヨーカー』に寄稿されたものが後に増補されて1964年

に単行本として出版された.（日本語訳が同名の本としてみすず書房から出版）

115 Stanley Milgram, *Obedience to Authority: An Experimental View*, Harper and Row, 1974.
この実験に関する最近の研究については次を参照.
www.simplypsychology.org/milgram.html

116 ナタンの他の妹やいとこたちは第二次世界大戦後にイスラエルに移住していた. ナタンはシオニズムも信じないし, 宗教的なユダヤ人国家を作ることも支持しなかったので, イスラエルに移住することが正しいとは思っていなかった. 彼は国際主義者で世俗主義者であり, 自分を非ユダヤ系ユダヤ人と定義することを好んだ.

117 ウィメン・イン・ブラックは正義と平和を目指し, 不正義, 戦争, 軍国主義, その他の暴力に行動をもって反対する女性の世界的ネットワークである. womeninblack.org

118 会議の名称は “Women's Coalition for a Just Peace”.

119 icahd.org 参照. 1948年以来, イスラエルと占領下のパレスチナ領土(OPT)において10万戸以上のパレスチナ人の家が取り壊された.

120 icahd.org/2020/03/15/end-home-demolitions-an-introduction を参照.

121 ウリと活動家グループ「グーシュ・シャローム」(Gush Shalom）は, トライデント・プラウシェアズと同時にライト・ライブリフッド賞を受賞したので, 私は何度か彼に会ったことがある. 彼は本当に思いやり深い人だった.
両者の受賞ページ：
https://rightlivelihood.org/the-change-makers/find-a-laureate/trident-ploughshares/
https://rightlivelihood.org/the-change-makers/find-a-laureate/uri-and-rachel-avnery-gush-shalom/

122 www.theguardian.com/commentisfree/2017/nov/01/arthur-balfour-declaration-100-years-of-suffering-britain-palestine-israel

123 メンバーはリナ, リズ, スー, カミラ, それに私. リナはアレッポ出身のユダヤ人女性で, 何十年も英国に住んでいるが, アラビア語を少し話すことができ, とても助かった. スーとリズは前年にエルサレムで開催されたWiB会議が初対面.

124 ヨルダン川西岸とガザ地区には27の難民キャンプが存在する. パレスチナ難民の危機は、1948年のアル・ナクバ（Al-Naqba）と1967年のアル・ナクサ（Al-Naqsa), そしてHaganah, Irgun, Sternといったユダヤ人の

地下組織やテロ集団が行った虐殺やその他の攻撃の結果として生じたものである．1948 年の戦争の後，国連は 72 万 6 千人のパレスチナ人が休戦ライン外に，3 万 2 千人が休戦ライン内に逃れたと推定した．イスラエルとなった地域にもとからいた 80 万人のパレスチナ人のうち，わずか 10 万人ほどが故郷にとどまり，ユダヤ人国家のマイノリティーとなった．531 の村や町が破壊され，あるいはユダヤ人居住区に移住させられた．

125 聞かれたくないことはヘブライ語で我々に投げつけられ，同行のイスラエル人同僚が翻訳したが，暴力的，攻撃的，性的な脅しが含まれていた．

126 私はこれらの事件を「2001 年 8 月 10 日と 11 日にエルサレムで起きたイスラエル警察の暴力の報告」にまとめ，エルサレムの英国領事と，暴力の悪影響に対処しているイスラエルの弁護士に送った．

127 アルカリルはヨルダン川西岸地区最大のパレスチナ人都市である．

128 ヘブロンは，アメリカ系イスラエル人でユダヤ系宗教過激派のバールーフ・カッペル・ゴールドシュテインが，神聖なマクベラの洞窟でパレスチナ系イスラム教徒の礼拝者を 30 人殺害し 125 人を負傷させるという大量殺人を行った都市である．

129 例えば，ベイト・ハダサはパレスチナ市場を見下ろすわずか 1 ブロックのユダヤ人居住区で，パレスチナ人はその前を歩くことを禁じられている．テル・ルメイダは，高等裁判所の中止命令にもかかわらず，考古学的遺跡の上にあるパレスチナ人の土地の上に建てられている．

130 イスラエル国防軍の兵士の中には，ヘブロンのような場所で兵役に就き，自分たちが犯している非人道性を見て，良心的兵役拒否者（refuseniks）になることを決意する者がいる．ヘブライ語では彼らはサルバニムと呼ばれる．『ニュー・インターナショナリスト』の興味深い記事が，これらの勇敢な refusenik たちにインタビューしている：newint.org/columns/makingwaves/2005/07/01/refuseniks

131 アンジー・ゼルター「英国市民アンジー・ゼルターに対する暴行事件の報告書」，2001 年 8 月 29 日。

132 私は 2002 年 12 月 29 日，ベングリオン空港の監房に 4 日間拘束された．

133 この件の一部は，2003 年 1 月 23 日から 29 日号にかけて『ビッグイシュー』誌に掲載された私のミニプロフィールに書かれている．

134 Angie Zelter, “Dispossession and Terror: A Report of 6 Weeks in Palestine/Israel Aug/Sept 2001”, 1 October 2001.

135 アンジー・ゼルター「イニシアティブをとる」『ピースニュース』2002 年 3 ～ 5 月号．2001 年 12 月に ISM と Rapprochement Centre が主催したパレスチナの不法軍事占領に反対する 2 週間の非暴力直接行動についての記

述.

136 www.btselem.org/settlements/20100830_facts_on_the_settlement_of_ariel

137 iwps.info

138 研修は，20人の女性参加者に十分な広さがあるノース・ノーフォークの私の自宅で2週間にわたって行われた．この研修は私たちがお互いを知り，プロジェクトをしっかりしたものにする機会であり，また，非暴力抵抗，人権侵害の監視，中東の歴史の基礎，アラビア語のいくつかのフレーズ，そしてトラウマを抱えた人への対処法などを学ぶ機会でもあった．心的外傷後ストレスに苦しむ兵士を助ける仕事をしてきた英国軍出身の心理学者の友人は，これに関する有益なセッションをいくつか行った．

139 名刺には次のように書かれている．「IWPS は，パレスチナのサルフィート地域の人々のために、国際的な女性たちが常駐しています．彼女らは人権侵害を目撃し，記録，公表し，平和的に介入してその発生を防ぎ，パレスチナの土地の違法で野蛮な軍事占領に対する非暴力抵抗の成長を支援する．彼女らはハリス（Hares Village）に住み，以下の方法で連絡を取ることができます。……」

140 ハリスはアリエルの違法入植地に近いため，とりわけイスラエル国防軍IDFの標的にされた．子どもたちは夜中や，デモの時，あるいは検問所などで，家族から連れ去られることがある．軍事基地や拘置所に束縛されて尋問され，やってもいないことを認めるよう強要されたり，読めもしないヘブライ語の供述書に署名させられたりすることも少なくない．イスラエルは軍事法廷で子どもたちを組織的に訴追している世界で唯一の国であり，毎年約600人が訴追されている．

141 www.ochaopt.org

142 Gideon Levy, “Bitter Harvest”, イスラエル紙『ハーレツ』へのレポート参照.
www.haaretz.com/1.5121621

143 より狂信的な入植者の多くはアメリカ出身である．

144 彼は，自分はシカゴの生まれ育ちだが，そちらの方がずっと酷いと言った．

145 「2002年10月17日のヤスーフ（Yasouf）での事件に関するアリエル警察本署に対するアンジー・ゼルターの10月28日（月）の申し立て」は，暴力行為を行った入植者たちの写真とともに警察署長に提出された．彼らはTapuach入植地とTapuach Chadaschの者たちであった．これにはIWPS，ISM，Ta'ayushの各団体，そしてヤスーフ村長の署名入りの目撃証言も含まれていた．

146　総延長760kmのアパルトヘイト・ウォールは，パレスチナ人だけでなく南アフリカの人権活動家もそう名付けたが，イスラエルではヨルダン川西岸の壁，ないしフェンスとして知られている．これはパレスチナ人を自分たちの土地から切り離し，隣人や家族から断絶するものである．イスラエルは，1967年の「グリーンライン」に沿ってヨルダン川西岸を分離していると主張しているが，実際にはグリーンラインからパレスチナ領内に入り込んでいる．イスラエルはこれをテロに対する安全保障の壁と呼び，パレスチナ人は人種隔離の壁と呼んでいる．15年前に国際司法裁判所はこの壁が違法であると判断した．www.un.org/unispal/document/auto-insert-I88884 を参照．

147　www.palestinecampaign.org/campaigns/childprisoners によれば，「イスラエルは子どもを軍事法廷で組織的に起訴している世界で唯一の国であり，その数は毎年500〜700人に上る．イスラエル刑務所は，2012年以降，毎月平均204人のパレスチナの子どもたちが拘束されていることを明らかにした．」

148　iwps.info を参照．

149　ベングリオン空港の監房に8日間留置されていたとき――そこに収容されている人たちの話を聞くこと自体が一つの経験でもあったが――ある日呼び出され，孫娘のローラが生まれたと空港職員に知らされて驚いた．2004年10月24日のことである．その時初めて義理の娘の継母がこの空港で働いていることを知り，彼女が私にこのメッセージを伝えてくれたのだった．本当に世間は狭いもの．

150　デビッド，アンナ・リネア，それにアダム．

151　Angie Zelter (ed), *Faslane 365 : A Year of Anti-Nuclear Blockades*, Luath Press, 2008.

152　ドイツ，ビュッヘル空軍基地にて．

153　オランダ，クライネ・ブローゲル空軍基地にて．

154　フランス，ランド県ビスカロッス演習場にて．

155　ベルギー，ブリュッセルのNATO本部にて．

156　スウェーデン，ルレオ近郊のNEATサイトにて．

157　ofog.org/English を参照．

158　www.youtube.com/watch?v=K7SolYq5vIQ を参照．

159　「なぜ私は7月にルレオに行くのか」：アンジー・ゼルターによるスウェーデンのフェミニストグループへのプレゼン，2011年2月13日．「軍国主義とNATO」:2011年2月18日にスウェーデンのグループへのプレゼン．

160　ピンク反軍国主義行動の一部を撮影したFOGのビデオは，https://www.

youtube.com/watch?v=AGizHwZ0agY を参照.

161 Udtja Lasse, *Bury My Heart at Udtjajaure*, Emma Publishing, Sweden,2007

162 ヨークシャーのメンウィズ・ヒルは，名目上は英国空軍の基地であるが，実際はアメリカ国家安全保障局によって運営・管理されており，米国の最も重要な海外基地の一つで，米国のグローバルな軍事力展開の広範な戦略において不可欠な役割を果たし，米国の標的殺害の心臓部である．yorkshirecnd.org.uk/campaigns/menwith-hill および theintercept.com/2016/o9/06/nsa-menwith-hill-targeted-killing-surveillance を参照.

163 私は2000年6月19日，他の女性2人とメンウィズ・ヒルに侵入し，巨大な白いドームのひとつに近づこうとしたところで逮捕された．私は2カ月の禁錮刑の判決を受け，ダーラムのロウ・ニュートン刑務所に入れられた.

164 space4peace.org

165 済州国際平和会議が2012年2月24日～26日，済州島で開催された.

166 Hur Sang Soo (ed), *For the Truth and Reparations: Cheju April 3rd of 1948 Massacre Not Forsaken*, Backsan Publisher Co, Seoul, 2001.

167 現在進行中のキャンペーンに関する最新情報は savejejunow.org/newsletter を参照.

168 Catherine Lutz (ed), *The Bases of Empire：The Global Struggle Against US Military Posts*, Pluto Press, 2009.

169 この辺りの海は海女（ヘニョ）の女性たちの伝統的な漁場である．彼女たちは（呼吸具を一切使わない）フリーダイバーで，海藻，カニ，魚などあらゆる海の生物を収穫して生活している．私は海女の娘さんと仲良くなり，彼女の母について書かれた本『ムーン・タイド』をプレゼントされた.
Brenda Paik Sunoo, With(p.280)Youngsook Han, *Moon Tides: Jeju Island Grannies of the Sea*, Seoul Selection, 2011.

170 wri-irg.org/en/story/2012/angie-zelters-first-report-gangjeong-24th-february-2012
および
wri-irg.org/en/story/2012/nonviolent-resistance-us-war-plans-gangjeong-jeju

171 UNESCO - 国際連合教育科学文化機関

172 IUCN - 国際自然保護連合

173 savejejunow.org/wp-content/uploads/2013/03/Gangjeong-Village-Story_March-2013.pdf

174 Angie Zelter, "Eighth Report from Gangjeong 16th March 2012"，次の

PDF.
tridentploughshares.org/wp-content/uploads/2013/03/News_index_2012.pdf

175 “Activist is Defiant in Korean Protest”, *The Journal*, 16 March 2012 および “Peace Campaigner Faces Deportation to UK”, *The Journal*, 23 March 2012. www.shropshirestar.com より.

176 savejejunow.org/wp-content/uploads/2020/11/SepOct2020-2.pdf

177 「済州海軍基地とアジア太平洋地域における米国の戦争計画」アンジー・ゼルターによる講演, CND Cymru* 年次総会, 2012年6月2日（* Cymru はウェールズのこと）

178 スコットランドのハイランド地方と島嶼部では, 主に1750年から1860年にかけて, 多数のスコットランド住民の悲惨な追い立てがあった.

179 オッファズ・ダイクはウェールズとイングランドの国境にある大きな土塁である。建設を命じたアングロサクソン族のマーシア王（757-96）が命名した。

180 もちろん私たちはこれを防衛とは呼ばない. なぜなら,「防衛」部隊は侵略から英国を守るためではなく, 企業の利益のために攻撃や違法な「介入」のために使われることが非常に多いからだ.

181 2004年, オルダーマストン・ウィメンズ・ピース・キャンプ（AWPC）は「ブロック・ザ・ビルダーズ」の設立を支援した. 次を参照. peacenews.info/node/5899/campaign-profile-aldermaston-womens-peace-camp-awpc および peacenews.info/node/3942/laser-has-landed

182 ニュークウォッチ（www.nukewatch.org.uk）は, オルダーマストンとバーグフィールドからクールポート, ファスレーンへの英国の大量破壊兵器の移動を監視, 追跡する熱心な平和運動家のグループで, 1984年以来活動している. 彼らの最近の報告書 “Unready Scotland”（www.nukewatch.org.uk/wp-content/uploads/2017/08/UnreadyScotland-Report.pdf）は, 道路交通上の危険性と地方自治体レベルの対応上の準備の悪さを強調している. また核輸送車列が市街地の中心部や国内各地の高速道路を移動する際に発生した事故の数についても調査している.

183 例えば, AWE行動によるバーグフィールドでの2016年6月の行動をまとめた19分のフィルムがある。

184 picat.online/reporting-a-crimetrident-at-uk-police-stations-2

185 picat.online/wp-content/uploads/2016/09/AngieZelter-Letter.pdf

186 このプロジェクトの詳細と検事総長に送られたすべての証拠は, http://picat.online/ を参照. 2015年に私が書いた記事は次にある. peacenews.

info/blog/8174/citizens-prosecutions-british-secretary-state-defence-conspiring-commit-war-crime

187 PICATの五つのグループは，ポーイス，ペンブルックシャー，ウェストウェールズ，ノリッジ，セブノークスに拠点を置いていた．

188 ロバート・マンソンはPICATのためにほとんどの法的な作業を行い，英国の核兵器に対する裁判を起こすこれまでの試みでよく知られている．彼の次の著書を参照．“The Pax Legalis Papers: Nuclear Conspiracy and the Law”, Jon Carpenter Publishing in association with the Institute for Law and Peace, 1995.

189 私たちのやり取りの全記録は次を参照． picat.online/project-updates/communications-with-a-g-govt-legal-office/

190 私は，2012年3月10日から11日にかけてヒンクリーポイントで行われた“No New Nukes”アクションの準備に関わった．このイベントで1000人以上の人々が日本の福島原発事故1周年を記念した．私たちは，Stop New Nuclear Network, Stop Hinkley, CND Cymru, CND, Kick Nuclear, South West Against Nuclear, Trident Ploughshares, Shut Down Sizewell, Sizewell Blockaders, Rising Tideからなる“Stop New Nuclear Alliance”を結成していた．私たちは集会を企画し，原子力発電所の敷地を24時間封鎖した．この敷地は海のすぐそばにあり，過去には海水の浸水事故を起こしたこともある．英国で原子力発電所が完全に封鎖されたのは，おそらくこれが初めてのことと思われる．

191 www.youtube.com/watch?v=8fmJ9s0JWVk&feature=youtu.be
動画は次で見られる．

www.youtube.com/watch?v=8fmJgsoJWVk&feature=youtu.be

192 creativeresistance.org/peace-activists-roll-out-enormous-pink-scarves-in-uk-seven-miles-long-and-us

193 ピンクのスカーフを70秒で辿る． www.youtube.com/watch?v=2bKt_dIhS_o

194 indyrikki.wordpress.com/2015/01/27/trident-protest-wraps-ministry-of-defence-in-peace-scarf

195 tridentploughshares.org/trident-a-british-war-crime-an-oratorio

196 tridentploughshares.org/house-of-commons-lobby-filled-with-singers-objecting-to-trident-with-video

197 ブラックロッド（正式名称はレディ・アッシャー・オブ・ザ・ブラックロッド，男性の場合はジェントルマン・アッシャー・オブ・ザ・ブラックロッド）は，英国議会（およびいくつかの英連邦諸国の議会）の官吏である．ブラッ

クロッドは議事堂で行われる議会の開会式，王室や国家元首の訪問，その他の儀礼的な行事の任務を負い加わる．私たちと対峙したとき何をしていたのかはわからないが，黒い服装がとても立派に見えた！

198 インタビューを受ける国会議員や，歌手や抗議者たちのさまざまな映像はこちらのサイトで tridentploughshares.org/interesting-useful-films，この種のレポートは tridentploughshares.org/protesters-chained-to-houses-of-parliament-railings-call-for-uk-to-sign-nuclear-weapons-ban-treaty で見ることができる．

199 伐採のための道路に封鎖に，アメリカ熊が加わった．熊は私たちが生息地を守ろうとしていることを知っているようで，そうとう威嚇的に向かってくる伐採業者に対抗するための場所を私たち譲るように，しばらくするといなくなった．

200 次の文献の Prison Records の章から：Angie Zelter and Oliver Bernard (eds), *Snowball: The Story of a Nonviolent Civil-Disobedience Campaign in Britain*, published by Arya Bhushan Bhardwaj of GANDHI-IN-ACTION, New Delhi, India, 1990.

201 Angie Zelter, "Taking action in prison", Peace News, Dec 2001-Feb 2002.

202 これを書いていて，ベネディクト・エルリングソン監督の "Woman at War"（邦題『たちあがる女』）を思い出した．アイスランドの環境を守るための女性のキャンペーンを描いた素晴らしいアイスランド映画である．この映画で，主人公の双子の姉は仏教の修行者で，いずれ長い隠遁生活に入るつもりだったので，代わりに自分が刑期を務めるべく妹と入れ替わる．素晴らしい，とても面白い映画だ．

203 アクションの詳細については第 4 章を参照．

204 『ガーディアン』1996 年 12 月 30 日付 7 頁「女性」欄．

205 アンジー・ゼルター「非人道的な刑務所環境と改革の必要性について語る女性」1996 年 11 月．

206 1996 年 12 月 3 日付の，刑事施設視察委員会（HM Inspectorate of Prisons, 50 Queen Anne's Gate, London SWIH 9AT）の副首席視察官（HM Deputy Chief Inspector）CJ アレンからの書簡．

207 1998 年に，イギリスからヘレンと私，オランダからクリスタ，フィンランドからカトリとハンナ．

208 1998 年 11 月 18 日付けの，スコットランド刑務所の囚人ケースワーク・マネージャーの RA Hastings 氏から Williams 氏への書簡．

209 刑務所で使われる用語で，房から出され，刑務官が食器棚から全部取り出し，壁に貼ってあるものも全て剥がし，ベッドをめくり，部屋を散らかし

てしまうこと．これはかなり頻繁で，通常アトランダムに行われ，多くの場合，目的は薬物を見つけるためである．これは非常に粗暴な行為で，敬意のかけらもなく行われる．

210　1998 年 9 月 19 日．

211　「検察官（Procurator Fiscal），活動家の不服の申し立てに対し決定」『ヘラルド』1998 年 10 月 15 日．

212　ロッホ・ゴイルの行動については第 5 章に記述．

213　アンジー・ゼルター「コーントン・ヴェイル刑務所レポート」1999 年 6 月 9 日－10 月 21 日，私信．

214　“Free the Trident 2 - Fresh Call to Release Pensioners TAILED for Peaceful Anti-nuke Protest” および “Comic Book Hero Offers to Pay Costs of Trident Protest Pensioners”, *The National*, 2017 年 7 月 20 日．“Roadblock Lands Protester in Jail”, *Shropshire Star*, 2017 年 7 月 22 日．

215　TP キャンプは 2017 年 7 月 8 日から 18 日にかけて，クールポートの隣の Peaton Glen で開催された．

216　条約は次で見られる．treaties.un.org/doc/Treaties/2017/07/20170707%2003-42%20PM/Ch_XXVI_9.pdf
禁止条約の前文には次のように書かれている．（日本反核法律家協会による 2017 年暫定訳）
すべての国がいかなる時も適用可能な国際法（国際人道法及び国際人権法を含む。）を遵守する必要があることを再確認し、国際人道法の諸原則及び諸規則、特に武力紛争の当事者が戦闘の方法及び手段を選ぶ権利は無制限ではないという原則、区別の規則、無差別攻撃の禁止、攻撃の際の均衡性及び予防措置の規則、その性質上過度の傷害又は無用の苦痛を与える兵器を用いることは禁止されているという規則並びに自然環境を保護する規則に立脚し、核兵器のいかなる使用も武力紛争に適用される国際法の規則、特に国際人道法の原則及び規則に違反するであろうことを考慮し、また、核兵器のいかなる使用も人道の諸原則及び公共の良心に反するであろうことを再確認し、……

217　ホンジュラスは 2020 年 10 月 24 日，50 番目の国として批准した．次を参照．www.icanw.org/historic_milestone_un_treaty_on_the_prohibition_of_nuclear_weapons_reaches_50_ratifications_needed_for_entry_into_force

218　他の囚人と会うことができる時に，個別の房から外に出て過ごす時間．

219　スコットランド首席視察官 David Strang からアンジー・ゼルターへの 2017 年 9 月 5 日付けの書簡．

220　www.amnesty.org.uk/how-support-our-campaigns-writing-letters

221 私と夫が設立に協力したノース・ノーフォーク森林トラスト（現在は Norfolk Wildlife Trust が所有）．次を参照．
www.norfolkwildlifetrust.org.uk/wildlife-in-norfolk/nature-reserves/reserves/pigneys-wood また，他の人々と協力して設立したトラスト "If Not Now When Wood" がある．私の親しい友人 David Hood が私を遺言執行人の一人に指定し，その遺贈がトラストの十分な設立資金となった．これが現在森林を所有・管理している．ifnotnowwhen.org を参照．

222 女性グループと一緒に設立に協力したピートン・ウッド・平和トラスト．

223 他の人々と協力して設立したナイトン・ツリー・アロットメンツ・トラスト（Knighton Tree Allotments Trust），現在はナイトン・コミュニティ・ウッドランドと呼ばれている．
tveg.org.uk/wordpress/what-we-do/woodland-project

224 1995 年から 1998 年まで，私は森林管理評議会（FSC）の英国部会の基準小委員会のメンバーとして英国の森林認証の基準を設定し，政府の基準を FSC 基準に合致させようとしていた．特に私たちは，遺伝子組み換えの木のクローンを作って植林に使うべきではないと考えていたが，それ以外にも問題はあった．次の文献を参照．Chris Lang, "Genetically Modified Trees: The Ultimate Threat to Forests", *World Rainforest Movement and Friends of the Earth*, 2004.

225 地元の教会の雑誌に，パレスチナの小さな田舎町に住むのはどんな感じか私が自分の目で見た例を，同じようなノーフォークの小さな田舎町に引き写しただけの記事を書いたところ，その編集者には世界中から「反ユダヤ主義」との非難の手紙が届いた．

226 freedomflotilla.org

227 www.facebook.com/KnightonandDistrictRefugeeSupportGroup を参照．

228 次を参照．
www.countytimes.co.uk/news/18697659.almost-70-000-people-sign-save-river-wye-petition
www.theguardian.com/environment/2020/apr/07/life-in-the-poultry-capital-of-wales-enough-is-enough-say-overwhelmed-residents

229 グレタが学校でのストライキを始めたとき，私は息子一家とシアトルにいた．彼女は私の孫娘と同じ年なので，自然にその話になった．そこの近くのレーニア山は氷層を失いつつあるという気候変動の影響の一例で，世界的に氷河が失われると水源に大きな影響を与えることになる．気候変動を日々思い知らされる場所であった．fridaysforfuture.org/what-we-do/who-we-are を参照．

230 『インディペンデント』2020年4月19日付に、彼が人間が世界を蹂躙することについて語っているので参照されたい. www.independent.co.uk/environment/climate-change/david-attenborough-life-planet-new-documentary-bbc-climate-crisis- coronavirus-a9472946.html

231 rebellion.global

232 ノーフォーク州ノリッジの中心部に位置する，エイベル一家が所有し運営していた素晴らしい場所．安全な空間を提供し，笑いと愛に溢れ，何年にもわたって数百人のボランティアをサポートした．

233 ティガーや私たちがグリーンハウスで始めたもので，定期的に集まり，食事を共にして何をするかを話し合った．この実りある会合から多くの出版物，企画と行動が生まれた．

234 www.theguardian.com/world/2019/jun/25/extinction-rebellion-first-protester-convicted-public-order-offence

235 Matthew Taylor, "Climate Activist, 68, is Found Guilty of Public Order Offence", ガーディアン，2019年6月26日．次も参照．www.theguardian.com/commentisfree/2019/jun/26/climate-activism-extinction-rebellion-protest-guilty および extinctionrebellion.uk/2019/06/25/witness-box-statement-angie-zelter-hendon-magistrates-court-25th-june-2019

236 「絶滅の叛逆と平和」の年表は xrpeace.org/chronology を参照．

237 xrpeace.org/xr-peace-key-message を参照．

238 xrpeace.org

239 peacenews.info/node/9515/xr-peace-forms-%E2%80%93-57-arrests-october

240 tridentploughshares.org/xr-peace-at-the-october-rebellion

241 xrpeace.org/media

242 www.countytimes.co.uk/news/17951870.knighton-campaigner-angie-zelter-arrested-extinction-rebellion-protest

243 関係する企業には，Cargill, Charon Pokphand, Genus, Hendrix Genetics, Nutreco, Syngenta, Yaraなどの種子，原材料，育種，肥料，農薬生産企業のすべてが含まれる．次を参照．"Agropoly: A Handful of Corporations Control World Food Production", EcoNexus, 2013.

244 xrpeace.org/leaflets-and-posters

245 ウェブサイト tridentploughsharesarchive.org/from-trident-ploughshares-core-group/ で見られ，またほかの対話と交渉の手紙もある．

246 xrpeace.org/police-liaison

247 カッティングチームとは，ロックオンのパイプから活動家の互いの手をほ

どき，強力瞬間接着剤を除去し，登った三脚から降ろすやり方を知っている訓練を受けた職員である．彼らは通常とてもプロフェッショナルで，自分自身と活動家を守るために実に慎重に作業する．

248 障害者のグループは何カ月も前から，デモがハンディキャップを持つ人なども参加しやすくインクルーシブなものにするための取り組みをXR の内部で行っていた．次を参照．www.disabilitynewsservice.com/anger-as-police-confiscate-extinction-rebellion-accessible-toilets-ramps-and.wheelchairs

249 ドワイト・D・アイゼンハワーの 1961 年 1 月 17 日に行った離任演説．軍産複合体に対する警告を行った．

250 Catherine Lutz (ed), “The Bases of Empire: The Global Struggle against U.S. Military Posts”, Pluto Press, 2009.

251 www.independent.co.uk/news/uk/politics/dsei-z017-london-arms-fair-weapons-saudi-arabia-excel-centre-sadiq-khan-cancel-a7853286.html

252 これは「世界平和度指数（Global Peace Index）」第 10 版の著者らによるものである．次を参照．www.independent.co.uk/news-19-8/global-peace-index-syria-named-worlds-most-dangerous-country-in-latest-research-on-international-10408410.html

253 Mark Curtis, *Web of Deceit: Britain's Real Role in the World*, Vintage, 2003.

254 www.caat.org.uk/homepage/stop-arming-saudi

255 UNICEF - 国連国際児童緊急基金,
https://caat.org.uk/homepage/stop-arming-saudi-arabia/

256 国際赤十字委員会（ICRC）の「女性と戦争」，次を参照．
www.icrc.org/en/publication/0944-women-and-war

257 popstats.unhcr.org/en/overview#_ga=1.1490737.1410439585.1452783218

258 www.dsei.co.uk/visiting/exhibitor-list#/

259 tridentploughshares.org/well-stop-worlds-biggest-arms-fair/

260 www.theguardian.com/business/2011/feb/18/envoy-saudi-bae-systems

261 www.telegraph.co.uk/news/uknews/defence/4268661/Trident-nuclear-deterrent-completely-useless-say-retired-military-officers.html

262 「人権と民主主義—外務・英連邦・開発省 2016 年報告書」．2017 年 7 月，女王陛下の命により外務・英連邦・開発大臣が議会に提出．

263 www.transparency.org.uk/our-work/defence-security-corruption/#.WegNpZ_txN（リンク切れ）

264 Andrew Feinstein, *The Shadow World : Inside the Global Arms Trade*,

Hamish Hamilton, 2011. 邦訳：アンドルー・ファインスタイン著，村上和久訳『武器ビジネス：マネーと戦争の「最前線」』原書房，2015

265 www.sipri.org/publications/2016/partner-publications/special-treatment-uk-government-support-arms-industry-and-trade

266 www.gov.uk/government/news/arms-trade-treaty-enters-into-force および treaties.un.org/pages/ViewDetails.aspx?src=TREATY&mtdsg_no=XXVI-8&chapter=26&clang=en（締約国：92、批准：89、加盟：3、署名：130）

267 www.theguardian.com/world/2017/oct/25/michael-fallon-urges-mps-prioritise-arms-sales-human-rights および www.independent.co.uk/news/uk/politics/michael-fallon-saudi-arabia-defece-secretary-tory-arms-deals-conservative-parliament-criticism-a8019641.html

268 エストニアはソビエト連邦の支配から抜け出す道を歌った．1988年，10万人以上のエストニア人がソ連の支配に抗議するために五夜にわたって集まった．これは「歌う革命」として知られる．

269 2004年3月10日現在，合計655人の民間人のうち392人が自爆テロによって殺害された．この紛争における双方の死傷者の数は，イスラエル国防軍のウェブサイトやパレスチナ赤新月社のウェブサイトで調べることができる．2000年9月29日から2004年3月10日までに殺害された．イスラエル人の死者数は931人，治安部隊276人，民間人655人，パレスチナ人の死者数は2,739人，イスラエル人の負傷者数は6,237人，パレスチナ人の負傷者数は25,107人である。

270 一部の商店，ショッピングモール，劇場，映画館の入り口では，手荷物検査が行われている．

271 ほとんどの村は，封鎖と，輸送や商業の制限のために，オリーブ油の大部分を売ることができなくなっている．

272 紛争の双方にいる私の友人たちの名前は，彼らを尊重し保護するためにすべて変えてある。

273 サルフィートはパレスチナのオリーブ油生産の中心地であり，パレスチナ人には「緑の黄金地帯」と呼ばれている．またイスラエル側からはサマリアとして知られている地域でもある．アリエル入植地が最近作成したパンフレットには，この地域がイスラエルの中心にあり，サマリアの首都であると説明されている．パンフレットに掲載されている地図には，地中海からヨルダン渓谷までのイスラエルが描かれているが，ヨルダン川西岸とガザは一切描かれておらず，パレスチナ人の村や，入植地から見えるこれらの村の土地に入植地が建設されたことにも触れられていな

い．写真にはプールや庭園，十分な財政援助を受けた学校と診療所，テルアビブやエルサレムに短時間で簡単にアクセスできる大学などが写っている．触れられていない周辺のパレスチナの村人たちの生活とは対照的だ．まるでパレスチナ人が"消えて"しまい，存在していないかのようだ．オリジナルのヘブライ語パンフレットと，これに代わるべき現在村人たちによって作成されているパンフレットは近日中にウェブサイト（www.womenspeacepalestine.org）に掲載される予定．

274　イスラエル国防軍のデータによると，投石によって2人，待ち伏せ銃撃によって62人のイスラエル市民が殺されている．

275　ヨルダン川西岸地区とガザ地区の入植地はすべて国際法違反である．ジュネーブ第4条約［第49条（6）］は，占領国が自国民の一部をその占領地域に強制送還または移送することを明確に禁じている．さらに，イスラエルの入植地は国連安保理の諸決議に違反しているが，決議452号（1979年）は，イスラエル政府と国民に対し，エルサレムを含む1967年以降に占領されたアラブ被占領地における入植地の設置，建設，計画を緊急に中止するよう求めている．パレスチナ国際問題学会（PASSIA）2004年版報告書に引用されている文献によると，ヨルダン川西岸地区には145から250の非軍事入植地があり（入植地の定義の違いや違法入植地の増減のため数字に幅がある），さらにヨルダン川西岸地区には108の前哨基地がある．ユダヤ人入植者はイスラエル系ユダヤ人総人口の約8%，ヨルダン川西岸地区総人口の約10%を占める．

276　ヨルダン川西岸地区の占領は1967年6月に始まり，それ以来総面積の50％以上が入植地の実効支配下にある．B'Tselem, *Land Grab Report*, May 2002.

277　イスラエルは占領地の出入りをすべて管理しており，農村部では信頼できる安全な郵便サービスはない．

278　IWPS事件報告書84号 —「マルダの兵士」("Soldiers in Marda", 2004年3月2日）を参照．アムネスティ・インターナショナルは，現在のインティファーダの間に，イスラエル軍によって約3,000戸の家屋が破壊されたと推定している．さらに600戸以上の家屋が建築許可がないことを理由に取り壊された．

279　IWPS事件報告書59号 —「カラワット・バニ・ゼイド（Qarawat Bani Zeid）で2人射殺」(2003年10月16日)，IWPS事件報告書45号 —「カラワット・バニ・ゼイドで11歳の少年1人死亡」(2003年5月26日)，IWPS事件報告書44号 —「カラワット・バニ・ゼイドで2人死亡、1人負傷」(2003年5月21日)，IWPS事件報告書40号 —「校庭で生徒殺傷」(2003年4

月 24 日). カラワット・バニ・ゼイド村は攻撃を受け続けている.

280 イスラエルは世界で 4 番目に大きな軍隊を持ち，その兵士のほとんどは，世界的に見ればわずかな面積の占領地に展開している.

281 IWPS 事件報告書 89 号 —兵士が小学生たちに発砲，2 人負傷（2004 年 3 月 9 日).

282 ビドゥ，ベイト・スーリク，カッタナ，アル・クベイバ，ベイト・アナン，ベイト・レキヤ，ベイト・ドゥク，ベイト・イジザの各村はエルサレムの北に位置し,互いに非常に近い．これらの村は合わせて 51.65 平方キロメートルの土地を失うことになる．彼らはまた「入植者専用」のアパルトヘイト・ロード 443 によって四方を封鎖され，エルサレムから完全に切り離された，彼らは自身の飛び地，または牢獄に閉じ込められた.

入植地の拡大により，過去 3 年間村は土地を失い続けてきた．また壁の反対側にある 8 つの井戸もすべて失うことになった.これらの村は,ブルドーザーが最初に現れた 2004 年 2 月 19 日以来，イスラエルや国際的な活動家の支援を受けてデモを行ってきた．2 月 25 日，ベイト・ドゥクとベイト・イジャの村民 3 人がイスラエル軍の狙撃兵に射殺され，70 歳の村民は激しいガス攻撃を受けた後，心臓発作で死亡した．同日，子供がゴム弾を胸に受け重傷を負った．デモのうち，ブルドーザーを完全に阻止できたケースもあり,2004 年 3 月 8 日にはベイト・ドゥクで数時間にわたってブルドーザーを拿捕した．また，住民たちはイスラエル高等裁判所に壁の建設中止を求める請願書を提出し，ラマッラ地区にあるベイト・ドゥクの 1 区画を除くすべての区画で数日間ブルドーザーによる破壊が中止された．近隣の入植地のイスラエル人たちもこの請願書に署名し，隔離壁は，彼らが平和的な隣人だと表現する人たちからの暴力を煽り立てるだけだと懸念している.

283 IWPS 事件報告書 90 号 —兵士が村に向けて発砲し，男性一人を負傷させ多くの建物を損壊した（2004 年 3 月 9 日).

284 ここでいうリスクとは,入植者らが自分たちのものと見なす地域で捕まり,殴打されたり，催涙ガスを浴びせられたり発砲されたりするリスク，兵士に捕まって身分証明書を取り上げられ，要注意人物に登録され，のちにまた嫌がらせを受けるかもしれないリスク，検問所で長時間待たされ，移動手段が見つからないほど危険な夜になる前に家に帰れないリスク，ロックダウンや外出禁止令に巻き込まれて家に帰れるまで何日も足止めされるリスクなどである.

285 本はイスラエルに空輸され，信頼できるイスラエル人の仲介役の所まで運ばれ，その仲介役が親切にもイスラエルのナンバープレートを付けた車で

入植地の道路を運んでくれた．それから私たちは，本の入った箱をオリーブの木々の間を通り抜け，丘の上にある，本を配布する家までまで運んだ．このような形でパレスチナ人を支援する，ユダヤ系イスラエル人の平和運動メンバーは多い．彼らは，彼らのことを知って気にかけているパレスチナ人から尊敬されている．

286 IWPS 事件報告書 91 号 ―「兵士の私設部隊が男性 1 人を殺害，4 人を負傷させる」（2004 年 3 月 8 日）を参照．

287 IWPS 事件報告書 87 号 ―「医師に会う途中の女性がフワラで兵士に拘束される」（2004 年 3 月 10 日）参照．

288 IWPS 報告書 32 号 ―「アパルトヘイト壁に対する 24 時間非暴力抵抗の 1 ヶ月」，2003 年 5 月 2 日，IWPS 報告書 43 号「パレスチナ女性がアパルトヘイト壁に反対する組織を結成」，IWPS 報告書 45 号「壁の出現」。

289 ダニエル・ミッチェル他「極端な熱波時の人間の死亡率上昇は人為的な気候変動が原因」，2016 年 7 月，iopscience.iop.org/article/10.1088/1748-9326/11/7/074006

290 「洪水リスクの上昇で 100 万戸が保険をかけられなくなる恐れ」，2011 年 1 月 9 日，インディペンデント紙，www.independent.co.uk/environment/climate-change/rise-in-flood-risk-could-make-one-million-homes-uninsurable-2179746.html

291 「英国の大気汚染 " 年間 4 万人の早期死亡の原因 "」，BBC，2016 年 2 月 23 日，www.bbc.co.uk/news/health-35629034

292 「気候変動の影響はすでに固定化されているが，最悪の事態はまだ回避できる」2017 年 11 月、エクセター大学，www.sciencedaily.com/releases/2017/11/171116105020.htm

293 「気候変動の目標と指標」ストックホルム環境研究所（SEI）共同報告書、1990 年． mediamanager.sei.org/documents/Publications/SEI-Report-TargetsAndIndicatorsOfClimaticChange-1990.pdf

294 「" 温室地球 " とは何か、そしてそのような気候の大惨事はどれほど悪いのか」，インデペンデント紙，2018 年 8 月 7 日 https://www.independent.co.uk/environment/hothouse-earth-climate-change-global-warming-greenhouse-gas-sea-level-arctic-ice-a8481086.html

295 "Blueprint for a Green Economy, Submission to the Shadow Cabinet", Chair John Gummer, September 2007, p.375: conservativehome.blogs.com/torydiary/files/blueprint_for_a_green_economy110907b.pdf

296 Environmental Audit Committee, July 2007 report, "Beyond Stern: From the Climate Change Programme Review to the Draft Climate Change

Bill", Seventh Report of Session 2006-07, pp.31, 65: publications.parliament.uk/pa/cm200607/cmselect/cmenvaud/460/46002.htm
297 「国連の責任者，世界はもっと厳しい目標で合意すべきと主張」ガーディアン，2011 年 6 月 1 日 付，www.theguardian.com/environment/2011/jun/01/climate-change-target-christiana-figueres
298 スターン卿「気候変動について私は間違っていた―それはずっとずっと悪い」ガーディアン，2013 年 1 月 26 日，www.theguardian.com/environment/2013/jan/27/nicholas-stern-climate-change-davos
299 Report of the Structured Expert Dialogue (2015), p.18, *unfccc.int/resource/docs/2015/sb/eng/info1.pdf*
300 気候変動に関するパリ協定（2015 年）: web.archive.org/web/20171202230958/
http://unfccc.int/resource/docs/2015/cop21/eng/l09r01.pdf
301 Hans Joachim Schellnhuber et al., *Trajectories of the Earth System in the Anthropocene*, August 2018, www.pnas.org/content/115/33/8252
302 IPCC, AR5, Synthesis Report 2014, www.ipcc.ch/site/assets/uploads/2018/02/SYR_AR5_FINAL_full.pdf
303 UNEP, Emissions Gap Report, 2016, wedocs.unep.org/bitstream/handle/20.500.11822/10016/emission_gap_report_2016.pdf?sequence=1&isAllowed=y
304 英国政府クリーン成長戦略，2017 年，assets.publishing.service.gov.uk/government/uploads/system/uploads/attachment_data/file/700496/clean-growth-strategy-correction-april-2018.pdf
305 「気候セーフガードのための 3 年間」『ネイチャー』2017 年 6 月号 www.nature.com/news/three-years-to-safeguard-our-climate-1.22201
306 www.parliament.uk/business/publications/written-questions-answers-statements/written-question/Commons/2018-03-27/904604/
307 IPCC, SR1.5, www.ipcc.ch/site/assets/uploads/sites/2/2018/07/SR15_SPM_version_stand_alone_LR.pdf
308 「"気候の破局"から世界を救うための最後の呼びかけ」，BBC，2018 年 10 月 8 日，www.bbc.co.uk/news/science-environment-45775309
309 planb.earth/wp-content/uploads/2019/02/Skeleton-Plan-B-Trial-FINAL.pdf
310 「英国，EU 最大の化石燃料補助金を支出，欧州委員会の調査」，ガーディアン，2019 年 1 月 23 日．www.theguardian.com/environment/2019/jan/23/uk-has-biggest-fossil-fuel-subsidies-in-the-eu-finds-commission

311 「トップ気候科学者，英国の採掘計画を"トランプの真似"と非難」ガーディアン，2018年10月13日 www.theguardian.com/environment/2018/oct/13/top-climate-scientist-james-hansen-attacks-uk-fracking-plans

312 「サー・デビッド・アッテンボロー，国連気候変動サミットで'文明の崩壊が目前に迫っている'と語る」ロンドン・イブニング・スタンダード，2018年12月3日 www.standard.co.uk/news/world/david-attenborough-says-collapse-of-civilisation-is-on-the-horizon-a4006976.html

313 www.express.co.uk/news/uk/1117913/extinction-rebellion-news-latest-london-protests-climate-change-mps-succumb-demands

314 www.dailymail.co.uk/news/article-6967851/Jeremy-Corbyn-forces-Mps-vote-declaring-climate-emergency-Extinction-Rebellion-protests.html

315 www.bbc.co.uk/news/uk-wales-politics-48093720

316 「英国議会が気候変動緊急事態を宣言」BBC，2019年5月1日，www.bbc.co.uk/news/uk-politics-48126677

317 「女性と戦争」－赤十字国際委員会（ICRC），次を参照．www.icrc.org/en/publication/0944-women-and-war

318 これは第10回世界平和度指数の著者らによる．次を参照．www.independent.co.uk/news-19-8/global-peace-index-syria-named-worlds-most- dangerous-country-in-latest-research-on-international-10408410.html

319 Mark Curtis, "Web of Deceit: Britain's Real Role in the World", Vintage 2003.

320 www.caat.org.uk/campaigns/stop-arming-saudi

321 Angie Zelter (ed), *Faslane 365: A Year of Anti-nuclear Blockades*, Luath Press 2008.
封鎖は2006年10月から2007年10月まで行われ，1,200人以上が逮捕された．

322 iwps.info/

323 イスラエル人がユダヤとサマリアと呼ぶ，サルフィート県のハリスおよびデア・イツィーヤ．

年譜

1951 年 6 月 5 日	アンジー・ゼルター誕生
1968-72 年	レディング大学にて心理学の学士号を取得
1972-75 年	カメルーンに在住、活動
1973 年	タンザニアで 3 カ月間ウジャマー村の調査をする
1975-2008 年	ノーフォーク州北部クローマー近郊のイースト・ラントンの実家で暮らす
1982-88	クロドマー平和運動グループのコーディネーター
1983 年	バークシャー州グリーナムコモンで最初の逮捕
1984 年	ロンドン下院で 2 度目の逮捕
1984-88 年	「雪だるま式市民不服従運動」を創設、コーディネート
1989 年	クリーンで安全な海を求め北海の汚水・汚染に反対する地元のキャンペーンに参加
1990 年	「ガンジー・イン・アクション」（インド・デリー)、『雪だるま：英国における非暴力市民不服従運動の物語』を出版
1989-91 年	INLAP の理事メンバーおよび事務局員として設立に協力
	「法の支配・雪だるま運動」の一環として、治安判事裁判所へ核兵器の違法性に関する「情報提供」、1991 年 12 月 1 日にロンドンで開かれた国際戦争犯罪法廷において英国政府の犯罪の証拠をラムゼー・クラーク氏（元米国司法長官）に提供した
	米空軍レイクンヒース基地条例に対する訴訟が最終的に高等法院で勝訴
1991 年 8 月	「ノース・ノーフォーク・コミュニティー森林トラスト」を設立
1991 年 7 月 -11 月	サラワクのミリで「アース・ファースト！ SOS サラワク・アクション」の活動に参加し、3 カ月の獄中生活を送る
1992 年	“Reforest the Earth by Reforesting Britain: A Guide to Creating Your Own Community Woodland”（英国に植林して地球の森を再生：自分のコミュニティーの森林を再生するためのガイド）を執筆
1992 年 6 月 -94 年	「エクアドルのクエンカを拠点とする雲霧林保全プロジェクト『リオマザン・プロジェクト』の英国コーディ

	ネーターとして1993年4、5月をクエンカで過ごす
1993年	“CRISPO”を設立し世話人役に。ノーフォーク州ノリッチでCRISPO初の「倫理的万引き」アクションを実行
1993年7月	ペナン式の入口封鎖行動でマレーシア高等弁務官事務所に逮捕されるが、裁判で無罪に
1993年9月	ロンドンのブリティッシュ・コロンビア・ハウスを「クレイコット・サウンドの仲間たち」と連帯して封鎖
1993年12月	ロンドンのハロッズでCRISPOアクション
1993-96年	英国森林ネットワーク（UKFN）の設立に協力し、その後3年間、同ネットワークの世話人を務める
	木材取引業者との対話のための女性による交渉チームを発足させる
	ブラジル・アマゾンのパラ州に6週間滞在し、伐採と英国への輸出の影響について調査
	伐採が生物多様性に及ぼす影響について、フェノスカンディア、ブラジル、カナダで様々な「英国貿易セミナー」を開催
1995-98	英国における森林認証の基準を設定する、FSC英国部会の基準小委員会メンバーを務める
	「カナダ、ブリティッシュ・コロンビア州のヌハーク族の地域を連帯訪問し、ヌハーク族とともに働き、伐採阻止活動に2度参加
1995年	1年間におよぶ「希望の種」活動を計画している女性だけのグループに参加
1996年2月	ウォートンでの「希望の種」東ティモール・プラウシェアズ行動で、インドネシアに輸出直前のエアロスペース社のホーク・ジェット戦闘機1機を非武器化。リズリー刑務所で6カ月間過ごす
1996年7月30日	リバプール刑事裁判所にて無罪判決を受け、釈放
1996年11月	リズリー刑務所内の状況について報告書を書く
1996年8月-97年5月	CAATにボランティアとして参加し、1996年12月にDTIの外で1週間の行動を組織
1997年	「希望の種」プラウシェアズ行動で、ジョー、アンドレア、ロッタとともに国際平和ビューローのショーン・マクブライド平和賞を受賞
1996年春	ワルシャワでのビャウォヴィエジャの森を守るための行

	動でポーランドの環境運動を支援
1997年5月	「市民による軍備管理グループ」の活動で東ティモール難民と協力、サウサンプトン近郊ハンブルのグラバー・ウェブ工場でインドネシアに輸出される装甲車に反戦スローガンを描く
1997年夏	「トライデント・プラウシェアズ」(TP) を設立し、"Tri-Denting It"(トライ・デンティング・イット、そいつを凹ませよう) と題するハンドブックを執筆
1998年3月13-14日	警察の硬式ゴムボートを「借り」、クールポートの核弾頭操作施設、ファスレーン潜水艦基地の中で市民による戦争犯罪査察を実施
1998年5月2日	広島、ゲント、ヨーテボリ、ロンドン、エディンバラでTPを正式に発足
1998年8月	ピートンウッドで初のTP非武器化キャンプを開催し、100人以上が逮捕される
1998年9月19日	コーントン・ヴェイル刑務所で抗議中に暴行を受ける
1998年11月13日	4人でファスレーン基地に車を乗り入れる
1999年6月8日	ロッホ・ゴイルのDERA浮体実験施設群を非武器化するTPロッホ・ゴイル行動。コーントン・ヴェイル刑務所に5カ月間勾留
1999年10月21日	グリーノックでの画期的な判決。マーガレット・ギムブレット裁判官に無罪を言い渡される
1999年11月	コーントン・ヴェイルの刑務所の状況について報告書を書く
1999年12月	イスラエル／パレスチナのエルサレムで開催されたWiB会議に出席
2000年3月	日本の平和運動と連帯し、核兵器、法律、市民的抵抗について講演とワークショップを行うため、1カ月間日本各地をまわる
2000年6月19日	ヨークシャーのメンウィズ・ヒル・スパイ基地で行動
2000年10月9-13日	エジンバラの高等裁判所にて、グリーノック無罪判決から生じる法的論点に関するLARに出席
2000年11月14-17日	エジンバラ高等裁判所にて、グリーンロック無罪判決から生じる法的論点に関し、法務総裁の事件付託が開かれる
2001年	「裁かれるトライデント：市民による核廃絶の裁判」、ル

	アス・プレス社から出版
2001年8月	4人の女性からなる小人数のWiB（英国）グループに加わり、パレスチナのベツレヘムでISMの活動開始に合流した
2001年8月-9月	ヘブロン／アル・ハリールでキリスト教平和構築チームと10日間活動、2001年8月29日にイスラエル人入植者に襲撃される パレスチナのいくつかの村を訪問 イスラエル人入植者と軍隊からの国際的な保護プロジェクトをハリス村で立ち上げるよう依頼される（のちにこれがIWPS－パレスチナとなる）
2001年12月	スウェーデンのストックホルムで、ウラ、エレンとともに、トライデント・プラウシェアズを代表してライト・ライブリフッド賞を受賞
2002年1月-7月	IWPS－パレスチナを設立、資金調達、人権監視と非暴力連帯行動のための最初のボランティアチームを募集、トレーニングを実施
2002年8月-11月	パレスチナのハリスで最初のIWPSチームに参加
2002-05年	IWPSをコーディネート。逮捕、入国制限、国外退去処分のため、2005年以降イスラエル／パレスチナに入国できなくなる
2004年7月	エジンバラの国会議事堂で、TP合唱団がオラトリオ「トライデント：英国の戦争犯罪」を演奏
2005年	「ファスレーン365」（F365）を発足、ファスレーン365資料集の準備に携わる
2006-07年	ファスレーン・ピースキャンプに1年間滞在し、封鎖に向かうファスレーン365グループをサポート
2008年	「Faslane 365: A Year of Anti-nuclear Blockades」の一部を執筆、編集
2009年2月3日	エジンバラでトライデントと国際法に関する大規模な国際会議を共同主催
2009年8月	ウェールズ、ポーイスのナイトンに転居
2010年	ナイトン森林共有トラスト（Knighton Tree Allotment Trust）を共同設立
2010年2月15日	オルダーマストンで行われたTP大封鎖の実施に協力
2010年3月	ナイトンで「パレスチナ連携グループ」を共同設立し、

地元の連帯行動の組織化に助力
2011年2月中旬から3月中旬　スウェーデンのヨーテボリからキルナまで、OFOGと共同で軍国主義と市民的抵抗に関する1カ月間の移動ワークショップ
2011年　『トライデントと国際法：スコットランドの義務』を共編著
ピートンの森平和トラスト（Peaton Wood Peace Trust）を共同設立し、理事に就任
2011年7月　スウェーデンのルレオで行われた、NEATに反対する抗議行動キャンプ「ここで戦争が始まる。ここで止めよう」に参加
2011年10月1日　トライデント・プラウシェアズとStop New Nuclear Allianceの一員として、ヒンクリーポイント原子力発電所への初の大規模封鎖に協力
2012年2月24日～3月6日　韓国・済州島で開催された済州国際平和会議で基調講演を行う
2012年3月　済州島ガンジョンで連帯行動月間を開催し、米海軍基地建設に反対する地元の抵抗運動を支援。3回の逮捕のあと出国を余儀なくされた
2012年4月1日　ベルギーのVredesactieグループを支援し、NATO本部での反NATO行動（NATOゲームオーバー）で逮捕
2012年5月9日　ロンドンの韓国大使館前のデモとヴィジル（終夜の祈り）
2012年7月25日　AWE行動（p.135）を発足
2012年10月16日　カーディフのセネッドで「ウェールズにトライデントはいらない」キャンペーンを開始。セネッドに届けたトライデント潜水艦の模型がレッドドラゴンに「食われる」
2013年2月27日　バークシャー州レディングで「AWE行動」を開始
2013年3月　MSTに連帯するため、ライト・ライブリフッド賞の代表団の一員としてブラジルのパラー州に行く。MSTの指導者シセロ・ゲデスとレジーナ・ドス・サントス・ピーニョがその直前に殺害されていた。
2013年8月　AWEバーグフィールドの国防省の土地でAWEの2週間の非武器化キャンプを実施
2014年　依頼論文を執筆し、『World in Chains：英国から見た核兵器と軍国主義の影響』を編集
トルコのイスタンブールでフラント・ディンク賞受賞

2014年2月8日	レディング警察署に向けた「核犯罪通報第1回AWE行動」を実施
2014年4月	スペイン、グラン・カナリア島ラス・パルマスで、英国における市民的抵抗についての講演を行い、「軍事支出に反対するグローバルデー」行動で、軍国主義に反対するヨーロッパ市民と共に港の海軍基地エリアに泳いで入る
2014年6月30日～7月7日	イングランドとウェールズの他の地域の警察署に向けて、一週間の核犯罪通報行動
2014年7月5日	ピンクの平和スカーフ展開、ナイトンで実施
2014年8月9日	AWEオルダーマストンとAWEバーグフィールド間の7マイルのピンクの平和スカーフ展開行動の全国動員に協力
2015年3月2日	バーグフィールド封鎖行動に協力
2015年3月11日	ロンドンの英国下院ロビーで、フラッシュモブと、歌のパフォーマンス「トライデント：英国の戦争犯罪」と題する聖譚曲を歌う
2015年10月1日	トライデント・プラウシェアズ、「トライデントに反対する公益訴訟」キャンペーンを開始
2015年10月27日～11月9日	スペインの平和運動を支援するトライデント・プラウシェアズグループに参加し、スペイン南部バーバテでのNATO大規模演習に反対する非暴力抗議行動を行う
2016年6月	トライデント・プラウシェアズの代表としてAWEバーグフィールドで丸1カ月の非暴力直接行動を組織
2017年7月8日～18日	核兵器禁止条約が122カ国によって採択された直後に、TPクールポート非武器化キャンプを開催
2017年7月11日	クールポートに入る国防省の道路封鎖で治安妨害で逮捕、特別保釈条件への署名を拒否したためコーントン・ヴェイル刑務所に16日間収監される
2017年9月6日	DSEI（国際武器見本市）でのノー・ニュークリア・デー行動に協力、逮捕
2017年11月10日	法務官から、「トライデントに反対する公益訴訟」（PICAT）で政府・軍指導者を戦争犯罪の共謀で訴追することに同意しないとの通知を受ける
2018年3月	エクスティンクション・レベリオン（XR）に参加し、「マー

	チスXR」グループ（Marches XR groups）の最初のミーティングを組織、ナイトン町議会に気候緊急事態を宣言するよう働きかけた
2018年4月14日	ロンドンXRアクションで2回逮捕される
2018年6月28日	英国が国連の核兵器禁止条約に署名することを求める国会議事堂でのTPチェーン・イン
2018年6月28日	4月のXR行動でウェストミンスター裁判所にて裁判
2019年7月23日	XR－ピースの代表を依頼される
2019年10月7日	XR－ピース、2週間にわたるオクトーバー・レベリオン（反乱）に参加
2020年8月6日～9日	4日間のヒロシマ・ナガサキ断食をナイトンの中心部で実施
2021年1月22日	TPNW発効を祝う鐘を鳴らす

謝辞

以下の方々に心からの謝意を表したいと思います。

始終一貫して、陰に陽に励ましてくれたルアース出版のギャビン・マクドゥーガル。

本書でも取り上げたキャンペーンに使用した、多くの横断幕や画像を提供し、表紙のデザインも快く引き受けてくれたスティグ。

ヴァル・スタインとロブ・グリーンからは編集への助言と助力を、ルアース出版のキャリー・ハッチソンからは終盤で沢山の力添えを頂きました。

リズ・マクゴーワンは何十年にも亘って横断幕を制作、あるいは制作の手伝いをしてくれました。

優れた映画製作者かつ活動家であるゾーイ・ブロートンは、労を惜しまずに本書に出てくる様々なアクションを記録してくれました。

コナー・ジャーティ、ギャレス・ピアース、マイク・シュワルツ、ニック・グリーフ、ロビー・マンソン等、多くの優秀な弁護士が数々の裁判で助言し、支援してくれました。

長年の同志で友人、ジェーン・タレンツとデビッド・マッケンジー。

様々なキャンペーンや行動に参加し、支援してくれた数え切れないほどの活動家仲間たち。あまりにも大勢で一人ひとりの名前を挙げることはできませんが、とても感謝しています。

チャーリー・ベアスフッドには特に感謝したいと思います。私のコンピューターを常に最新の状態に保ち、裏表紙（英国版）に使われた私の写真を撮ってくれました。

コンピューター技術に長けた稀有な活動家ケイト・ホルコムは、長年にわたって様々なキャンペーンで使用された数多くのウェブサイトをデザインし、更新してくれました。そしてマーク・リーチはその重要な仕事を引き継いでくれました。

初期の行動やキャンペーンに参加したノーフォークの多くの活動家、特に雪だるま市民不服従運動やトライデント・プラウシェアズ黎明期の活気に満ちた時代に、多くの活動家が拠点として使わせてもらったノリッジのグリーンハウスにいたすべての活動家。

目前にある様々な問題を見つめながら、それぞれが専念する問題に何十年ものあいだ取り組み続けている全ての仲間たちに、感謝と連帯を表明します。その綿密な作業があったからこそ、それを頼りに私も短期間の連帯行動に参加することができました。

私の活動を受け入れ、支えてくれた家族、特に思慮深い娘のジーナに愛と感謝を捧げます。ジーナ自身も強い意志を持つ熱心な一人の活動家です。私が怠けそうになると、やると決めた事はやり通しなさい、と励ましてくれます。

最後になりましたが大切なパートナーのカミーラ。活動にのめり込んだり、燃え尽きたりした私に向き合うストレスや緊張に忍耐強く付き合ってくれます。そんな時の生活は最悪！　と言われますが、いつでもそばにいてくれる彼女の力添えは筆舌に尽くせません。

アンジー・ゼルター

訳者あとがき

効率的な経済活動は、一パーセントの富裕層に効率的な資産獲得―言い換えれば非富裕層からの搾取―をもたらす。持続可能な社会とは相容れない、生産性向上と経済成長を追求する資本経済一辺倒の現状。「どこか遠くの、自分とは関係ない誰か」を踏みつけなければ成り立たない生活。大量生産、大量消費、使い捨て。森林伐採、単一栽培、地下資源搾取。ファストフード、ファストファッション。

利益重視の人命軽視。格差の維持と不平等社会を前提とした経済成長。大量消費起動装置としての戦争。資本主義。

低迷する投票率が示す政治不信と諦め。生活困窮者の切り捨て。物価上昇への無策。沖縄の米軍新基地建設、南西諸島の要塞化、武器売買。国民不在の政策決定、気候危機の対処に有効な政策が打ち立てられず、外交努力を放棄して軍事危機を煽る政府。絶望的な政治環境。

大型化する台風、激化する集中豪雨と酷暑熱波。頻発する突風や竜巻。大規模森林火災。「新しい現実」となった異常気象。

頭を抱えて閉じこもることで問題の一部になるのか。何もできないと言い聞かせて、非力な被害者であることに満足するのか。目を背け続ければ、現実は見えなくなる。全地球規模の気候危機の真っ只中で、私たちは、何をすればいい？

……私は途方にくれる。どうしたいいのだろうか、と矢も楯もたまらない気持ちだけが先走る。唯一無二の地球という惑星を破壊してしまったならば、人類は破滅する。破滅するのが人類だけならまだいい。人類の奔放放縦な利益追求や大量生産と大量消費が、全ての生き物を絶滅に追いやる。何もやらなければ、私自身が問題の一部であり続けてしまう。

私は一部の富裕層だけに利益をもたらす貨幣経済を回すために生きているのではない。富裕層を頂点としたピラミッド型経済構造の中で、私よりも弱い立場にいる他人の搾取の上に成り立つ生活はしたくない。

何もせずにはいられない。でもどこから手をつけたらよいのだろうか。日本の市民運動も、世界の他の地域と同様に、政府にもっと公正な政策を実現させようと様々な活動をしている。それなのに、目に見えるような変化はなかなか起きない。

絶滅への叛逆は、ロンドン中心部に障害物を設置して市民生活が麻痺するような非暴力直接行動を展開し、気候変動への注意を喚起してきた。東京のど真ん中で同じことをしたら、きっと総スカンを食らうだろう。

市民運動環境は、国や地域の国民性や社会風土によって異なる。アンジーのやり方がそのまま現在の日本で通用するとは考えにくい。それでも、戦争する準備を着々と進める日本政府が憲法九条を踏みつけて、国民の反対を押し切って、戦争ができる普通の国を目指すならば、それに抗う国内の市民運動もそれなりの変化を遂げなければならない。

「変化を起こすためにどうすればいいのか、突き詰めて考えれば、非暴力直接行動に行き着くのです」とアンジーは言う。

国外に目を向ければ、問題を地球規模で捉えて行動する地球市民の存在が見えてくる。求めさえすれば日本国内の市民運動と連帯して力になってくれる仲間がいる。地球上の全てが密接に繋がっている現在、日本の市民運動が取り組む問題の多くは日本国内では完結しない。

地球にも人にも優しい、公正で平等でもっと住みやすい社会の実現は絵空事だろうか。二十一世紀の現在、安心して住める社会は当然の権利であって然るべきであるように思える。夢や理想を語れば軽んじられる。だが現実的に現状を追認し続けてきた結果、状況は悪化した。

＊　＊　＊

二〇二一年二月末にアンジーから「Activism for Life」出版のお知らせが届きました。これまで彼女の活動の一端を見てきた私は、この本は絶対面白い、日本の市民運動にも活かしてもらえるアイデアがきっとたくさん詰まっているに違いない、と確信しました。

でも一人では心もとない。そこで二〇〇〇年にアンジーの訪日を企画した豊島耕一氏に相談すると、「ぜひ翻訳しましょう」と二つ返事。さらに豊島さんがファスレーン365に参加した大津留公彦氏を誘い、三人で翻訳チームを結成することになりました。

最初に突き当たった壁が出版社探しでした。簡単に考えていたのですが、「非暴力直接行動は日本では受け容れられない」「採算が取れない」とどこもつれない返事。紆余曲折を経て、最終的に豊島さんのお知り合いの南方新社が出版を引き受けて下さることになりました。

私は翻訳だけしていればそれでハッピーだったのですが、本書に限ってはそうはいきませんでした。クラウドファンディング等、出版費用を捻出するための募金活動、版権交渉、本の周知を図るためのズームを使ったセミナー。翻訳以外にやらなければならないことが山積みでした。それでも三人で情報を共有し、話し合うことで、少しずつ前進することができました。借金のリスクを負ってまで翻訳チームに参加して下さった大津留さんと豊島さん、感謝しています。三人いなければここまで来られませんでした。

クラウドファンディングの手配やセミナーの設定は大津留さんが、南方新社との交渉と連絡は豊島さんが、ルアース出版との版権交渉とアンジーとの連絡は川島が担当しました。また、翻訳については大津留さんが序文と付録の3から7まで、豊島さんが付録1、2、8及び巻末注、年譜、謝辞、参考文献を、川島が第一章から「若い活動家の質問に答える」まで及び付録1Bと献呈の辞を担当しました。

翻訳作業に協力して下さったバーネット恵麻さんとスティーブ・キャシディさん、ありがとうございました。また、多くの友人からの応援の言葉にはとても励まされました。

二〇二三年十二月

川島めぐみ

謝辞

法律用語については浦田賢治・早大名誉教授にご教示をいただきました。南方新社の向原祥隆さんには翻訳文の丁寧なチェックと適切なアドバイスをいただき、お礼申し上げます。出版費用の一部を賄うためのクラウドファンディングなどに際しては、たくさんの方にご支援をいただき、たいへん感謝しています。

翻訳者三人を代表して　豊島耕一

■訳者略歴

大津留公彦

イラク・イラン戦争時にイラクに仕事で3年駐在。その後世界10か国を訪問。この本の著者のアンジーさんが提唱した基地封鎖行動「ファスレーン365」日本実行委員会メンバー。ブロガー、歌人、俳人、新日本歌人協会常任幹事、文化団体連絡会議事務局長、「私が東京を変える」事務局長、三郷吉川ぶんかむら事務局長、会社員、1952年生まれ

川島めぐみ

翻訳家。「山谷ブルース」「くたばれ、ジャップ野郎！」「バンコクヒルトンという地獄—女囚サンドラの告白」「電話カウンセリング」等、社会問題や人権問題に関する書籍などの翻訳を多数手がける。アンジー・ゼルター氏 が「希望の種　東ティモール・プラウシェアズ」行動で無罪判決を勝ち取ったという英ガーディアン紙の記事で興味を持ち、ゼルター氏と知り合う。その後、トライデント・プラウシェアズ行動などに参加する。

豊島耕一

1947年福岡県生まれ。九大大学院卒（原子核物理学）。佐賀大学教授を2013年に定年退職。共著：『激震！国立大学』（未来社、1999年）、“Tackling Trident”，(Irene Publishing, 2012年)、『九州原発ゼロへ、48の視点—玄海・川内原発の廃炉をめざして—』（南方新社、2013年）、共訳：Stuart W. Leslie『米国の科学と軍産学複合体』（緑風出版、2021年）。

■著者略歴

アンジー・ゼルターは、人生の大半をアクティブな活動家として過ごしてきた。非暴力の市民抵抗運動を実践し、革新的で効果的なキャンペーンをいくつも立ち上げてきた。彼女の抗議活動は、人権と他の生命体の権利とを尊重し、地球資源を公平かつ持続可能な形で共有する世界、核兵器のない世界を目指すものである。地球市民として、彼女は世界中の運動との連帯を表明してきた。そのため、数多くの逮捕、裁判、投獄を経験した。アンジーはこれまでに約200回逮捕されており、その大半は英国だが、ベルギー、カナダ、フランス、ドイツ、グラン・カナリア島、オランダ、イスラエル／パレスチナ、マレーシア、ポーランド、韓国でも逮捕されている。彼女は、裁判までの再拘留や刑の執行のため合計2年以上を刑務所で過ごしている。すべて非暴力の抵抗活動のためである。数冊の著書があり、1997年のショーン・マクブライド平和賞（希望の種プラウシェアズ活動に対して)、2001年のライト・ライブリフッド賞（トライデント・プラウシェアズを代表して)、2014年のフラント・ディンク賞を受賞。企業、政府、軍の不正や権力乱用に積極的に立ち向かい続けている。

非暴力直接行動が世界を変える
—核廃絶から気候変動まで、一女性の軌跡—

2024年　2月25日　第1刷発行

著　者　アンジー・ゼルター
訳　者　大津留公彦・川島めぐみ・豊島耕一
発行者　向原祥隆
発行所　株式会社 南方新社
〒892-0873 鹿児島市下田町 292-1
電話 099-248-5455
振替口座 02070-3-27929
URL　http://www.nanpou.com/
e-mail info@nanpou.com

印刷・製本　シナノ書籍印刷株式会社
定価はカバーに表示しています　乱丁・落丁はお取り替えします
ISBN978-4-86124-516-9 C0031
©Otsuru Kimihiko, Kawashima Megumi, Toyoshima Koichi 2024, Printed in Japan